Isländische Märchen und Sagen

ISLÄNDISCHE
MÄRCHEN UND
SAGEN

Herausgegeben von
Erich Ackermann

Anaconda

Die Deutsche Nationalbibliothek verzeichnet diese Publikation in der
Deutschen Nationalbibliografie; detaillierte bibliografische Daten sind im
Internet unter http://dnb.d-nb.de abrufbar.

Umschlagmotiv: Battista Agnese (1514–1564), »Island, aus einem Weltatlas
in 33 Karten«, Venedig 1553 / Museo Correr, Venedig /
bridgemanart.com
Umschlaggestaltung: Druckfrei. Dagmar Herrmann, Köln
Satz und Layout: Roland Poferl Print-Design, Köln
Printed in Czech Republic 2011
ISBN 978-3-86647-692-9
www.anacondaverlag.de
info@anaconda-verlag.de

INHALT

KÖNIGSSOHN RING
UND SEIN HUND
SNATI-SNATI

s waren einmal ein König und eine Königin in ih-
rem Reiche; sie hatten eine Tochter, welche Ingi-
björg hieß und einen Sohn namens Ring. Dieser
war nicht so mutig, wie es sonst die Söhne der vornehmen Leute zu jener Zeit zu sein pflegten, und verstand sich
auch nicht auf ritterliche Künste.

Als Ring zwölf Jahre alt war, ritt er eines schönen Tages mit
seinem Gefolge in den Wald hinaus, um sich zu erlustigen. Sie
ritten lange, bis sie eine Hindin erblickten, welche goldene
Ringe auf dem Geweih hatte. Der Königssohn wollte die Hindin fangen, und sie verfolgten daher dieselbe so lange, bis sie alle ihre Pferde zu Tode geritten hatten und endlich auch das
Pferd des Königssohnes tot zusammenstürzte.

Da fiel plötzlich so finsterer Nebel ein, dass sie die Hindin
nicht mehr sehen konnten. Sie hatten sich sehr weit von allen
Menschenwohnungen entfernt und wollten jetzt umkehren; allein sie hatten sich verirrt. Sie gingen nun zuerst alle zusammen,
bis jeder von ihnen einen anderen Weg für den richtigen hielt,
und sie trennten sich daher und gingen jeder nach einer anderen Richtung weiter.

Der Königssohn ging ebenfalls irre und wanderte umher, ohne zu wissen wohin, bis er zu einem kleinen offenen Platz im
Walde kam, der nicht weit vom Meer entfernt war. Hier sah er
ein Weib auf einem Stuhle sitzen, neben dem sich ein großes
Fass befand. Der Königssohn schritt auf das Weib zu und begrüßte es höflich, worauf dasselbe seinen Gruß freundlich erwiderte. Er blickte in das Fass hinein und sah auf dem Boden desselben einen überaus schönen goldenen Ring liegen. Da wurde
er von einer unbezwinglichen Begierde erfüllt, diesen Ring zu
besitzen, von dem er die Augen nicht abwenden konnte.

Das Weib bemerkte dies und sagte, es sehe, dass er große Lust nach dem Ringe habe, der in dem Fass liege.

Dies sei auch der Fall, entgegnete der Königssohn.

Das Weib sagte hierauf, dass er denselben erhalten solle, wenn er sich die Mühe nehmen würde, ihn aus dem Fasse hervorzuholen.

Der Königssohn begann nun, sich in das Fass hinein zu strecken, welches ihm nicht sonderlich tief zu sein schien, und wollte sich beeilen, den Ring herauszunehmen; aber je mehr er sich streckte, desto tiefer wurde das Fass. Als er zur Hälfte über die Kante des Fasses gebeugt war, stand das Weib auf, stürzte ihn kopfüber in das Fass und sagte, dass er darin bleiben solle. Hierauf verschloss sie das Fass und rollte es hinaus ins Meer.

Der Königssohn fühlte nun wenig Behagen. Er merkte, dass das Fass sich vom Lande entfernte und lange von den Wogen umhergetrieben wurde; wie viele Tage aber dies dauerte, wusste er nicht. Endlich merkte er, dass dasselbe gegen einen Felsen stieß; er war darüber sehr erfreut, denn er dachte, dass es Land, nicht etwa eine Klippe sei. Er kam auf den Gedanken, den Boden des Fasses mit den Füßen auszustoßen, denn er konnte etwas schwimmen.

Er tat dies auch, obschon er fürchtete, dass er das Land nicht erreichen werde; da aber flache und niedrige Felsen in das Meer hinausragten, so gelang es ihm doch, ans Land zu kommen. Hier waren aber hohe Berge, und es schien ihm schwierig zu sein, landeinwärts zu kommen; er ging eine Strecke weit am Fuße der Berge hin und versuchte sodann, emporzuklettern, was er schließlich auch zustande brachte. Als er die Höhen erreicht hatte, blickte er um sich und sah, dass es eine Insel war; dieselbe war mit Wald bewachsen und schien ihm sehr fruchtbar zu sein; es wuchsen auf derselben gute Äpfel zum Essen und er fand, dass es hier allem Anscheine nach ganz behaglich zu leben sein müsse.

Als er einige Tage hier geweilt hatte, hörte er im Walde ein starkes Gedröhn; da begann er sich sehr zu fürchten und lief in den Wald, um sich zu verbergen. Er sah aber alsbald einen großen Riesen mit einem Schlitten daherkommen, der gerade auf ihn zuging; da blieb ihm nichts anderes übrig, als sich niederzuwerfen, wo er stand. Als der Riese ihn fand, blieb er eine Weile vor ihm stehen und blickte ihn an; hierauf nahm er ihn auf die Arme, trug ihn mit sich nach Hause und war überaus freundlich gegen ihn; daheim übergab er den Knaben seinem Weibe, welches so alt war, dass es im Bette liegen musste.

Er erzählte demselben, dass er dieses Kindlein im Walde gefunden habe, und sagte, dass es dasselbe eine Woche lang bei sich behalten solle.

Das Weib war darüber sehr erfreut und streichelte dem Königssohne die Wangen und sprach sanfte, freundliche Worte zu ihm. Er verblieb nun bei ihnen, war willig und folgsam in allem, was sie ihn tun hießen, und die beiden alten Leute waren überaus gut gegen ihn.

Eines Tages zeigte der Riese dem Königssohne alle seine Zimmer und Verschläge mit Ausnahme der Küche; da bekam Ring große Lust, auch diese zu sehen; denn er glaubte, dass darin seltene Kostbarkeiten verborgen seien. Als daher der Riese eines Tages im Walde draußen war, versuchte er, in die Küche zu kommen, konnte jedoch die Türe nur zur Hälfte öffnen; er sah, dass sich darin etwas Lebendiges schüttelte, hin und her lief und hörte auch, dass es etwas sprach. Da taumelte der Königssohn entsetzt von der Türe zurück, schlug dieselbe wieder zu und pisste aus Schrecken in die Hosen. Als die Furcht vorüber war, öffnete er abermals die Türe, denn er hätte gerne gehört, was das lebende Wesen sagte; allein es geschah dasselbe wie früher. Da wurde der Königssohn über sich selbst ärgerlich, fasste Mut, so gut er konnte, und machte zum dritten Male den Versuch, in die Küche zu sehen. Er sah jetzt einen zottigen Hund, welcher zu ihm sagte:

»Nimm mich, Ring, Königssohn!«

Ganz erschreckt eilte er zurück und dachte bei sich: »Das ist ja kein so kostbarer Gegenstand«, die Worte des Hundes aber konnte er gleichwohl nicht vergessen.

Er blieb noch eine Zeit lang bei dem Riesen, bis dieser eines Tages zu ihm kam und sagte, dass er ihn jetzt von der Insel auf das Festland bringen wolle, denn er werde nicht mehr lange auf derselben leben. Er dankte auch dem Königssohne für seine guten Dienste und sagte, derselbe könne sich nun was immer für einen Gegenstand, den er besitzen möchte, aus seiner Habe wählen, er werde ihm denselben ohne weiteres geben.

Ring dankte ihm dafür und sagte, dass er durchaus keinen Lohn verdient habe; wenn er ihm aber schon etwas geben wolle, so wähle er dasjenige, was sich in der Küche befinde.

Da wurde der Riese sehr niedergeschlagen und sagte:

»Du wähltest da meines alten Weibes rechte Hand; ich will jedoch mein Wort nicht brechen.«

Hierauf holte er den Hund. Als dieser in einem mächtigen Satze und voll Freude dahergesprungen kam, fürchtete sich der Königssohn so sehr, dass er kaum wieder Mut fassen konnte.

Der Riese ging hierauf mit ihm zum Meere hinab, und sie stiegen hier in ein steinernes Boot, welches so klein war, dass es kaum für sie beide und den Hund Raum bot. Als sie ans Land gekommen waren, nahm der Riese von Ring freundlich Abschied und sagte, dass er ihm dasjenige, was sich auf der Insel befinde, als Erbe hinterlassen werde; er solle es in einem halben Monate holen; denn dann werde weder er noch sein Weib mehr am Leben sein.

Der Königssohn dankte ihm für seine Güte, und hierauf schieden sie von einander. Der Riese ruderte wieder zurück nach der Insel, der Königssohn aber ging landeinwärts. Er wusste ganz und gar nicht, in welchem Lande er war, und wagte es auch nicht, den Hund anzusprechen.

Als sie eine Weile so dahingegangen waren, sprach endlich der Hund selbst ihn an und sagte:

»Du scheinst mir nicht sehr neugierig zu sein, da du nicht einmal nach meinem Namen fragst.«

Da fragte der Königssohn stammelnd: »Wie heißt du?«

Der Hund antwortete:

»Es ist am besten für dich, du nennst mich Snati-Snati. Wir kommen jetzt in ein Königreich und da sollst du den König bitten, dass er dir den Winter über Aufenthalt bei sich gewähre und dir für uns beide ein kleines Schlafgemach überlasse.«

Der Königssohn verlor nun allmählich die Furcht vor dem Hunde. Er kam in das Königreich und bat den König, dass er ihm den Winter über Aufenthalt bei sich gewähre, was dieser ihm auch sogleich bewilligte.

Als die Leute des Königs den Hund sahen, fingen sie an zu lachen und wollten ihn necken. Sowie aber der Königssohn dies bemerkte, sagte er: »Ich möchte euch raten, meinen Hund nicht zu necken; es könnte euch sonst übel bekommen.«

Da machten die Leute sich über ihn lustig. Ring bekam eine Herberge, und es dauerte nicht lange, so hatte der König ihn sehr lieb gewonnen und achtete ihn mehr als alle andern.

Der König hatte einen Ratgeber, welcher Raudur hieß. Als dieser sah, dass Ring vom König so hoch geachtet wurde, ward er von Neid gegen diesen erfüllt. Er kam eines Tages zum König und sagte, er könne nicht begreifen, was all die Aufmerksamkeit zu bedeuten habe, welche er Ring erweise; derselbe habe sich ja, seit er hier sei, in keiner Weise vor den Übrigen durch besondere Taten oder Künste hervorgetan.

Der König sagte, es sei ja noch nicht lange her, dass Ring gekommen sei.

Raudur schlug nun vor, dass der König sie am nächsten Tage beide in den Wald hinaus gehen und Bäume fällen heiße, damit es sich zeige, wer von beiden die meisten fällen würde.

Dies hört Snati-Snati und erzählte es Ring. Er riet ihm zugleich, den König zu bitten, dass er ihm zwei Äxte borge für den Fall, dass die eine entzweibrechen sollte.

Am nächsten Morgen forderte der König Raudur und Ring auf, in den Wald zu gehen und Bäume zu fällen.

Sie waren beide gleich dazu bereit. Ring bekam zwei Äxte, und sie gingen hierauf jeder seinen Weg.

Als Ring in den Wald hinausgekommen war, nahm Snati die eine Axt und begann zugleich mit Ring Bäume zu fällen. Abends kam der König, wie Raudur es verabredet hatte, um zu sehen, wie viel jeder von ihnen gearbeitet habe. Da war der Holzhaufen des Ring um mehr als das Doppelte größer als der des Raudur.

Der König aber sagte:

»Ich wusste es ja, dass Ring kein unnützer Schwächling ist, und niemals habe ich ein solches Tagewerk gesehen.«

Ring genoss nun ein noch größeres Ansehen bei dem Könige als früher. Raudur aber war über all dies höchst missvergnügt. Eines Tages kam er wieder zum König und sagte:

»Da Ring schon ein gar so tüchtiger Mann ist, solltest du ihn doch bitten, dass er die beiden Opferstiere draußen im Walde töte, sie am selben Tage noch abhäute und dir abends die Hörner und Bälge überbringe.«

Der König antwortete:

»Scheint es dir nicht, dass dies dasselbe ist, als wenn du ihn in den Tod schickst, da die Stiere so wild sind, dass es noch niemand wagte, sich ihnen zu nahen?«

Raudur antwortete, dass Ring ja nur einmal sein Leben verlieren könne; es wäre ein Spaß, ihn auf die Probe zu stellen, und der König sei dann noch mehr berechtigt als früher, ihn zu ehren, wenn er die Stiere überwunden habe.

Der König ließ sich endlich doch überreden, obwohl er es nur sehr ungern tat, und bat eines Tages Ring, in den Wald zu gehen, die Stiere zu töten, welche sich dort befänden, und ihm abends die Hörner und Bälge derselben zu überbringen.

Ring wusste nichts von der Wildheit der Stiere und war sogleich bereit, des Königs Wunsch zu erfüllen. Er ging in den

Wald hinaus; Raudur aber war darüber sehr erfreut und rechnete Ring bereits zu den Toten.

Als Ring die Stiere erblickte, kamen dieselben brüllend auf ihn los; der eine von ihnen war überaus groß, der andere jedoch kleiner. Nun begann Ring sich sehr zu fürchten. Da sagte Snati:

»Wie gefällt dir dies jetzt?«

»Schlecht«, antwortete Ring.

Snati sagte: »Es bleibt nun nichts anderes übrig, als sie anzugreifen; geh du gegen den kleineren, ich will es mit dem großen aufnehmen.«

Nach diesen Worten lief der Hund sogleich gegen den großen Stier, und es dauerte nicht lange, so hatte er denselben überwunden.

Der Königssohn ging bebend vor Furcht dem kleineren Stier entgegen, und als Snati hinzukam, hatte der Stier ihn bereits zu Boden geworfen; der Hund brachte ihn jedoch sogleich in Sicherheit und überwand auch den kleinen Stier. Hierauf zog jeder seinem Tier die Haut ab, und als Snati den großen bereits vollständig abgehäutet hatte, war Ring mit dem kleinen erst bis zur Hälfte gekommen.

Als sie nun abends mit ihrer Arbeit fertig waren, fühlte Ring, dass er nicht die Kraft habe, um die Hörner und Häute zu tragen. Da sagte Snati, er solle dieselben nur auf seinen – Snatis – Rücken werfen; er werde sie schon bis zum Tore der Stadt hintragen.

Der Königssohn tat hierauf, wie der Hund sagte, und lud alles auf dessen Rücken, mit Ausnahme der Haut von dem kleinen Stiere, welche er selbst trug. All dies ließ er an dem Stadttor zurück, ging hierauf zum König und bat ihn, mit ihm zu kommen, worauf er ihm die Hörner und Häute übergab.

Der König bewunderte Rings Heldenmut, sagte, dass es nicht seinesgleichen gebe und dankte ihm für die Arbeit, die er ihm da besorgt habe. Er ließ ihn hierauf an seiner Seite sitzen, und Ring wurde von allen hochgeschätzt. Selbst Raudur konnte nicht umhin, ihn für den größten Kämpen anzusehen, brütete aber doch stets über dem Plan, ihn aus dem Weg zu schaffen.

Da kam Raudur eines Tages ein guter Gedanke. Er ging zum König und sagte, dass er etwas Wichtiges mit ihm zu sprechen habe.

Der König fragte, was es sei. Raudur sagte, es seien ihm nun wieder der gute goldene Mantel, das gute goldene Brettspiel und das gute lichte Gold eingefallen, Dinge, welche dem König vor einigen Jahren abhanden gekommen seien.

Der König bat ihn, er möge ihn nicht an diesen Verlust erinnern.

Raudur aber fragte, ob der König nicht dieselben Gedanken habe, wie er.

Der König fragte:

»Was meinst du damit?«

Raudur sagte, man könne sehen, dass Ring ein ausgezeichneter Mann sei und alles zustande bringe; deshalb sei er auf den Gedanken gekommen, dem Könige zu raten, dass er Ring bitte, ihm diese Kleinodien aufzusuchen und noch vor Weihnachten zu bringen; als Lohn dafür solle er ihm seine Tochter versprechen.

Der König entgegnete, er finde es unpassend, Ring um solches zu bitten, da er ihm nicht einmal einen Wink geben könne, wo er diese Gegenstände zu suchen habe.

Raudur stellte sich, als ob er nicht hörte, was der König sagte; und sprach solange in denselben hinein, bis er ihn endlich überredete, nach seinem Willen zu tun.

Einen Monat vor Weihnachten sprach der König mit Ring und sagte, dass er eine große Bitte an ihn zu richten habe.

Ring fragte, was es sei.

Der König sagte, er wolle ihn bitten, ihm den guten goldenen Mantel, das gute goldene Brettspiel und das gute lichte Gold, welche ihm vor einigen Jahren gestohlen worden seien, zu holen; wenn er dieselben noch vor Weihnachten zurückbringen könne, wolle er ihm seine Tochter zum Weibe geben.

Ring sagte:

»Wo soll ich nach diesen Dingen suchen?«

Der König entgegnete:

»Das musst du selbst herausfinden, denn ich weiß es nicht.«

Ring entfernte sich und war sehr gedankenvoll; denn es schien ihm, dass er große Schwierigkeiten zu überwinden habe, während er andererseits doch auch gerne die Königstochter haben wollte.

Als Snati sah, dass sein Herr so ratlos war, sagte er zu ihm, er möge nicht verzweifeln wegen des Wunsches des Königs; er solle nur seinen Rat befolgen, denn sonst würde es ihm nicht gut ergehen.

Hierauf rüstete sich Ring zur Abreise und nahm Abschied vom König.

Als er sich nun auf den Weg machte, sagte Snati:

»Wandere in der ganzen Umgegend herum und verschaffe dir so viel Salz als du kannst.«

Dies tat der Königssohn, und er bekam so viel Salz zusammen, dass er es nicht tragen konnte.

Da sagte Snati, er solle ihm den Sack auf den Rücken legen.

Ring tat dies auch, und der Hund lief nun dem Königssohne so lange voraus, bis sie zu einem großen Berge kamen.

»Da müssen wir hinauf«, sagte Snati.

»Das wird keine leichte Sache sein«, meinte der Königssohn.

»Halte dich nur an meinem Schwanze fest«, entgegnete Snati.

Hierauf sprang Snati mit Ring am Schwanze auf den niedersten Bergabsatz; da wurde Ring schwindelig.

Sodann sprang der Hund auf dem nächsten Absatz; da war Ring nahe daran, ohnmächtig zu werden.

Endlich sprang Snati mit dem Königssohne ganz auf den Berg hinauf, und nun wurde Ring ganz ohnmächtig.

Als der Königssohn nach einer Weile wieder zu sich gekommen war, gingen sie beide eine Zeit lang auf ebenen Strecken dahin, bis sie zu einer Höhle kamen. Es war dies am Weihnachtsabend. Sie untersuchten dieselbe von außen und fanden ein Fenster, durch welches sie vier Riesen, zwei Männer und zwei Weiber, um das Feuer herum schlafen sahen, über welchem ein großer Breikessel hing.

»Streue nun das ganze Salz über den Brei«, sagte Snati.

Ring tat, wie der Hund ihm sagte, und nun erwachten alle vier Riesen. Das alte Riesenweib, welches am abscheulichsten von ihnen aussah, kostete zuerst den Brei und sagte:

»Nun ist der Brei versalzen; wie kann das sein? Ich zauberte gestern die Milch aus vier Königreichen hierher, und dennoch ist sie jetzt versalzen!«

Gleichwohl begannen alle vier den Brei zu verschlingen, und er schmeckte ihnen recht gut; als sie aber damit fertig waren, wurde das alte Riesenweib so durstig, dass es nahe daran war zu verschmachten; es bat daher seine Tochter, dass sie hinausgehen und von dem nahen Flusse Wasser holen möge.

»Ich gehe nicht einen Schritt weit«, sagte das Riesenmädchen, »wenn du mir nicht das gute lichte Gold leihst.«

»Eher will ich sterben«, entgegnete das alte Riesenweib, »bevor du es bekommst.«

»So stirb denn«, antwortete das Mädchen.

»Da nimm es, abscheuliche Dirne«, sagte die Alte, »und beeile dich, dass du das Wasser bringst.«

Das Mädchen nahm das Gold und lief hinaus; da leuchtete es über die ganze Strecke hin. Als aber das Mädchen zum Flusse kam, legte es sich flach auf die Erde nieder und begann zu trinken. Da liefen Ring und Snati vom Fenster weg und warfen das Mädchen in den Fluss, nachdem sie ihr das zuvor gute lichte Gold genommen hatten.

Der Alten schien die Tochter zu lange auszubleiben, und sie sagte, dass die Dirne wohl sicherlich mit dem lichten Golde auf der Ebene herumhüpfe. Sie sprach daher jetzt zu ihrem Sohne:

»Geh du hin und hole mir einen Trunk Wasser!«

»Ich gehe nicht einen Schritt weit«, sagte dieser, »wenn du mir nicht den guten goldenen Mantel gibst.«

»Eher will ich sterben«, sagte die Alte, »bevor du den bekommst.«

»So stirb denn«, entgegnete ihr der Sohn.

»Da nimm ihn, du abscheulicher Bursche«, sagte die Alte, »beeile dich aber, dass du das Wasser bringst!«

Der Bursche nahm den Mantel um, und als er hinaus kam, leuchtete ihm derselbe auf seinem Wege. Er kam hierauf zu dem Flusse und wollte ebenso trinken wie seine Schwester. Da liefen Ring und Snati herbei, nahmen ihm den Mantel ab und warfen ihn in den Fluss.

Nun konnte es das alte Riesenweib nicht länger vor Durst aushalten, und es bat deshalb seinen Mann, Wasser zu holen, und sagte, dass die Kinder gewiss draußen spielen; das habe es gleich geahnt, als es ihren Bitten nachgegeben habe.

»Ich gehe nicht einen Schritt weit«, sagte der alte Riese, »wenn du mir nicht das gute goldene Brettspiel gibst.«

»Eher will ich sterben«, sagte die Riesin, »bevor du mir dieses bekommst.«

»Dann magst du meinetwegen abfahren«, sagte der Mann, »wenn du nicht einmal eine so geringe Bitte erfüllen willst.«

»Da nimm es, abscheulicher Mensch«, entgegnete die Riesin, »du bist ebenso kindisch wie die Jungen.«

Hierauf ging der alte Riese mit dem Brettspiel fort, kam zu dem Flusse und begann zu trinken. Da liefen Ring und Snati eiligst herbei, nahmen ihm das Brettspiel weg und warfen ihn in den Fluss. Bevor sie aber wieder zur Höhle zurückgekommen waren, stieg das Gespenst des Riesen aus dem Flusse empor und kam auf sie zu. Snati lief demselben entgegen und fasste es an, ebenso auch Ring, obschon er beinahe wieder all seinen Mut verloren hatte. Sie überwanden den Riesen zum zweiten Male.

Als sie jedoch zu dem Fenster zurückgekommen waren, sahen sie, dass das alte Riesenweib aus der Höhle zu kriechen sich anschickte. Da sagte Snati:

»Nun müssen wir hineingehen und versuchen, ob wir nicht mit ihr fertig werden können; denn wenn sie herauskommt, werden wir sie niemals überwinden können. Sie ist das schlimmste Riesenweib, welches auf Erden lebt, und kein Eisen kann sie verwunden. Nun soll der eine von uns kochenden Brei aus dem Kessel auf sie gießen, der andere aber sie mit glühendem Eisen kneifen.«

Hierauf gingen sie in die Höhle. Als die Riesin Snati erblickte, sprach sie zu ihm:

»Du bist hierher gekommen, Ring, Königssohn? Du hast gewiss meinem Mann und meinen Kindern den Garaus gemacht!«

Snati ahnte sogleich, dass dies der Anfang zu einer Zauberformel sei und fuhr mit einem glühenden Eisen auf sie los, welches er aus dem Feuer herausgenommen hatte; Ring aber begoss sie unablässig mit Brei, bis sie dieselbe endlich überwunden hatten.

Hierauf verbrannten sie sowohl das Riesenweib wie auch das tote Gespenst des alten Riesen, untersuchten die Höhle und fanden darin viel Gold und Kostbarkeiten, wovon sie das Beste auf den Bergabhang brachten. Sie beeilten sich sodann, mit den drei Kleinodien zum König zu kommen.

Spät am Weihnachtsabend erschien Ring in der Halle des Königs und übergab ihm die drei kostbaren Gegenstände. Da war der König ganz außer sich vor Erstaunen über Rings Tapferkeit und Schlauheit. Er liebte ihn noch mehr als früher, verlobte ihm seine Tochter und noch in der Weihnachtszeit sollte die Hochzeit stattfinden.

Ring dankte dem König für seine Güte, und nachdem er in der Halle gegessen und getrunken hatte, ging er in seine Herberge um zu schlafen. Da sagte Snati, dass er in Rings Bett liegen wolle, Ring dagegen auf dem Hundelager ruhen solle.

Der Königssohn antwortete, dass er gerne dazu bereit sei; er war ja Snati viel mehr schuldig als diese kleine Unbequemlichkeit.

Hierauf sprang Snati in das Bett hinauf, kam aber nach einiger Zeit wieder herab und sagte, nun möge Ring ins Bett steigen, sich aber darin auf keine Weise bewegen.

Während dies zwischen dem Hunde und dem Königssohne vorging, kam Raudur in die Halle und zeigte dem König seinen Arm, von welchem die Hand abgebissen war. Er sagte dabei, der König könne nun sehen, welche Eigenschaften sein zukünftiger Schwiegersohn besitze, denn dies habe er getan und zwar ohne allen Grund.

Da wurde der König rasend vor Zorn, und sagte, er werde sogleich die Wahrheit erfahren; wenn Ring dem Raudur ohne allen Grund die Hand abgehauen habe, so solle er gehängt werden; sei dies aber nicht der Fall, so solle Raudur sein Leben verlieren.

Der König ließ nun Ring holen und fragte ihn, warum er Raudur die Hand abgehauen und ob er dies ohne allen Grund getan habe.

Snati hatte Ring bereits früher alles gesagt, und dieser bat den König mit ihm zu gehen, er habe ihm etwas zu zeigen.

Der König ging mit Ring in dessen Schlafgemach und sah hier im Bette eine Menschenhand liegen, welche ein Schwert hielt. Ring erzählte, dass diese Hand durch die Wand gekommen sei und ihn mit dem Schwerte habe durchbohren wollen; er habe sich nur verteidigt.

Da fand der König, dass Raudur sein Leben verwirkt habe, und er wurde gehängt; Ring aber hielt Hochzeit mit der Königstochter.

Als das Brautpaar in der ersten Nacht beisammen schlief, bat Snati, dass er zu ihren Füßen liegen dürfe. Ring erlaubte es ihm. In der Nacht hörte dieser Lärm und Geheul. Er machte Licht und sah nun ein erschrecklich hässliches Hundegewand auf dem

Boden, im Bette aber einen schönen Königssohn liegen. Er nahm sogleich das Hundegewand und verbrannte es; dem Königssohn sprengte er Wasser ins Gesicht, da er betäubt dalag; hierauf erwachte derselbe zum Bewusstsein.

Der Bräutigam fragte ihn um seinen Namen.

Er heiße Ring und sei ein Königssohn, antwortete jener.

Hierauf erzählte derselbe, er habe, als er noch jung war, eine Mutter verloren, und sein Vater habe hierauf eine Riesin zur Königin genommen. Diese habe ihn in einen Hund verwandelt und den Zauber über ihn ausgesprochen, dass er nie wieder zu einem Menschen werden solle, wenn nicht ein Königssohn von gleichem Namen ihm erlaube, in der Hochzeitswoche zu seinen Füßen zu liegen.

»Da sie wusste«, so fuhr er fort, »dass du denselben Namen trägst wie ich, wollte sie dich aus dem Wege räumen, damit du mich nicht aus der Verzauberung erlösen könntest. Sie war die Hindin, welche du mit deinen Leuten verfolgtest; sie war das Weib, welches du im Walde bei dem Fasse antrafst, und sie war auch das Riesenweib, welches wir in der Höhle erschlugen.«

Als die Hochzeit vorüber war, begaben sich die Königssöhne nach dem Berge, wo sie die Schätze aus der Höhle aufbewahrt hatten, und brachten hierauf diese Reichtümer in die Königsburg. Sodann holten sie alles Gold, welches sie auf der Insel fanden.

Ring gab dem erlösten Namensgenossen seine Schwester Ingibjörg und überließ ihm sein Erbreich. Er selbst aber regierte über das halbe Reich seines Schwiegervaters und wurde nach dem Tode desselben König über das ganze Land.

s ereignete sich nichts Merkwürdiges, was man hören oder erzählen könnte, wenn man sich nicht aufs Lügen oder Stehlen verlegen will; und ich möchte nicht, dass dies bei meiner Erzählung der Fall sei. Doch würde ich, wenn es darauf ankommen sollte, solches nicht sparen, aber ich kann nicht lügen, denn die Lüge kam erst sieben Jahre später, als dieses sich ereignete. – Hinaus aus dem Hofe und südlich vom Hofe, und so ist es auch in unserer Zeit und selten lügt derjenige, welcher erzählt.

Es herrschte einmal ein König über ein Land; wie er aber hieß, und welches Land dies war, wird nicht berichtet. Er war verheiratet und hatte eine Tochter namens Isol, welche sehr schön war.

In demselben Reiche war ein Herzog, welcher einen Sohn besaß, der Fertram hieß; dieser wurde am Hofe des Königs groß gezogen und spielte oft mit der Königstochter, als sie beide jung waren, und sie liebten einander sehr. Als sie aber älter wurden, verlobten sie sich mit Willen ihrer Eltern.

Da trat nun ein Ereignis ein, welches allen ein großes Unglück dünkte. Die Königin wurde krank und starb; der König trauerte sehr über den Tod der Königin und saß lange auf ihrem Grabhügel. Endlich gingen seine Minister zu ihm und stellten ihm vor, dass ihm dies nichts helfe und dass er die Regierung des Reiches nicht vernachlässigen dürfe, da sonst der ganze Staat in Unordnung gerate; sie erboten sich zugleich, außer Landes zu fahren und eine Frau für ihn zu suchen, die seiner würdig wäre. Durch ihre Vorstellungen brachten sie ihn auch endlich dahin, dass er seine Einwilligung dazu gab und sie bat, Schiffe für die Reise auszurüsten und so viele Leute mitzunehmen als sie wünschten. Dies taten sie denn auch so schnell sie konnten.

Sie segelten ab und hatten am ersten Tage günstigen Fahrwind. Später aber bekamen sie starken Nebel; sie verloren die

Richtung und irrten nun während des ganzen Sommers auf dem Meere umher. Endlich erblickten sie vor dem Steven etwas Dunkles. Sie steuerten darauf los und fanden Land. Sie verließen die Schiffe und durchwanderten das Land nach allen Richtungen, bis sie entdeckten, dass es eine Insel sei.

Endlich fanden sie auch ein schönes Haus. Ein Mann stand in der Türe und spaltete Holz. Zwei Weiber saßen in der Nähe auf Stühlen; die eine von ihnen war schon bejahrter, die andere dagegen noch ganz jugendlich. Die ältere war eben damit beschäftigt, sich mit einem goldenen Kamm zu kämmen, und das Haar hatte dieselbe Farbe wie der Kamm. Sie strich sich die Haare aus dem Gesicht, als sie die Leute kommen hörte; diese grüßten sie freundlich und fragten, wieso es komme, dass nur so wenig Leute auf der Insel seien. Das ältere Weib antwortete ihnen ebenfalls sehr freundlich und fragte sie, was sie hierher führte. Die Abgesandten des Königs erzählten ihr nun alles, was sich zugetragen hatte.

»Ähnlich ist es auch uns ergangen«, sagte das Weib, »denn ich habe neulich meinen König verloren; es kamen Wikinger ins Land und die erschlugen ihn; ich aber flüchtete hierher mit meiner Tochter und diesem Knecht, den ihr hier seht!« Die Leute des Königs baten nun die Frau, mit ihnen zu ziehen und die Königin ihres Königs zu werden. Sie lehnte jedoch diesen Antrag mit großem Dank ab; »denn er ist ja nur ein ganz kleiner König«, meinte sie; »der aber, welchen ich hatte, war König über zwanzig gekrönte Könige; ich würde es für eine Schande für mich halten, sein Weib zu sein.«

Die Abgesandten des Königs drangen nur noch mehr in sie, dass sie mit ihnen ziehe, und so ließ sie sich endlich doch dazu bewegen; sie schenkte dem Knecht das Haus mit allem, was sich darin befand, und segelte samt ihrer Tochter mit den Leuten des Königs ab. Sie bekamen guten Wind und die Fahrt dauerte nur wenige Tage.

Als der König die Schiffe von der Ferne erblickte, ließ er sich in einem goldenen Wagen zum Strande hinab fahren. Die Königin musste sich neben ihn in den Wagen setzen, und er fühlte sogleich große Liebe zu ihr. Sie fuhren in die Stadt, und es wurde ein großartiges Hochzeitsfest veranstaltet, zu welchem alle Großen in den benachbarten Ländern und Reichen eingeladen worden waren. Es wurde viel getrunken, und die Gäste erhielten kostbare Geschenke, so dass diejenigen, die ganz arm gekommen waren, als Reiche von dannen gingen. Sie kehrten nun alle wieder nach Hause zurück, die Königin aber trat in alle Würden und Rechte ein, welche ihr gebührten.

Die Tochter der Königin hieß Isol, wie die Königstochter; den Leuten schien dieselbe nicht so schön zu sein wie die Tochter ihres Königs, und sie unterschieden daher die beiden, indem sie jene Isol die Schwarze, diese Isol die Lichte nannten.

Die Königstochter wohnte in einem Turm und hatte viele Dienerinnen; es werden jedoch nur zwei mit Namen genannt: Eya und Meya, welche zunächst hinter der Königstochter gingen und sie immer begleiteten, wenn sie ausging, um sich durch einen Spaziergang in einem Obstgarten zu erholen.

Bald nach der Hochzeit sagte die Königin zu dem Könige, es dünke ihr gut, dass er ein wenig seine Länder bereise. Der König hatte nichts dagegen einzuwenden, rüstete sogleich eine große Flotte aus und segelte fort. Er nahm auch Fertram auf diese Reise mit, und es gab da einen schmerzlichen Abschied zwischen ihm und seiner Braut Isol.

Als die Flotte abgesegelt war, kam eines Tages die Königin zur Königstochter und fragte dieselbe mit großer Freundlichkeit, ob sie nicht mit ihr in den Wald hinausgehen wolle, um sich zu erholen. Isol war gern dazu bereit und folgte auch sogleich mit ihren beiden Dienerinnen Eya und Meya der Königin. Auch Isol, die Schwarze, schloss sich ihnen an. Sie gingen nun scherzend und fröhlich in den Wald und lustwandelten darin. Da kamen sie auf einmal zu einer großen und tiefen Grube, vor welcher sie stehen blieben. Ehe sich's aber die Königstochter und ihre beiden Dienerinnen versahen, stießen die

Königin und ihre Tochter die drei Mädchen in die Grube und lachten darüber ganz unmäßig. Die Königin sagte dabei: »Das ist nun so gut gekommen. Statt dass du, Isol, die Lichte, Fertram zum Manne bekommst, wird ihn nun Isol, die Schwarze, bekommen.«

Mutter und Tochter deckten die Grube zu, kehrten, erfreut über ihre Tat, in die Stadt zurück und legten heimlich Feuer an den Turm, in welchem die Königstochter gewohnt hatte, so dass derselbe niederbrannte.

Die Königin ließ nun ihre Tochter die Kleider der Königstochter anlegen und alle Leute glaubten, sie sei Isol, die Lichte. Wenige aber sprachen davon, dass die Tochter der Königin nicht mehr gesehen wurde; denn es gab nicht viele, welche glaubten, dass viel Gutes an ihr gewesen sei. Von den Mädchen in der Grube aber ist zu erzählen, dass Eya und Meya Hungers starben. Isol jedoch hatte von ihrer Mutter am Totenbett eine goldene Schere sowie einen Gürtel erhalten, welcher jeden, der ihn trug, vor dem Hungertode bewahrte. Da die Mutter ihr gesagt hatte, dass sie sich nie von diesen Dingen trennen dürfe, hatte sie dieselben auch jetzt bei sich und starb daher nicht. Mit der Schere aber machte sie sich Stufen und gelangte so endlich aus der Grube. Sie kam an eine offene Stelle im Wald und überlegte nun hier, wohin sie sich begeben solle. Endlich entschloss sie sich, in die Stadt zurückzukehren und sich so zu verkleiden, dass sie nicht erkannt werde. Sie verfertigte sich ein Kleid aus Baumblättern, legte dasselbe an und begab sich in die Stadt. Sie ging in die Küche der Königsburg, nannte sich Näfrakolla, und bat die Kochfrau um einen Bissen Speise, da sie sehr hungrig war; zugleich erbot sie sich, deren Kleider auszubessern und neue anzufertigen. Die Frau war damit einverstanden. Näfrakolla aber war so geschickt im Nähen, dass die Leute sich nicht erinnern konnten, jemals so hübsche Handarbeit gesehen zu haben.

Es kam nun der König von seiner Reise zurück und mit ihm auch Fertram. Die Königin und ihre Tochter gingen ihnen bis zum Strande entgegen, und sie fuhren hierauf alle in goldenen Wagen in die Stadt. Fertram und der König fragten erstaunt, wo denn Isol geblieben sei. Die Königin erzählte, dass bald nach ihrer Abfahrt der Turm, in welchem Isol wohnte, samt dieser verbrannt sei und dass das Feuer wohl durch unvorsichtiges Hantieren ihrer Dienerinnen mit Feuer oder Licht entstanden sei. Diese Nachricht erfüllte Fertram mit größter Traurigkeit. Die Königin reichte ihm jedoch einen Trank und bat ihn zu trinken, und als er getrunken hatte, geschah ihm das Wunderbare, dass er sich gar nicht mehr an Isol, seine wahre Braut, erinnerte. Nun suchte ihn die Königin zu bestimmen, dass er ihre Tochter zum Weibe nehme, und endlich versprach er es ihr auch, und es wurde der Tag der Hochzeit bestimmt. Die Braut sollte nun die Hochzeitskleider für sich und den Bräutigam verfertigen. Da kam sie aber in große Verlegenheit, denn sie war nicht imstande, ein Kleid zu nähen. An Stoff und Zubehör hätte es ihr nicht gefehlt, allein sie war mehr gewöhnt, sich mit Knechten abzugeben als weibliche Handarbeiten zu lernen.

In ihrer Verlegenheit ging sie zur Kochfrau und bat diese, ihr einen Rat zu geben. Diese erzählte, dass sich ein Mädchen namens Näfrakolla bei ihr aufhalte, welches vortrefflich Kleider zu verfertigen verstehe. Die Tochter der Königin war darüber sehr erfreut, holte den Stoff und das Zubehör für die Kleider und begab sich sogleich zu Näfrakolla und bat sie, dass sie ihr die Kleider verfertigen möge. Näfrakolla willigte auch ein und machte alle Kleider.

An dem Morgen als die Hochzeit stattfinden sollte, kam die Tochter der Königin zu ihrer Mutter und sagte ihr, dass sie in eine üble Lage geraten sei, denn es sei nun die Stunde gekommen, das Kind zu gebären, mit dem sie schwanger gehe und dessen Vater Kolur, ihr alter Knecht, sei.

»Ich kann dir aus dieser Verlegenheit helfen«, sagte die Königin, »in der Küche hält sich ein Mädchen namens Näfrakolla auf; geh zu ihr und bitte sie, dass sie sich statt deiner auf die Brautbank setze.«

»Glaubst du nicht, dass sie schwatzhaft sein wird?«, fragte Isol.

Die Königin entgegnete, sie werde schon Sorge tragen, dass dieselbe nicht mehr spreche als sie, die Königin, wolle.

Isol begab sich nun in die Küche und bat Näfrakolla, dass sie an ihrer statt bei der Hochzeitsfeier erscheinen möge, da sie selbst daran verhindert sei. Näfrakolla willigte ein und begab sich zur Königin. Diese begann alsbald ihr die Brautkleider anzulegen. Als sie ihr aber die Reitärmel anzog, sagte Näfrakolla:

»Gut passen die Ärmel
Der Eignerin Arme.«

Die Königin sagte, alle wüssten ja, dass sie dieselben genäht habe. Hierauf wurden ihr die Handschuhe gegeben; da sagte sie:

»Ich weiß es gar wohl,
Welche Finger sie nähten.«

Die Königin sagte dasselbe wie früher, und bat Näfrakolla, nicht so über alles zu schwatzen.

Man ritt nun in den Wald hinaus, um sich zu unterhalten. Als sie an den Ruinen des niedergebrannten Turmes vorüber kamen, sagte Näfrakolla:

»Früher warst du schön und rein,
Jetzt bist du schwarz mein Kämmerlein!«

Fertram fragte sie, was sie gesagt habe; sie aber gab keine Antwort. Als sie dann zu einem Bache kamen, sagte Näfrakolla:

»Nun bin ich gekommen zum Lindenbaum,
Wo sich Fertram und Isol, die Lichte,
Treue geschworen für alle Zeit,
Und er wird sie wohl halten auch heut!«

Fertram fragte sie wieder, was sie gesagt habe. Sie aber schwieg. Sie ritten nun weiter, bis sie zu der tiefen Grube kamen. Da sagte Näfrakolla wieder, indem sie in die Grube blickte:

> »Hier liegen Eya und Meya,
> Meine beiden Kammermädchen;
> Ich entkam durch die Goldschere meiner Mutter.«

Abermals fragte sie Fertram, was sie gesprochen habe; sie aber wollte keine Antwort geben.

Nun kehrte man wieder nach Hause zurück. Da ging das Pferd der vermeintlichen Braut durch; diese sagte dabei:

> »Springe nur, springe nur, Skurbein!
> Allein wirst du schlafen heute Nacht,
> Und ein junger König wird dann werden.«

Wiederum fragte sie Fertram, was sie gesprochen habe; aber Näfrakolla schwieg auch jetzt.

Hierauf kamen sie in die Stadt zurück. Isol war bereits wieder nach Hause gekommen. Sie und Näfrakolla wechselten die Kleider und kein Mensch wusste davon als die Königin selbst. Diese fragte ihre Tochter, was sie mit dem Kinde getan habe.

»Ich habe es gegessen, liebe Mutter!«, sagte sie.

»Das war recht, liebe Tochter«, entgegnete die Königin.

Als es nun Abend geworden war, begaben sich die Leute zur Ruhe. Der Bräutigam hatte sich bereits ins Bett gelegt, und die Braut war eben damit beschäftigt, sich rasch zu entkleiden. Als sie aber zu dem Bräutigam ins Bett steigen wollte, sagte dieser:

»Warte noch ein wenig. Du kommst mir nicht früher in das Bett, bevor du mir nicht sagst, was du gesprochen hast, als dir die Ärmel angezogen wurden.«

»Ich glaube nicht, dass ich etwas Besonderes gesagt habe; ich erinnere mich nicht mehr daran«, antwortete Isol, »aber ich kann die Königin fragen, was es gewesen ist.«

Sie ging nun zu ihrer Mutter und fragte, was das abscheuliche Mädchen gesagt habe, als ihr die Ärmel angezogen wurden, bevor sie fortritt.

Die Königin sagte ihr, sie habe gesagt:

»Gut passen die Ärmel
Der Eignerin Arme.«

Sie begab sich mit dieser Antwort hinein zu ihrem Bräutigam und teilte sie ihm mit. Hierauf sagte sie:

»Jetzt will ich aber hinauf zu dir.«

Der Bräutigam entgegnete jedoch:

»Nein, du wartest noch; was sagtest du, als du die Handschuhe anzogst?«

»Daran erinnere ich mich nicht mehr; es wird wohl nichts Merkwürdiges gewesen sein«, erwiderte sie.

»Du wirst es mir aber sagen«, entgegnete er, »sonst kommst du mir nicht herauf ins Bett.«

Sie ging nun wieder zu ihrer Mutter und fragte sie, was das Mädchen gesagt habe, als es die Handschuhe anzog. Die Königin sagte es ihr:

»Ich weiß es gar wohl,
Welche Finger sie nähten.«

Hierauf begab sie sich mit dieser Antwort zum Bräutigam und sagte sie ihm. Zugleich wollte sie wieder in das Bett hinauf; er aber wehrte es ihr und fragte sie:

»Was hast du gesagt, als wir an den Ruinen des niedergebrannten Turmes vorbei ritten?«

»Daran erinnere ich mich nicht mehr; es wird wohl nichts Besonderes gewesen sein«, sagte sie.

»Du wirst es mir aber sagen«, entgegnete Fertram, »sonst kommst du mir nicht ins Bett.«

Sie ging nun abermals zu ihrer Mutter und fragte sie, was das Mädchen gesagt habe, als sie an den Ruinen des niedergebrannten Turmes vorbei ritten.

Die Königin sagte es ihr:

»Früher warst du schön und rein,
Jetzt bist du schwarz, mein Kämmerlein.«

Mit dieser Antwort ging sie wieder zum Bräutigam hinein und sagte sie ihm. Hierauf wollte sie durchaus zu ihm ins Bett, denn es war ihr schon sehr kalt geworden. Fertram aber sagte:

»Nicht früher, bevor du mir sagst, was du sprachest, als wir zur Linde und zur Grube kamen und bei der anderen Gelegenheit, als dir das Pferd nach Hause durchging.«

»Daran erinnere ich mich nicht mehr«, sagte sie, »ich denke aber, es wird nichts Besonderes gewesen sein.«

»Du wirst es mir doch sagen«, sprach er.

Sie lief nun abermals zu ihrer Mutter und fragte darnach.

Die Königin sagte es ihr; als sie zur Linde kamen, sprach Näfrakolla:

»Nun bin ich gekommen zum Lindenbaum,
Wo sich Fertram und Isol, die Lichte,
Treue geschworen für alle Zeit,
Und er wird sie wohl halten auch heut.«

Als sie zur Grube kamen, sprach sie:

»Hier liegen Eya und Meya,
Meine beiden Kammermädchen;
Ich entkam durch die Goldschere meiner Mutter.«

Als aber das Pferd mit ihr durchging, sagte sie:

»Springe nur, springe nur, Skurbein,
Allein wirst du schlafen heute Nacht,
Und ein junger König wird dann werden.«

Sie kam mit dieser Antwort zurück und erzählte dem Bräutigam alles und wollte nun zu ihm hinauf ins Bett. In Fertram aber begannen gar viele und schlimme Ahnungen aufzusteigen, und es kam ihm wieder die Erinnerung an seine rechte Braut zurück. Da nahm er das Schwert, das oben an der Bettstatt hing, und durchbohrte damit die falsche Braut, indem er sagte, es solle sich nun erfüllen, dass er diese Nacht allein schlafe. In diesem Augenblick kam die Königin und sah was da vorging. Da wurde sie zu einer Unholdin. Rasch durchbohrte Fertram auch sie mit dem Schwert, und sie starb daran. Es wurde nun sogleich nach Näfrakolla gesandt, und sie musste alles erzählen, was sich zugetragen hatte. Da freute sich der König sehr, dass er von dieser Unholdin befreit war, und das Festmahl wurde aufs Neue begonnen.

Da gab es auf den Tischen
Gepfefferte Pfauen,
Gesalzene Seefische,
Mimjam und Timjam
Und multum salve.
Da ward getrunken
Primet und Klaret
Und Wein Garganus.
Goldkisten man zog auf den Boden,
Die Gäste erhielten Geschenke;
Reich zogen jene von dannen,
Die ganz arm waren gekommen.
Fertram ward König, als jener starb;
Sie hatten Kinder und Kindeskinder,
Gruben Wurzeln und Kräuter,
Und nun weiß ich die Geschichte nicht mehr weiter.

DIE KUH BUKOLLA

s lebte einmal ein alter Mann mit seinem alten Weibe in einer schlechten Hütte. Sie hatten einen Sohn, der aber wenig Gutes von sich erwarten ließ. Es waren nicht mehr Leute in der Hütte als diese drei.

Die beiden alten Leute hatten eine Kuh, und diese war auch alles, was sie an Vieh besaßen. Diese Kuh hieß Bukolla.

Einmal nun bekam die Kuh ein Kalb, und das Weib selbst leistete ihr Beistand. Als dies vorüber war, begab sich das Weib in die Hütte; etwas später kam sie wieder heraus, um nachzusehen, wie es der Kuh gehe, da war diese aber verschwunden. Es machten sich nun beide, der Mann und das Weib, auf, um die Kuh zu suchen; aber so lange sie auch suchten, so konnten sie diese doch nicht finden. Da wurden sie sehr betrübt und befahlen ihrem Sohn, das Haus zu verlassen und sich nicht früher wieder daheim blicken zu lassen, bevor er nicht mit der Kuh käme.

Sie rüsteten den Jungen mit Reisekost und neuen Schuhen aus, und der machte sich auf den Weg. Er ging ohne Ziel ins Blaue hinein, und als er lange, lange gegangen war, setzte er sich nieder und begann zu essen. Hierauf rief er:

»Brülle nun, liebe Bukolla, wenn du irgendwo am Leben bist!«

Da hörte er die Kuh aus weiter, weiter Ferne brüllen. Der Sohn des armen Häuslers ging wieder lange, lange. Hierauf setzte er sich abermals nieder, um zu essen und rief:

»Brülle nun, liebe Bukolla, wenn du irgendwo am Leben bist!«

Da hörte er Bukolla zum zweiten Male brüllen und zwar dieses Mal ein wenig näher als früher. Und abermals ging der Häuslerssohn lange, lange, bis er auf einen ungeheuer hohen Felsen kam. Dort setzte er sich nieder, um zu essen und rief zugleich:

»Brülle nun, liebe Bukolla, wenn du irgendwo am Leben bist!«

Da hörte er die Kuh unter seinen Füßen brüllen. Er kletterte den Felsen hinab und entdeckte in diesem eine sehr große

Höhle. Er ging in die Höhle hinein und fand hier die Bukolla angebunden. Ohne sich lange zu bedenken, machte er sie frei und führte sie hinter sich her aus der Höhle und der Hütte seiner Eltern zu. Er war jedoch nicht weit gekommen, als er eine erschrecklich große Riesin ihm nacheilen sah, welche von einer anderen, kleineren begleitet war; zugleich bemerkte er, dass die große Riesin so gewaltige Schritte machte, dass sie ihn bald einholen musste. Da sagte er zur Kuh:

»Was haben wir nun zu tun, liebe Bukolla?«

Die Kuh antworte:

»Reiß ein Haar aus meinem Schwanz und lege dasselbe auf die Erde!«

Dies tat er auch. Da sagte die Kuh zu dem Haar:

»Ich bestimme und wirke den Zauber, dass du zu einem so großen Flusse wirst, dass niemand darüber kommen kann als ein fliegender Vogel!«

Und in demselben Augenblicke wurde das Haar zu einem ungeheuer großen Fluss. Als aber die Riesin zu dem Fluss kam, sagte sie:

»Das soll dir nicht helfen, Schurke! – Eile heim, Mädchen«, sagte sie dann zur kleinen Riesin, »und hole mir den großen Ochsen meines Vaters.«

Das Mädchen ging und kam alsbald mit einem ungeheuer großen Ochsen wieder zurück. Dieser Ochse trank den ganzen Fluss aus. Da merkte der Sohn des Häuslers, dass ihn die Riesin wieder bald einholen werde, weil sie so gewaltig große Schritte machte. Er sagte deshalb zur Kuh:

»Was haben wir nun zu tun, liebe Bukolla?«

»Reiß ein Haar aus meinem Schwanz und lege dasselbe auf die Erde!«, antwortete die Kuh.

Er tat dies. Da sagte Bukolla zu dem Haar:

»Ich bestimme und wirke den Zauber, dass du zu einem so großen brennenden Scheiterhaufen wirst, dass niemand darüber kommen kann als ein fliegender Vogel.«

Und in demselben Augenblicke wurde das Haar zu einem brennenden Scheiterhaufen. Als aber die Riesin zu dem Scheiterhaufen kam, sagte sie:

»Das soll dir nicht helfen, Schurke! – Eile heim und hole mir den großen Ochsen meines Vaters, Mädchen!«, sagte sie zur kleineren Riesin.

Dieselbe ging und kam zurück mit dem Ochsen. Der Ochse aber gab nun alles Wasser von sich, welches er aus dem Flusse getrunken hatte, und löschte so den brennenden Scheiterhaufen aus.

Nun bemerkte der Sohn des Häuslers, dass die Riesin ihn sogleich einholen werde, weil sie so gewaltig große Schritte machte. Er sagte deshalb zur Kuh:

»Was haben wir nun zu tun, liebe Bukolla?«

»Reiß ein Haar aus meinem Schwanz und lege dasselbe auf die Erde!«, sagte die Kuh.

Dies tat er auch. Da sagte die Kuh zu dem Haar:

»Ich bestimme und wirke den Zauber, dass du zu einem so großen Berge wirst, dass niemand darüber kommen kann als ein fliegender Vogel.«

Da wurde das Haar zu einem so hohen Berge, dass der Sohn des Häuslers dessen Gipfel nicht sehen konnte. Als aber die Riesin zu dem Berge kam, sagte sie:

»Das soll dir nicht helfen, Schurke! – Hole mir das große Bohreisen meines Vaters, Mädchen!«, sagte sie zur kleineren Riesin.

Diese ging und kam zurück mit dem Bohreisen. Da bohrte die Riesin ein Loch durch den Felsen; als sie durch dasselbe sehen konnte, kroch sie ohne Zaudern in das Loch; aber das war zu eng; sie blieb darin stecken und wurde endlich im Loch zu Stein. Und dort ist sie auch noch heute.

Der Häuslerssohn aber kam mit seiner Bukolla nach Hause, und der Alte und sein Weib waren darüber sehr erfreut und glücklich.

s waren einmal ein König und eine Königin in ihrem Reiche. Der König hieß Ring; wie aber seine Königin geheißen hat, weiß man nicht. Sie hatten einen Sohn namens Hlini, welcher schon frühzeitig vielversprechende Anlagen zeigte und für den wackersten Kämpen angesehen wurde.

Eines Tages begab sich der Königssohn mit den Hofleuten seines Vaters auf die Jagd. Als sie einige Tiere und Vögel erlegt hatten und sich auf den Heimweg machen wollten, fiel plötzlich ein so dichter Nebel ein, dass die Hofleute den Königssohn aus den Augen verloren. Sie suchten lange nach ihm, konnten ihn aber nicht finden und kehrten endlich ohne ihn nach Hause zurück.

Als sie in die Halle des Königs kamen, erzählten sie, dass sie Hlini aus den Augen verloren und nicht wieder hätten finden können. Der König war über diese Nachricht sehr betrübt und schickte am nächsten Tage viele Leute aus, um nach seinem Sohne zu suchen. Dieselben suchten den ganzen Tag hindurch bis zum Abend, fanden ihn aber nicht; und so geschah es drei Tage hindurch, immer vergebens; Hlini konnte nicht gefunden werden. Darüber wurde der König von solchem Kummer ergriffen, dass er sich ins Bett legte wie ein kranker Mensch. Er ließ auch verkündigen, dass derjenige, welcher seinen Sohn finden und ihn zurückbringen würde, die Hälfte seines Reiches erhalten solle.

Es wohnte auch ein alter Mann mit seinem alten Weibe in einer schlechten Hütte; diese hatten eine Tochter, welche Signy hieß.

Signy hörte von dem Verschwinden des Königssohnes und von der Belohnung, die sein Vater demjenigen versprochen habe, der Hlini finden würde. Da ging sie zu ihren Eltern und bat sie um Reisekost und neue Schuhe; dann machte sie sich auf den Weg, um den Königssohn zu suchen.

Von der Wanderung der Signy ist nur zu berichten, dass sie nach mehrtägigem Marsch gegen Abend zu einer Höhle kam; sie ging in diese hinein und sah darin zwei Betten; über das eine war eine silberdurchwobene, über das andere eine golddurchwobene Decke gebreitet. Sie sah sich nun besser darin um und entdeckte, dass der Königssohn in dem Bett lag, über welches die golddurchwobene Decke gebreitet war. Sie wollte ihn wecken, aber es gelang ihr nicht. Da bemerkte sie, dass einige Runen in das Bettgestell eingeritzt waren, konnte dieselben aber nicht deuten. Sie ging hierauf zum Eingang der Höhle zurück und verbarg sich hinter der Türe.

Sie war kaum in dieses Versteck gekommen, als sie draußen ein starkes Gedröhne hörte und gleich darauf zwei ungeschlachte Riesinnen in die Höhle treten sah. Beim Eintreten sagte die eine von ihnen:

»Pfui der Teufel! es riecht nach Menschen in unserer Höhle.«

Die andere aber meinte, der Geruch komme von Hlini, dem Königssohne. Hierauf gingen sie zu dem Bett, in welchem der Königssohn schlief, riefen zwei Schwäne, die Signy früher nicht bemerkt hatte, herbei und sagten zu denselben:

»Singet, singet, meine Schwäne,
Dass Hlini erwache!«

Da sangen die Schwäne, und Hlini erwachte. Die jüngere Riesin fragte ihn sogleich, ob er nicht etwas speisen wolle. Er sagte: nein. Da fragte sie ihn, ob er sie nicht zum Weibe haben wolle. Er verblieb hartnäckig bei seinem Nein. Da schrie sie auf und sagte zu den Schwänen:

»Singet, singet meine Schwäne,
Dass Hlini einschlafe!«

Die Schwäne sangen, und er schlief ein. Hierauf legten sich die beiden Riesinnen selbst in das Bett, über welches die silberdurchwobene Decke gebreitet war, und schliefen die Nacht hindurch.

Als sie des Morgens erwachten, weckten sie Hlini und boten ihm Speise an; er aber wollte nicht davon essen. Sodann fragte ihn die Jüngere wieder, ob er sie nicht zum Weibe haben wolle. Er verneinte es jedoch wie früher. Hierauf schläferten sie ihn wieder auf dieselbe Weise ein wie zuvor und verließen die Höhle.

Als sie schon eine Weile fort waren, kam Signy aus ihrem Versteck hervor und weckte den Königssohn, indem sie dasselbe sagte wie die Riesinnen. Sie begrüßte ihn und er nahm ihren Gruß freundlich auf und fragte sie, was es Neues gebe.

Signy erzählte ihm nun alles der Wahrheit gemäß und auch von dem großen Kummer, welchen sein Vater über sein Verschwinden empfinde. Hierauf fragte sie ihn, was sich mit ihm zugetragen habe. Er erzählte ihr, dass er kurz nach seiner Trennung von den Hofleuten seines Vaters zwei Riesinnen begegnet und von diesen in ihre Höhle mitgenommen worden sei. Die eine von ihnen habe ihn zwingen wollen, sie zu heiraten, wie sie ja selbst gehört hätte, er aber habe niemals einwilligen wollen.

»Nun sollst du«, sagte Signy, »wenn die Riesin dich heute Abend wieder fragt, ob du sie zum Weibe haben willst, deine Einwilligung dazu geben unter der Bedingung, dass sie dir sage, was auf den Betten geschrieben stehe und was sie den Tag über treiben.«

Dies schien dem Königssohn ein vorzüglicher Rat zu sein. Er brachte hierauf ein Spielbrett herbei und lud das Mädchen ein, mit ihm zu spielen; sie saßen dann bis zum Abend beim Brettspiel. Als es jedoch anfing dunkel zu werden, schläferte Signy den Königssohn wieder ein und begab sich in ihr Versteck.

Bald hörte sie die Riesinnen herbeikommen und in die Höhle traben. Sie zündeten Feuer an und die ältere begann, die

Vögel zuzubereiten, welche sie mitgebracht hatten, während die jüngere zu dem Bett ging, Hlini weckte und ihn fragte, ob er nicht Speise zu sich nehmen wolle.

Er antwortete diesmal mit Ja.

Als er mit seiner Mahlzeit fertig war, fragte sie ihn, ob er sie nicht heiraten wolle.

Er entgegnete, dass er es tun wolle, wenn sie ihm sagen würde, was die Runen bedeuten, die auf den Betten eingeritzt seien.

Sie sagte, es stehe auf den Betten geschrieben:

»Renne, renne Bettchen mein,
Renne wohin man will!«

Er zeigte sich über diese Mitteilung sehr erfreut, sagte aber doch, dass sie noch mehr tun und ihm sagen müsse, was sie den Tag über draußen im Walde treiben. Die Riesin erzählte ihm, dass sie Tiere und Vögel jagen, wenn sie aber dazwischen eine kleine Frist haben, sich unter einer Eiche niedersetzen und einander ihr Lebensei zuwerfen.

Er fragte, ob sie dabei vorsichtig umgehen müssten.

Die Riesin sagte, dass das Ei nicht zerbrechen dürfe, denn sonst müssten sie beide sterben.

Der Königssohn sagte, dass sie gut getan habe, ihm alles dies mitzuteilen; aber er wolle doch noch bis Morgen ruhen; sie antwortete darauf, er möge seinen Willen haben, und schläferte ihn sodann ein.

Des Morgens weckte sie ihn und bot ihm Speise an, die er auch dankbar annahm. Dann fragte ihn die Riesin, ob er nicht heute mit ihnen in den Wald hinauskommen wolle. Er antwortete aber, dass er lieber zu Hause bleibe. Hierauf nahm die Riesin von ihm Abschied, und nachdem sie ihn eingeschläfert, verließen die beiden Weiber die Höhle.

Als sie schon eine Weile fort waren, trat wieder Signy zu dem Bett und weckte den Königssohn.

Sie bat ihn aufzustehen, »und wir werden jetzt«, sagte sie, »in den Wald hinausgehen, dahin wo die Riesinnen sind. Nimm deinen Speer mit dir, und sowie sie anfangen, einander ihr Lebensei zuzuwerfen, schleudere ihn auf das Ei; aber es gilt dein Leben, wenn du nicht triffst.«

Dem Königssohn schien dies ein vorzüglicher Rat zu sein, und sie stiegen nun beide in das Bett hinein und sagten die Worte:

»Renne, renne Bettchen mein,
Renne in den Wald!«

Da rannte das Bett mit beiden fort und blieb erst stehen, als sie draußen im Walde in die Nähe einer Eiche kamen. Sie hörten hier ein lautes Lachen. Signy bat nun den Königssohn, auf die Eiche hinauf zu klettern, und dies tat er auch. Er sah die beiden Riesinnen unter dem Baume sitzen; die eine von ihnen hatte ein goldenes Ei in der Hand und warf es der anderen zu. Im selben Augenblick aber schleuderte der Königssohn den Spieß ab und derselbe traf das Ei, so dass es zerbrach. Gleichzeitig sanken auch die Riesinnen tot zu Boden, und Geifer trat aus ihrem Munde.

Der Königssohn stieg nun sogleich von der Eiche herab und fuhr mit Signy im Bett auf dieselbe Weise in die Höhle zurück, wie sie gekommen waren. Sie nahmen hierauf alle Kostbarkeiten, welche sich in der Höhle befanden, und füllten damit die beiden Betten. Sodann bestiegen sie jedes ein Bett und sprachen die Bettrunen, worauf die Betten mit ihnen und allen Kostbarkeiten zur Hütte der alten Leute rannten. Der alte Mann und das alte Weib empfingen sie mit Freuden und baten sie, bei ihnen zu bleiben. Sie nahmen auch die Einladung an und blieben hier die Nacht über.

Zeitlich morgens ging sodann Signy zum König, trat vor ihn hin und begrüßte ihn. Der König fragte sie, wer sie sei. Sie sagte, dass sie die Tochter des alten Mannes von der kleinen Hütte sei, und fragte, welche Belohnung er ihr geben würde, wenn sie seinen Sohn wohlbehalten zurückbringen könne.

Der König sagte, dass er darauf wohl nicht zu antworten brauche, da sie ihn gewiss nicht finden werde, nachdem dies keinem von seinen Leuten gelungen sei.

Signy fragte weiter, ob er ihr nicht dieselbe Belohnung geben wolle, die er anderen versprochen habe, falls sie ihn doch fände.

Der König sagte, dass sie dieselbe Belohnung erhalten würde.

Signy kehrte hierauf in die Hütte zurück und bat den Königssohn, ihr nach der Halle des Königs zu folgen; dies geschah denn auch, und sie führte ihn hinein zum König.

Der König empfing seinen Sohn mit Freuden und hieß ihn sich zu seiner Rechten setzen und alle seine Erlebnisse erzählen von dem Tage an, wo ihn die Hofleute auf der Jagd verloren hätten.

Der Königssohn setzte sich auf den Hochsitz neben seinen Vater und lud Signy ein, sich auf seine andere Seite zu setzen. Hierauf erzählte er die Geschichte, wie sie sich ereignet hatte und dass dieses Mädchen ihm das Leben gerettet habe, da sie ihn aus den Händen der Riesinnen befreite.

Sodann stand Hlini auf, trat vor seinen Vater hin und bat ihn, zu erlauben, dass er dieses Mädchen zu seinem Weibe nehme. Der König gab mit Freuden seine Einwilligung dazu und ließ sogleich ein großes Hochzeitsfest veranstalten, zu welchem er alle Häuptlinge seines Reiches einlud. Die Hochzeit dauerte eine ganze Woche; nachdem dieselbe vorüber war, kehrten alle Gäste wieder nach Hause zurück, und alle priesen den König wegen seiner Gastfreundschaft, denn er hatte alle mit kostbaren Gaben beschenkt.

Der Königssohn und Signy aber lebten lange zusammen und liebten einander sehr. Damit ist diese Geschichte zu Ende.

s waren einmal ein König und eine Königin in ihrem Reiche und diese hatten keine Kinder. Sie sehnten sich jedoch sehr, solche zu haben.

Eines Tages ging die Königin spazieren, und es lag viel frisch gefallener, lockerer Schnee auf der Erde. Da blutete sie stark aus der Nase, und sie wünschte sich, dass sie eine Tochter bekommen möchte, die so schön sei wie das Blut und der Schnee zusammen zu schauen seien.

Bei dem König war auch ein Knecht, der Surtur hieß. Dieser hörte die Worte der Königin und fügte zu ihrem Wunsche die Worte hinzu:

»Und du mögest tödlichen Hass auf sie werfen.«

Nun verging die Zeit, und es ereignete sich nichts, was der Erzählung wert wäre.

Eines Tages aber fand die Königin, dass sie guter Hoffnung sei. Als die Stunde ihrer Niederkunft herannahte, bat sie ihren Mann auf das Inständigste, das Kind, so wie es geboren wäre, töten zu lassen.

»Das soll dir niemals gewährt werden«, entgegnete der König.

Die Königin gebar nun das Kind, und es war ein reizend schönes Mädchen, welchem der Namen Ingibjörg gegeben wurde.

Der König ließ für das Kind ein eigenes Haus erbauen, gab ihm eine Pflegefrau und übertrug dieser die Aufziehung des Mädchens. Dies missfiel der Königin sehr.

Ingibjörg wuchs auf und wurde so schön, dass die Leute nie ihresgleichen gesehen hatten. Eines Tages wurde die Königin krank, und sie fühlte, dass es mit ihr zu Ende gehen werde. Da ließ sie ihre Tochter zu sich rufen und flüsterte ihr etwas ins Ohr, was niemand hörte.

Hierauf starb die Königin; sie wurde in einen Grabhügel gelegt, und der König saß lange auf demselben und trauerte um sie. Ingibjörg ging in ihr Haus und hörte nie auf zu weinen.

Nicht weit von dem Königreiche war eine Insel; auf dieser wohnte ein Jarl (= Fürst), welcher eine Tochter hatte, die Hildur hieß. Nachdem der König lange um seine verstorbene Königin getrauert hatte, freite er um die Tochter dieses Jarls, erhielt sie auch und feierte in seiner Halle Hochzeit mit ihr, wobei es viel Pracht und Lustbarkeit gab. Ingibjörg jedoch nahm nicht daran teil; sie saß in ihrem Hause und weinte.

Eines Tages begab sich die junge Königin nach dem Hause der Ingibjörg, klopfte an die Türe und bat die Königstochter, ihr aufzuschließen. Dies tat sie auch.

Die Königin bat nun Ingibjörg, sie möchte mit ihr in den Wald hinaus gehen, um sich zu erlustigen. Die Königstochter wollte anfangs nichts davon hören; als aber ihre Stiefmutter nicht abließ, sie zu nötigen und in sie zu dringen, gab sie endlich nach und sie gingen zusammen in den Wald.

»Nun bitte ich dich«, sagte die Königin, »mir zu sagen, was dir so nahe geht und dir so großen Kummer verursacht.«

Ingibjörg wollte ihr dies durchaus nicht mitteilen, so oft die Königin auch ihre Bitten wiederholte.

Endlich kamen sie zu einem großen Fluss. Da sagte die Königin:

»Wenn du mir nicht sagst, warum du immer weinst, stürze ich dich in diesen Fluss.«

Ingibjörg wählte lieber das Leben und erzählte der Königin, ihre Mutter habe den Fluch auf sie gelegt, dass sie im väterlichen Hause ein Kind bekommen, einen Mann töten und das Schloss ihres Vaters niederbrennen solle.

»Lasse dies nicht deinen Sinn bedrücken«, sagte die Königin, »ich werde dir schon aus diesen Nöten helfen. Sag dem Knechte Surtur, du habest heute eine schöne Pflanze auf den Meeresklippen gesehen, und bitte ihn, dir dieselbe zu holen. Sowie er dann so hoch auf die Klippen gekommen ist, dass er nimmer höher kommen kann, lass das Seil los, mit dem du ihn hinaufgezogen hast, so dass er ins Meer fällt.«

Ingibjörg befolgte diesen Rat und tötete Surtur auf diese Weise. Hierauf ging sie wieder heim in ihr Haus.

Als die Königin einmal mit dem König zu sprechen kam, sagte sie:

»Du sitzt immer ganz ruhig in deiner Burg, König, und gehst nie in den Wald hinaus, um dich zu erlustigen, wie es die anderen Könige tun.«

Der König sagte, er wolle gern in den Wald hinaus gehen, wenn sie es wünsche, und ritt auch eines Tages mit allen seinen Hofleuten dahin.

Die Königin teilte nun Ingibjörg ihr Vorhaben mit, ließ ihr helfen, alle wertvollen Gegenstände aus dem Schlosse zu tragen, und legte dann Feuer an dasselbe. Hierauf gab sie ihr ein Bündel und sagte ihr, sie solle dieses in den Wald hinaus rollen lassen; es werde bei der Türe einer Hütte liegen bleiben, und wenn sie dahin komme, müsse sie darauf achten, dass sie den Bewohner dieser Hütte früher sehe als er sie. »Merke dir aber, fuhr die Königin fort, wenn du von mir träumst, sollst du, so schnell du nur kannst, zu mir kommen.«

Ingibjörg ging in den Wald und kam endlich zu der Hütte; sie betrat diese und stellte sich hinter die Tür.

Nachdem eine gute Weile vergangen war, kam ein großer Riese in die Hütte; er trug einen Bären auf dem Rücken und warf denselben auf den Boden. Da erblickte er Ingibjörg; diese aber hatte ihn schon früher gesehen.

Ingibjörg bat den Riesen im Namen ihrer Stiefmutter, dass er ihr erlauben möchte, einige Tage hier zuzubringen.

Der Riese erlaubte es ihr und forderte sie auf, weiter in die Hütte hinein zu kommen.

Sie sah nun ein großes, aufgemachtes Bett und ein anderes, kleineres unter diesem; das war kreisrund.

Der Riese fragte, ob sie lieber bei ihm oder bei seinem Hunde schlafen wolle.

Sie zog es vor, bei dem Hunde zu schlafen.

Ingibjörg blieb mehrere Tage in dieser Hütte. Einmal erwachte sie des Nachts und hörte ein starkes Gedröhn, welches so schrecklich war, dass man glauben konnte, die Erde berste auseinander.

Hierauf sah sie ein großes Ungeheuer in Menschengestalt in die Hütte kommen; das trug eine Haube aus den Schenkelteilen einer Ochsenhaut, Hosen aus Pferdehaut, eine Weste aus der Haut des Eishais und eine Reitjacke. Sein Kopf war abscheulich und hässlich geformt; er hatte eine krumme und schiefe Nase, kohlschwarzes Haar und eine ebensolche Haut. Der Mund war ganz schief, und ein großer Zahn ragte aus demselben hervor.

Von diesem abscheulichen Anblicke ward Ingibjörg so erschreckt, dass sie in das Bett des Riesen hinaufsprang. Hierauf schlief sie wieder ein und träumte nun von der Königin; da weckte sie der Riese. Sie verließ sogleich die Hütte, um so schnell als möglich zu dem Königsschlosse zu kommen.

Als sie dahin kam, sah sie die Königin in einem seidenen Hemde auf einem großen Scheiterhaufen sitzen. Da eilte sie auf den Scheiterhaufen zu, stieß einige Knechte auf denselben, nahm hierauf die Königin bei der Hand und führte sie in das Schloss.

Sie machte ihrem Vater harte Vorstellungen und sagte, er habe es der Königin übel gelohnt, dass sie ihr aus den Nöten habe helfen wollen, in welche sie der Zauber ihrer Mutter gebracht hätte.

Der König sagte, dass er dies nicht gewusst, sondern vielmehr geglaubt habe, dass die Königin ihn samt dem Schlosse habe verbrennen wollen.

Es verging nun einige Zeit, bis die Leute zu bemerken glaubten, dass Ingibjörg unter dem Gürtel dicker wurde.

Eines Tages kam ein prächtig gekleideter Mann auf einem roten Pferd zum Schlosse geritten. Der warb um Ingibjörgs Hand und erhielt diese auch zugesagt, worauf mit großer Pracht ihre Hochzeit gefeiert wurde.

Kurze Zeit darauf gebar Ingibjörg ein Kind und sie wusste nun, dass der Vater dieses Kindes der Riese aus der Hütte war, welcher dort in der Verzauberung gelebt hatte und der Bruder der Königin war. Es wurde eine prächtige Hochzeit gefeiert.

Sie liebten einander bis in ihr hohes Alter und erhielten nach dem Tode des Königs dessen Reich und alle Reichtümer.

JONIDES UND HILDUR

s waren einmal ein König und eine Königin in ihrem Reiche; die hatten eine Tochter, welche Hildur hieß. Diese war eben geboren, als diese Geschichte sich ereignete.

Der König ritt oft zu seinem Vergnügen auf die Jagd. Da geschah es nun einmal, dass dieser, sowie er in den Wald hinausgekommen war, einen großen Drachen fliegen sah, welcher ein Kind in den Klauen hatte. Der König schoss nach dem Drachen und war so glücklich, ihn mitten ins Herz zu treffen, dass er tot zur Erde niederfiel; das Kind aber bekam er noch lebend in die Hände. Es war dies ein sehr hübscher Knabe, der ein Jahr alt sein mochte. Der König nahm den Knaben mit sich nach Hause und gab ihm den Namen Jonides. Er ließ ihn mit seiner Tochter Hildur aufziehen und bezeigte ihm stets große Liebe.

Die Kinder wuchsen zusammen auf, und als sie älter wurden, fassten sie Liebe zueinander. Hildurs Großmutter war sehr zauberkundig und unterrichtete auch das Mädchen in diesen Künsten; Hildur lernte dies so leicht, dass sie schon in der Jugend in vielen Dingen sehr erfahren war. Die Großmutter merkte bald, dass Hildur und Jonides einander liebten. Da sie aber um keinen Preis wollte, dass Jonides das Mädchen zur Frau erhalte, beschloss sie, ihn mittelst Gift aus dem Wege zu schaffen. Sie kam deshalb eines Tages mit einem Gericht zu ihnen hinein und forderte sie auf zu essen; Hildur aber sah, dass die Speise vergiftet war und warnte darum Jonides, davon zu kosten. Da machte sie einen anderen Versuch, indem sie diese im Bette ermorden wollte; aber Hildur hatte dies vorausgesehen und Holzklötze in die Betten gelegt. Das alte Weib hieb hinein; das Schwert blieb jedoch in den Klötzen stecken; zugleich hafteten ihre Hände an dem Schwerte fest und sie musste nun so sitzen, bis es Morgen wurde.

Hildur sah nun, dass sie in der Hauptstadt ihres Vaters nicht mehr länger vor den Nachstellungen der Großmutter sicher seien, und sie verließen deshalb die Stadt und gingen hinaus zu einem Bach, welcher in der Nähe floss. Hier verwandelte sie sich und ihn in Forellen, und sie sprangen sodann beide in den Bach.

Die Großmutter erhielt hiervon Kunde, kam zu dem Bach und wandte alle ihre Kunst an, um die beiden Forellen zu fangen; es gelang ihr aber nicht. In der Nacht darauf nahmen diese wieder ihre eigene Gestalt an, und Hildur sagte nun, dass es auf diese Weise nicht weiter gehen könne, denn die Großmutter sitze jetzt daheim und sei mit der Bereitung eines Netzes beschäftigt, um sie darin zu fangen; sie sollten deshalb lieber in den Wald gehen.

Die Großmutter bekam auch hiervon Kunde und sandte zwei Knechte in den Wald mit dem Auftrag, dass sie alles Lebende, was sie sehen würden, töten sollten.

Die Knechte begaben sich hinaus in den Wald, sahen aber kein Tier. Erst gegen Abend erblickten sie zwei Hunde, welche so schön waren, dass sie früher niemals solche gesehen zu haben glaubten. Die Hunde waren sehr zutraulich zu den Knechten, ließen sich aber doch nicht fangen. Diese kehrten deshalb nach Hause zurück und erzählten, wie es ihnen ergangen sei. Das alte Weib sagte, dass dies Hildur und Jonides gewesen seien und dass die Knechte nicht gehandelt hätten, wie sie sollten, und ließ sie erschlagen.

Hildur sah nun, dass es auch auf diese Weise nicht gehen werde; sie nahm deshalb ein grünes Tuch, forderte Jonides auf, mit ihr darauf zu steigen, und erhob sich auf dem Tuch in die Luft.

Sie schwebten so einen großen Teil des Tages hindurch dahin, bis Hildur das Tuch wieder auf die Erde niedersinken ließ. Sie landeten auf einer wunderschönen Ebene, und es war hier die herrlichste Gegend.

»Das nun ist dein Vaterland«, sagte Hildur, »und du bist der Sohn des Königs, welcher hier herrschte; aber er ist nun schon mehrere Jahre tot. Als du ein Jahr alt warst, ging deine Mutter mit dir in einen Obstgarten; da kam ein Drache an sie herangeflogen und entriss dich ihrem Busen. Dies bereitete deinem Vater große Sorgen, denn er hatte kein anderes Kind; er starb endlich aus Kummer. Das Reich ist jetzt ohne Herrscher, denn deine Mutter liegt krank vor Gram und Schmerz danieder. Du sollst daher in die Stadt gehen und deiner Mutter alles erzählen, was sich mit dir zugetragen hat; sie wird dich dann wiedererkennen und dir die Herrschaft über das Reich übergeben. Ich selbst will vorläufig hier in einer kleinen Hütte verbleiben; aber ich bitte dich, vergiss meiner nicht.«

Jonides antwortete, dass dies nie geschehen werde, denn er liebe sie wie sich selbst. Hildur aber sagte, sie fürchte dennoch, dass es so kommen könne. Hierauf schmierte sie ihn mit einer Salbe aus einer Büchse und nahm weinend von ihm Abschied.

Jonides machte sich auf den Weg nach der Stadt; als er aber den halben Weg dahin zurückgelegt hatte, kam eine Hündin zu ihm heran und leckte die ganze Salbe von ihm ab; in diesem Augenblick vergaß er Hildur und erinnerte sich gar nicht weiter mehr an sie.

Als er in die Stadt kam, bat er, dass er die Königin sprechen dürfe, und dies wurde ihm auch gestattet. Er erzählte der nun seine ganze Lebensgeschichte und auch dass er ihr Sohn sei. Die Königin erkannte sogleich, dass seine Erzählung wahr sei, und sagte, dass sie ihn auch an seiner Ähnlichkeit mit seinem verstorbenen Vater erkennen könne. Er wurde sodann König in dem Reiche, und es ging nun alles gut, dünkte es den Leuten.

Kurze Zeit nachdem Jonides König geworden war, erschien ein schönes Mädchen in der Stadt. Niemand wusste, woher sie gekommen war, aber niemand konnte sich auch erinnern, jemals ein so wunderschönes Mädchen gesehen zu haben. Der König sah mit Liebesaugen auf sie und nahm sie zum Weibe. Die Leute fanden aber nicht, dass sie auch so gut war wie sie schön war.

Einmal nun trug es sich zu, dass einer von den Knechten des königlichen Schweinehirten sich im Walde verirrte und zu einer kleinen Hütte kam. In derselben hausten ein alter Mann und ein altes Weib, sowie Hildur, welche sie ihre Tochter nannten. Der Knecht bat, dass er in der Hütte übernachten dürfe, und dies wurde ihm auch gestattet.

Als aber die Leute schlafen gingen, sagte der alte Mann zu dem Knecht, dass er kein Bett für ihn habe, es sei denn dass er bei Hildur, seiner Tochter, schlafen wolle. Der Knecht antwortete, dass er darin etwas so Schlimmes nicht finde, denn es scheine ihm, dass er niemals ein schöneres Mädchen gesehen habe.

Er legte sich nun in Hildurs Bett; sie sagte jedoch, dass sie noch hinaus müsse, weil sie auf dem Herde das Feuer noch nicht geborgen habe. Der Knecht erbot sich, dies für sie zu tun und bat sie, sich inzwischen ins Bett zu legen.

Er ging denn auch hinaus, um das Feuer zu bergen; aber da blieben seine Hände an den Steinen des Herdes haften, und er stand nun hier und mühte sich ab, dieselben frei zu machen. Aber erst des Morgens gelang es ihm, sich loszulösen; er ging nun rasch von dannen.

Als der Knecht nach Hause kam, fragte ihn der Schweinehirt, wo er die Nacht zugebracht habe. Der Knecht sagte es ihm und fügte hinzu, dass er bei der Tochter des alten Mannes geschlafen habe.

Da erwachte auch in dem Schweinehirten das Verlangen, dahin zu gehen und die Nacht dort zuzubringen. Er machte sich

auf den Weg, kam des Abends zu der Hütte und bat um Nacht-
herberge. Der alte Mann gewährte ihm dieselbe und lud ihn
ein, in die Hütte zu kommen.

Der Schweinehirt fand großen Gefallen an der Tochter des
alten Mannes und freute sich bereits auf die Nacht. Als man sich
anschickte, zu Bett zu gehen, sagte der alte Mann, dass er nirgends eine Schlafstelle für ihn habe, es sei denn, dass er bei seiner Tochter schlafen wolle. Der Schweinehirt dachte bei sich,
dass man ja noch ein schlechteres Lager bekommen könne, und
ging zu Bett. Als aber nun Hildur sich schlafen legen wollte,
sagte sie:

»Ah, da habe ich jetzt vergessen, die Haustüre zu schließen!«,
und wollte hinausgehen.

Der Schweinehirt sagte jedoch:

»Nein, das soll nicht geschehen, dass du hinausgehst; ich
werde gehen und die Türe zuschließen.«

Er ging sodann hinaus und schob den Riegel vor, aber er
blieb an dem Riegel hängen und konnte sich nicht früher frei
machen, als bis es Morgen war; da eilte er beschämt von dannen.

Einige Zeit später traf es sich, dass der König auf der Jagd war
und plötzlich ein so starker Nebel einfiel, dass er sich verirrte
und von seinen Leuten getrennt wurde, so dass er ganz allein
war. Er irrte lange umher, bis er endlich zu derselben Hütte
kam. Er klopfte an die Türe. Der alte Mann kam heraus und lud
ihn ein, in die Hütte zu kommen. Da erkannte er den König
und bat ihn, mit der geringen Wohnung, die er ihm bieten
könne, fürlieb zu nehmen. Er bewirtete auch den König, so
weit er es mit seinen ärmlichen Mitteln imstande war; als sich
aber der alte Mann anschickte, zu Bett zu gehen, sagte er zu
dem König, dass er ihm kein Lager anbieten könne, es sei denn,
dass er bei seiner Tochter schlafen wolle.

Der König entgegnete, dass er damit ganz zufrieden sei; denn
das Mädchen gefiel ihm sehr. Er legte sich auch in ihr Bett; als
nun aber Hildur sich schlafen legen wollte, sagte sie:

»Ah, da habe ich jetzt vergessen, die Kälber in den Stall zu geben.«

»Ich werde hinab laufen und sie in den Stall treiben«, sagte der König und lief hinaus.

Er begann nun den Kälbern nachzujagen, welche sich sehr wild gebärdeten. Endlich gelang es ihm, ein Kalb beim Schwanze zu erfassen, aber da blieb seine Hand an diesem haften, und er hing nun an dem Schwanze des Kalbes, bis Hildur des Morgens hinaus kam. Sie lachte da laut auf, und sagte:

»Das ist nicht königlich, sich an den Steiß eines Kalbes zu hängen.«

Der König bat sie ganz demütig, dass sie ihn frei machen möge, und dies tat sie auch. Nun fragte sie den König, ob er sie nicht erkenne. Er verneinte es. Hierauf fragte sie ihn weiter, ob er sich auch nicht an Hildur, die Königstochter, erinnere, welche ihn in sein Reich gebracht habe. Auch daran erinnere er sich nicht, sagte er.

Da holte nun Hildur die Büchse mit der Salbe und bestrich ihn damit, und augenblicklich erinnerte er sich nun an Hildur, kannte sie und schloss sie in seine Arme.

Hildur erzählte ihm dann, dass die Königin, welche er nun habe, ihre alte Großmutter sei, welche die Gestalt eines Mädchens angenommen habe und ihm das Leben nehmen wolle; sie habe dies aber, sagte Hildur, bis auf den heutigen Tag verhindert. Sie bat nun den König, nicht länger das Leben der Großmutter zu schonen, sowie er wieder nach Hause gekommen sei.

Sie nahmen hierauf in großer Liebe voneinander Abschied. König Jonides begab sich wieder heim in sein Reich und ließ sogleich nach seiner Ankunft daselbst seine Königin ergreifen, in einen Sack stecken und ertränken. Hierauf sandte er ein schönes Gefolge zu Hildur, um sie abzuholen, und feierte seine Hochzeit mit ihr. Sie lebten hierauf noch lange, hatten Kinder und Kindeskinder und starben in hohem Alter.

DAS PFERD GULLFAXI
UND DAS SCHWERT
GUNNFJÖDUR

s waren einmal ein König und eine Königin in ihrem Reiche; diese hatten einen Sohn, der Sigurd hieß. Als dieser zehn Jahre alt war, wurde die Königin krank und starb. Der König ließ die Leiche der Königin nach altem Brauch in einen Grabhügel legen, und er saß oft auf demselben und trauerte um sie.

Eines Tages saß der König wie gewöhnlich auf dem Grabhügel der Königin, als er eine vornehm gekleidete Frau erblickte. Er fragte diese nach ihrem Namen; sie antwortete, dass sie Ingibjörg heiße und sprach zugleich ihre Verwunderung darüber aus, dass der König so allein hier sitze. Dieser erzählte sodann, dass er seine Königin verloren habe und auf ihrem Grabhügel trauere. Die Frau wieder teilte ihrerseits dem Könige mit, dass sie gestern ihren Mann verloren habe, und fügte hinzu, dass es wohl am besten wäre, wenn sie beide zusammenziehen würden. Der König fand Gefallen an ihr, lud sie ein, ihm in seinen Palast zu folgen, und wenige Tage darauf hielt er auch schon Hochzeit mit ihr.

Der König gewann wieder sein frohes Gemüt zurück und ritt oft auf die Jagd, um sich zu erfreuen. Sigurd aber liebte seine Stiefmutter sehr und blieb immer bei ihr daheim.

Eines Abends sagte Ingibjörg zu Sigurd:

»Morgen musst du mit deinem Vater auf die Jagd gehen.«

Sigurd jedoch entgegnete, dass er lieber bei ihr daheim bleiben wolle.

Am nächsten Morgen ritt der König auf die Jagd; Sigurd aber war nicht zu bewegen, ihn zu begleiten. Da sagte die Stiefmutter, dass er seinen Ungehorsam noch bereuen werde und dass er besser tun würde, ihr in Zukunft zu gehorchen.

Als der König fortgeritten war, verbarg sie Sigurd unter ihrem Bett und sagte ihm, dass er hier zu bleiben habe, bis sie ihn rufen würde. Bald darauf hörte Sigurd ein gewaltiges Gedröhn, so dass der Boden bebte, und sah sodann ein Riesenweib bis zu den Knöcheln in der Erde watend in das Zimmer kommen. Dasselbe sagte:

»Sei gegrüßt, Schwester Ingibjörg. Ist der Königssohn Sigurd zu Hause?«

»Nein«, antwortete Ingibjörg, »er ritt heute morgen mit seinem Vater in den Wald hinaus, um sich zu erlustigen.«

Ingibjörg deckte sodann für ihre Schwester den Tisch und setzte ihr Speisen vor. Als sie beide gegessen hatten, sprach die Riesin zu ihrer Schwester:

»Ich danke dir für den besten Leckerbissen, das beste Lamm, die beste Kanne Bier und den besten Trank. Ist der Königssohn Sigurd zu Hause?«

Ingibjörg verneinte die Frage. Hierauf nahm die Riesin von ihrer Schwester Abschied und ging fort. Da sagte Ingibjörg zu Sigurd, dass er jetzt aus seinem Versteck hervorkommen könne.

Der König kam abends von der Jagd zurück und wusste nichts von dem, was vorgegangen war. Am nächsten Morgen bat Ingibjörg abermals den Königssohn, dass er doch endlich mit seinem Vater auf die Jagd gehen möchte. Allein Sigurd antwortete dasselbe wie am Tage vorher und sagte, er wolle lieber daheim bei seiner Stiefmutter bleiben.

Der König ritt wieder allein auf die Jagd. Ingibjörg verbarg jetzt Sigurd unter dem Tisch und zeigte großen Unwillen darüber, dass er ihr auch dieses Mal nicht gehorcht habe. Da erbebte der Boden, und es kam abermals ein Riesenweib, das bis zu den Waden hinauf in der Erde watete, in das Zimmer und sagte:

»Sei gegrüßt, Schwester Ingibjörg. Ist der Königssohn Sigurd zu Hause?«

»Nein«, antwortete Ingibjörg, »er ritt heute morgen mit seinem Vater fort, um sich zu erlustigen.«

Ingibjörg deckte wieder für ihre Schwester auf, und als sie sich satt gegessen hatten, erhob sich die Riesin und sagte:

»Ich danke dir für den besten Leckerbissen, das beste Lamm, die beste Kanne Bier und den besten Trank. Ist der Königssohn Sigurd zu Hause?«

Ingibjörg verneinte die Frage, und hierauf nahmen sie von einander Abschied.

Nun kroch Sigurd wieder aus seinem Versteck hervor. Ingibjörg sagte, es sei von größter Wichtigkeit, dass er morgen nicht zu Hause bleibe; der Königssohn entgegnete jedoch, dass ihm dies wohl niemals Schaden bringen werde.

Als am nächsten Morgen der König sich anschickte, fortzureiten, kam Ingibjörg zu Sigurd und bat ihn flehentlich, doch heute mit seinem Vater zu gehen. Aber Sigurd blieb allen ihren Bitten gegenüber taub.

Als der König fortgeritten war, verbarg Ingibjörg Sigurd zwischen dem Getäfel und der Wand. Da begann wieder der Erdboden zu beben, und es kam eine Riesin, die aber bis zu den Knien hinauf in der Erde watete, zu der Türe herein. Sie sprach mit fürchterlicher Stimme:

»Sei gegrüßt, Schwester Ingibjörg! Ist der Königssohn Sigurd zu Hause?«

»Nein«, entgegnete Ingibjörg, »er ist draußen im Walde, um sich zu erlustigen.«

»Das ist eine Lüge«, schrie die Riesin, und sie zankten sich herum, bis Ingibjörg hoch und teuer versicherte, dass er nicht zu Hause sei.

Ingibjörg deckte hierauf den Tisch für ihre Schwester, und nachdem sie gespeist hatten, sagte die Riesin:

»Ich danke dir für den besten Leckerbissen, das beste Lamm, die beste Kanne Bier und den besten Trank. Ist der Königssohn Sigurd zu Hause?«

»Nein«, antwortete Ingibjörg, »ich habe dir doch schon früher gesagt, dass er heute morgen mit seinem Vater fortgeritten ist, um sich zu erlustigen.«

Da schrie die Riesin mit Donnerstimme:

»Ist er so nahe, dass er meine Worte hört, so lege ich den Zauber auf ihn, dass er halb verbrannt und halb verdorrt werde und nicht früher zu Rast oder Ruhe komme, bevor er mich findet.«

Nach diesen Worten ging sie ihrer Wege.

Ingibjörg holte nun Sigurd aus seinem Versteck hervor, und er war da halb verbrannt und halb verdorrt.

»Da kannst du jetzt sehen, wie es dir erging«, sagte sie; »aber wir dürfen nun keine Zeit verlieren, denn dein Vater wird bald nach Hause kommen.«

Sie nahm einen Knäuel aus einer Kiste, desgleichen drei goldene Ringe und sagte zu Sigurd:

»Wenn du diesen Knäuel auf die Erde fallen lässt, wird er anfangen zu rollen, bis er bei einigen Felsen liegen bleibt. Da wirst du eine Riesin aus dem Felsen hervor kommen sehen; diese ist meine erste Schwester. Sie wird auf dich hinab rufen und sagen: Ah, das ist herrlich! da ist der Königssohn Sigurd gekommen; der soll heute Abend in den Topf. – Aber du brauchst deshalb nicht den Mut zu verlieren. Sie wird dich sodann mit einem Bootshaken zu sich hinauf ziehen. Grüße sie von mir und gib ihr den kleinsten von den goldenen Ringen; sie wird seelenvergnügt werden, wenn sie das Gold sieht, und dich zu einem Ringkampf auffordern; wenn du dann ermattet bist, wird sie dir anbieten, aus einem Horne zu trinken, bis du solche Kräfte bekommst, dass du sie überwindest. Sie wird dich hierauf bis zum nächsten Morgen bei sich behalten. Auf gleiche Weise werden auch meine beiden anderen Schwestern mit dir verfahren. Vor allen Dingen aber merke dir: Wenn mein Hund zu dir kommt, seine Pfoten auf dich legt und Tränen über seine Schnauze nieder fließen, so beeile dich, nach Hause zu kommen, denn dann ist mein Leben in Gefahr; vergiss nur nicht deine Stiefmutter!«

Hierauf ließ Ingibjörg den Knäuel zur Erde fallen, und Sigurd nahm rührenden Abschied von ihr.

Am Abend desselben Tages blieb der Knäuel bei den ersten Felsen liegen, und Sigurd sah auf den Felsabhang eine Riesin hervorkommen. Als sie Sigurd erblickte, rief sie:

»Ah, das ist herrlich! da ist der Königssohn Sigurd gekommen; der soll heute Abend in den Topf! Herauf mit dir, Kamerad! Komm und ringe mit mir!«

Bei diesen Worten langte sie mit einem Bootshaken hinab und zog Sigurd zu sich hinauf. Dieser meldete ihr den Gruß ihrer Schwester und gab ihr den kleinsten von seinen goldenen Ringen. Die Riesin wurde seelenvergnügt, als sie das Gold sah, und forderte Sigurd auf, mit ihr zu ringen. Als sie merkte, dass er ermattete, gab sie ihm aus einem Horne zu trinken, bis er die richtige Stärke erhielt.

Am nächsten Tage warf er wieder den Knäuel auf die Erde und derselbe blieb abermals bei mehreren Felsen liegen. Sigurd blickte umher und sah bald eine Riesin aus dem Felsen hervorkommen, welche von größerem Wuchse war als die erste. Diese rief laut auf ihn herab:

»Ah, das ist herrlich! Da ist der Königssohn Sigurd gekommen; der soll heute Abend in den Topf! Auf, Kamerad! Komm und ringe mit mir!«

Zugleich zog sie Sigurd zu sich hinauf. Er meldete ihr den Gruß seiner Stiefmutter und gab ihr den zweitgrößten goldenen Ring. Die Riesin war außerordentlich erfreut, als sie das Gold sah, und forderte ihn auf zu einem Ringkampf. Als sie merkte, dass er ermattete, gab sie ihm aus einem Horne zu trinken, und zwar so lange, bis er so stark wurde, dass er sie mit einer Hand zu Boden werfen konnte.

Am Morgen des dritten Tages legte er seinen Knäuel wieder auf die Erde und derselbe rollte, bis er bei dem dritten Felsen liegen blieb. Sigurd blickte nach oben und sah bald eine grässliche Riesin auf den Abhang des Felsens hervortreten. Als dieselbe Sigurd gewahrte, rief sie:

»Ah, das ist herrlich! Da ist der Königssohn Sigurd gekommen; der soll heute Abend in den Topf! Auf, Kamerad! Komm und ringe mit mir!«

Zugleich zog sie ihn zu sich hinauf. Sigurd meldete den Gruß seiner Stiefmutter und gab ihr den dritten goldenen Ring. Die Riesin war unendlich erfreut über das rote Gold und forderte Sigurd zu einem Ringkampf mit ihr auf. Als sie merkte, dass ihn seine Kräfte verließen, gab sie ihm aus einem Horne zu trinken, bis er sie dahin brachte, dass sie auf die Knie fiel. Da sagte die Riesin zu ihm:

»Nicht weit von hier ist ein See; geh dahin; du wirst dort ein kleines Mädchen sehen, welches mit einem Kahn spielt. Versuche, mit diesem Mädchen gut Freund zu werden. Hier hast du einen kleinen goldenen Ring; gib ihr diesen, das wird dir von Nutzen sein. Du hast ja deine Kräfte wiedergewonnen, und deine Unternehmungen werden dir sicherlich sehr gut gelingen.«

Hierauf schieden sie voneinander, und Sigurd ging nun so lange, bis er zu dem See kam, von welchem ihm die Riesin gesprochen hatte. Hier sah er ein Mädchen, welches mit einem Kahn spielte. Er näherte sich demselben und fragte es um seinen Namen.

Sie heiße Helga, und ihre Eltern wohnten nicht weit von hier, erhielt er zur Antwort.

Sigurd schenkte ihr den Ring und schlug ihr vor, dass sie mit ihm zusammen spielen sollte. Sie spielten denn auch zusammen den Rest des Tages hindurch. Als Helga des Abends nach Hause gehen wollte, bat er sie, dass er mit ihr gehen dürfe. Sie erwiderte jedoch, dass sie ihm dies nicht erlauben könne, da es keinem Fremden gelinge, in das Haus zu kommen, ohne dass ihr Vater es bemerke.

Sie ließ aber Sigurd gleichwohl mit kommen; bevor sie jedoch in das Haus eintrat, hielt sie ihren Handschuh über ihn und in demselben Augenblicke war Sigurd in ein Büschel Wolle verwandelt, welches Helga unter dem Arm in das Haus trug und in ihr Bett hinauf warf. In diesem Augenblick stürmte auch schon ihr Vater herein, roch und suchte in allen Winkeln und schrie:

»Es riecht hier nach Menschen! Was hast du da auf das Bett geworfen, meine Tochter?«

»Es war nur ein Wollbüschel«, antwortete Helga.

»Vielleicht war es dann das!«, sagte der Alte.

Es verging die Nacht, und als Helga des Morgens fortging, um zu spielen, nahm sie das Wollbüschel mit. Als sie zum See kam, hielt sie wieder ihren Handschuh über dasselbe, und Sigurd bekam wieder seine frühere Gestalt. Sie unterhielten sich zusammen den ganzen Tag hindurch. Als sie abends nach Hause gingen, sagte Helga zu Sigurd:

»Morgen werden wir mehr Freiheit zum Spielen haben; denn mein Vater geht in die Kirche, und wir können zu Hause bleiben.«

Als sie vor dem Hause ankamen, schwang Helga ihren Handschuh über Sigurd und er wurde wieder in ein Büschel Wolle verwandelt, welches sie in das Bett hinauf warf.

Am nächsten Morgen ging Helgas Vater fort nach der Kirche. Sowie er sich entfernt hatte, erhob Helga ihren Handschuh über das Wollbüschel, und Sigurd erhielt wieder seine natürliche Gestalt. Sie unterhielten sich nun zusammen, indem Helga dem Sigurd ein Zimmer nach dem anderen zeigte, denn ihr Vater hatte ihr alle Schlüssel übergeben, als er fortging.

Sigurd bemerkte zum Schluss, dass sich unter den Schlüsseln noch einer befand, mit dem Helga kein Zimmer aufgeschlossen hatte; er fragte sie deshalb, für welches Zimmer dieser Schlüssel gehöre.

Helga antwortete ihm, es sei dies ein besonderer Schlüssel.

»Ja, darin hast du wohl recht«, sagte Sigurd; »allein du hast doch nichts dagegen, mir auch das Zimmer zu zeigen, welches derselbe aufschließt.«

In diesem Augenblicke fiel sein Blick auf eine eiserne Tür, und er bat nun Helga auf das inständigste, ihm dieses Zimmer zu zeigen.

Helga antwortete, dass sie dies nicht dürfe, und wenn sie es schon tue, die Tür nur ganz wenig öffnen könne.

Sigurd entgegnete, dass dies ja genug sein würde.

Während aber Helga die Türe öffnete, stieß er sie ganz auf und trat ein. – Er sah in dem Zimmer ein prächtig aufgesatteltes Pferd stehen, über welchem ein reich mit Gold verziertes Schwert hing, auf dessen Griff folgende Worte eingeritzt waren:

»Wer auf diesem Rosse sitzt und sich mit diesem Schwerte umgürtet, dem wird das Glück folgen.«

Sigurd bat Helga, dass sie ihm gestatten möchte, ein Mal auf diesem Pferd mit der ganzen prächtigen Ausrüstung um das Haus herum zu reiten.

Helga antwortete, dass dies auf keine Weise angehen könne.

Sigurd drang aber so lange mit den schmeichelndsten Worten in sie, bis sie endlich seinen Bitten nachgab. Sie sagte ihm jetzt auch, dass das Pferd Gullfaxi (Goldmähne) und das Schwert Gunnfjödur (Kampffeder) heißen, und fügte hinzu:

»Hier sind ein Zweig, ein Stein und ein Stock, welche zu dem übrigen gehören. Wenn man auf dem Pferde sitzt und von seinem Feinde verfolgt oder am Leben bedroht wird, so braucht man nur den Zweig hinter sich zu werfen, denn derselbe verwandelt sich sogleich in einen großen Wald; und wenn der Feind gleichwohl von der Verfolgung nicht absteht, so braucht man nur den Stock zu nehmen und damit auf die entgegengesetzte Seite des Steines, welche weiß ist, zu stoßen; es kommt dann ein so heftiges Hagelwetter, dass derjenige, welcher einen verfolgt, dabei umkommt.«

Nachdem Helga dem Sigurd all dies mitgeteilt hatte, erlaubte sie ihm auf sein inständiges Bitten, nur ein einziges Mal mit Stein, Zweig und Stock um das Haus herum zu reiten. Als aber Sigurd ein Mal um das Haus geritten war, sprengte er davon.

Bald darauf kam Helgas Vater nach Hause und sah, dass seine Tochter weinte. Er fragte sie, aus welchem Grunde sie weine, und sie erzählte nun alles, was sich zugetragen hatte. Da fing er augenblicklich an, aus allen Kräften dem Jüngling auf Gullfaxi nachzulaufen.

Sigurd sah sich um und erblickte den Riesen hinter sich; da warf er den Zweig hinter sich und sogleich schoss ein ungeheurer und dichter Wald zwischen ihm und dem Riesen empor, so dass dieser genötigt war, um eine Axt nach Hause zu laufen und sich durch den dichten Wald durchzuhauen.

Als Sigurd sich zum zweiten Mal umsah, war der Riese schon wieder so nahe gekommen, dass er beinahe den Schweif des Pferdes berühren konnte. Da wandte er sich um und stieß mit dem Stock auf die weiße Fläche des Steines. Da brach ein so heftiges Hagelwetter hinter ihm los, dass der Riese dabei umkam. Hätte er jedoch auf den Stein gestoßen, ohne sich umzuwenden, so würde ihm das Hagelwetter ins Gesicht gekommen sein und ihn getötet haben.

Sigurd ritt nun weiter. Da kam die Hündin seiner Stiefmutter auf ihn zu gerannt und er sah, dass dem Tiere die Tränen über die Schnauze rannen. Da ritt er aus allen Kräften nach Hause zu seiner Stiefmutter und als er ankam, sah er, dass neun Knechte dieselbe an einen Holzpflock festgebunden hatten und verbrennen wollten.

Sigurd sprang, das Schwert Gunnfjödur in der Hand, blitzschnell vom Pferde, stürzte auf die Knechte los und tötete sie alle. Hierauf befreite er seine Stiefmutter von ihren Fesseln, setzte sie auf das Pferd und begab sich heim zu seinem Vater.

Der König aber war aus Kummer krank geworden und lag in seinem Bett, ohne eine Speise zu sich zu nehmen; als er aber seinen Sohn erblickte, war er ganz außer sich vor Freude. Sigurd erzählte ihm alle seine Erlebnisse; der König aber hatte geglaubt, dass seine Stiefmutter ihn ums Leben gebracht habe.

Hierauf ritt Sigurd fort um Helga zu holen. Er wurde später König und sie seine Königin.

Sie lebten lange und glücklich,
Hatten Kinder und Kindeskinder,
Gruben Wurzeln und Kräuter
Und nun weiß ich die Geschichte nicht mehr weiter.

LINEIK UND LAUFEY

n alter Zeit regierte ein König mit seiner Königin über ein großes, gewaltiges Reich. Wie sie hießen, wird nicht erwähnt; sie hatten zwei Kinder, einen Sohn und eine Tochter, welche zur Zeit dieser Erzählung beide schon erwachsen waren. Der Sohn hieß Sigurd und die Tochter Lineik; sie waren beide durch Geist und körperliche Geschicklichkeit ausgezeichnet, so dass man kaum ihresgleichen finden konnte, so weit man auch danach suchen mochte. Sie liebten einander so innig, dass das eine nicht ohne das andere sein konnte, und darum ließ der König ihnen ein großes und prächtiges Haus erbauen und gab ihnen so viele Diener und Dienerinnen, als sie nötig hatten.

So verging die Zeit, ohne dass sich etwas Besonderes zutrug, bis die Königin einmal schwer krank wurde. Da ließ diese den König zu sich rufen und sagte zu ihm, sie glaube, dass sie an dieser Krankheit sterben werde.

»Um zwei Dinge«, sagte die Königin, »will ich dich bitten, bevor ich sterbe, und ich hoffe, dass du sie beherzigen wirst; erstens, dass du dir, falls du dich wieder verheiraten willst, deine Gemahlin nicht an kleinen Orten oder auf abgelegenen Inseln suchst, sondern in großen Städten oder volkreichen Ländern; es wird dir dies Glück bringen; zweitens, dass du dein ganzes Sinnen darauf legest, auf unsere Kinder acht zu haben; sie werden dir, denke ich, von allen Menschen am meisten Freude bereiten auf dieser Welt.«

Nachdem die Königin dies gesprochen hatte, starb sie. Dem König ging ihr Tod so sehr zu Herzen, dass er alle seine Regierungsgeschäfte vernachlässigte. Nach Verlauf einiger Zeit trat eines Tages der erste Minister vor den König und erklärte ihm, dass es dem Lande von Schaden sei, wenn er sich noch länger nicht um die Regierung bekümmere und fortwährend um die Königin trauere, und »es ist königlicher«, sagte der Minister, »sich aufzuraffen und seinen Kummer zu unterdrücken; seht Euch um eine andere Partie um, welche Eurer würdig ist.«

»Das ist eine schwierige Sache«, antwortete der König; »da aber du es bist, der mir diesen Rat gibt, so ist es am besten, dass auch du die Ehre und Mühe auf dich nimmst; ich überlasse es daher dir, mir ein Weib zu suchen, das meiner würdig ist; nur die eine Bedingung stelle ich, dass du sie nicht von kleinen Ortschaften oder abgelegenen Inseln holst.«

Hierauf wurde alles für die Reise vorbereitet; der König gab seinem Minister die beste Ausrüstung und ein prächtiges Reisegefolge mit, und derselbe segelte nun alsbald mit seiner Begleitung ab.

Als sie eine Strecke weit den beabsichtigten Kurs eingehalten hatten, erhob sich ein so dichter Nebel, dass sie nicht mehr wussten, wo sie waren. Einen ganzen Monat lang irrten sie so auf dem Meere umher, bis sie endlich ein Land vor sich liegen sahen, welches sie nicht kannten. Sie fanden hier einen guten Hafen, verließen das Schiff und schlugen Zelte auf. Da aber kein Mensch zu sehen war, glaubten sie, dass es eine öde Insel sei.

Während die Leute sich ausruhten, begab sich der Minister allein landeinwärts; er war nicht weit gegangen, als er ein so schönes Saitenspiel vernahm, wie er ein solches früher nie gehört hatte. Er ging den Lauten nach, bis er zu einem offenen Platz im Walde kam; hier sah er auf einem Stuhl ein Weib sitzen, welches so reizend und vornehm aussah, dass er glaubte, früher niemals eine solche Schönheit gesehen zu haben; sie spielte so schön auf einer Harfe, dass es eine Wonne war, ihr zuzuhören; zu ihren Füßen aber saß ein liebliches junges Mädchen, welches zu dem Spiele sang. Der Minister grüßte das Weib sehr höflich, und dieses erhob sich und erwiderte den Gruß mit großer Freundlichkeit. Sie fragte den Minister um das Ziel und den Zweck seiner Reise und dieser erzählte ihr hierauf alles, was sich zugetragen hatte.

»Auch mir ist es so ergangen wie Eurem Könige«, sagte das Weib; »ich war verheiratet mit einem angesehenen Könige, der über dieses Land herrschte; aber Wikinger kamen und erschlugen ihn und unterwarfen sich das Land; ich aber entfloh heimlich mit diesem Mädchen, welches meine Tochter ist.«

Als das Mädchen diese Worte hörte, sagte es:

»Sprichst du jetzt die Wahrheit?«

Da gab das Weib dem Mädchen einen Schlag ins Gesicht und sagte:

»Vergiss nicht, was du versprochen hast.«

Der Minister fragte das Weib, wie es heiße. Sie heiße Blauvör, erhielt er zur Antwort, ihre Tochter aber, sagte sie, heiße Laufey.

Der Minister sprach nun eine Zeitlang mit dem Weibe, und er merkte bald, dass dasselbe sehr verständig und gebildet sei. Da dachte er bei sich selbst, dass er wohl kaum öfter eine so gute Gelegenheit finden würde, seinem König eine Gemahlin zu verschaffen als jetzt, und hielt deshalb im Namen des Königs um Blauvörs Hand an. Seine Werbung wurde auch ohne weiteres angenommen, und Blauvör sagte, dass sie sogleich bereit sei, mit ihm zu reisen; »denn ich habe alle meine Kostbarkeiten bei mir«, sagte sie, »und ich brauche kein anderes Gefolge mit auf die Reise als Laufey, meine Tochter.«

Blauvör und Laufey begaben sich alsbald mit dem Minister nach dem Strande; die Zelte wurden abgebrochen, man bestieg die Schiffe, spannte die Segel auf und fuhr von dannen.

Nun war der Nebel verschwunden und es zeigte sich, dass das Land nur eine öde, mit vielen Klippen umgebene Schäre war; aber niemand achtete weiter darauf. Sie bekamen guten, starken Fahrwind, und als sie sechs Tage lang gesegelt waren, sahen sie Land vor sich und konnten auch bald die Hauptstadt ihres Königs erkennen. Sie warfen sogleich die Anker aus und gingen ans Land.

Der Minister sandte einen Boten in die Stadt, um dem König seine Ankunft zu melden; dieser war darüber sehr erfreut, zog seine besten Staatskleider an und begab sich mit einem prächtigen Gefolge nach dem Strande, um seine Braut zu empfangen.

Auf dem halben Wege zu den Schiffen kam ihm schon der Minister entgegen, der an jeder Hand ein Weib führte – beide schön gekleidet und auf das prächtigste geschmückt. Als der König diese Pracht und diesen Glanz sah, war er ganz außer sich vor Freude, und als er erfuhr, dass die Ältere seine Braut sei, dünkte er sich in den Himmel versetzt, denn diese war die Schönere.

Er begrüßte den Minister sowie Mutter und Tochter auf das freundlichste und vergaß in seiner Freude ganz zu fragen, aus welchem Lande die Braut sei. Er führte die beiden Weiber in die Stadt und ließ prächtige Wohnräume für sie herstellen. Hierauf wurde ein großartiges Hochzeitsfest veranstaltet, zu welchem die vornehmsten Männer des Reiches Einladungen erhielten; ob aber auch die beiden Kinder des Königs, Sigurd und Lineik, eingeladen wurden, davon wird nichts berichtet; sie hatten auch Blauvör noch gar nicht kennen gelernt, denn der König hatte sie ganz vergessen; er dachte an nichts anderes als bei seiner zukünftigen Königin zu sitzen und mit ihr zu plaudern.

Die Hochzeit wurde in Lust und Herrlichkeit gefeiert, und als das Fest vorüber war, wurden alle reichlich beschenkt in ihre Heimat entlassen; der König aber führte nun mit aller Muße die Regierungsgeschäfte in seinem Reich.

So verging einige Zeit, ohne dass sich etwas Bemerkenswertes ereignete. Die Königin half dem König bei seinen Regierungsgeschäften; doch dauerte es nicht lange, so wollten die Leute wissen, dass es dabei nicht ganz richtig zugehe. Die Königin wollte ihren Willen haben und sich in alle Angelegenheiten mischen, und der König sah nun bald ein, dass er mit dieser Heirat keine so gute Partie gemacht hatte, als er anfangs glaubte. Um die beiden Geschwister Sigurd und Lineik kümmerte sich die Königin gar nicht; sie kamen auch nie zu ihr, sondern blieben lieber Tag und Nacht in ihrem eigenen Hause.

Nicht lange nachdem die Königin mit ihrem Gemahl sich die Regierung des Reiches geteilt hatte, fiel es auf, dass von den Hofleuten einer nach dem andern verschwand, ohne dass jemand begreifen konnte, was aus denselben geworden sei. Der König machte sich jedoch keine Gedanken darüber, sondern nahm sich an Stelle der verschwundenen Hofleute neue auf; und so blieb es einige Zeit hindurch.

Eines Tages aber sagte die Königin zum König, dass es nun wohl an der Zeit sei, im Reiche herumzureisen und die Schatzung zu erheben. »Ich werde schon für die Regierung Sorge tragen, während du fort bist«, sagte sie.

Der König hatte keine große Lust zu dieser Reise, da er aber fast gar keinen eigenen Willen besaß, musste er seiner Königin gehorchen; sie war es, welche das Kommando führte, und ging nicht alles nach ihrem Kopfe, so war sie unausstehlich.

Der König rüstete also einige Schiffe für seine Reise aus, war aber sehr traurig. Als alles für die Abreise vorbereitet war, begab er sich in das Haus seiner Kinder. Da gab es gar freudige Begrüßung zwischen Vater und Kindern; nach einer Weile aber seufzte der König und sagte:

»Wenn ich von dieser Reise nicht mehr zurückkehren sollte, so fürchte ich, dass ihr hier nicht länger sicher sein werdet; ich rate euch daher heimlich zu entfliehen, sobald ihr die Hoffnung auf meine Rückkehr verloren habt. Geht in der Richtung gegen Osten. Ihr werdet dann bald zu einem hohen und steilen Berge kommen; wenn ihr über diesen gestiegen seid, werdet ihr auf eine lange Bucht stoßen. Am Ende dieser Bucht stehen zwei Bäume; der eine von ihnen ist grün, der andere rot. Sie sind im Innern hohl und so eingerichtet, dass man sie verschließen kann, ohne dass es von außen bemerkbar ist. Geht jedes in einen dieser Bäume hinein, dann kann euch nichts geschehen.«

Der König nahm hierauf Abschied von seinen Kindern und ging mit schwerem Sinne fort. Er bestieg sein Schiff, ließ die Segel aufspannen und fuhr fort. Nachdem er eine kurze Strecke weit gesegelt war, entstand ein solches Unwetter, dass alle den Mut verloren; zugleich mit dem Sturme rasten Blitz und Donner so fürchterlich, dass niemand sich erinnerte, je solche Schrecken erlebt zu haben. Es braucht nicht erst erzählt zu werden, dass sämtliche Schiffe zugrunde gingen und der König mit allen seinen Leuten umkam.

In derselben Nacht, in welcher der König umkam, träumte Prinz Sigurd, dass sein Vater in triefend nassen Kleidern ins Haus kam, die Krone vom Haupte nahm und dieselbe zu seinen Füßen niederlegte, worauf er wieder schweigend das Haus verließ.

Er erzählte Lineik seinen Traum, und sie ahnten sogleich, was derselbe zu bedeuten habe; sie machten sich zur Reise bereit, rafften ihre Kleinode und Kleider zusammen und verließen heimlich und ohne Begleiter die Stadt, wie ihr Vater ihnen geraten hatte.

Als sie bei dem Berge angelangt waren, blickten sie zurück; da sahen sie, wie die Stiefmutter ihnen folgte; dieselbe hatte ein so schreckliches Aussehen, dass es ihnen schien, als gleiche sie eher einer Riesin und Trollin als einem Menschenweibe. Am unteren Abhang des Berges lag ein großer Wald, den sie bereits durchschritten hatten; sie kamen daher auf den Gedanken, denselben in Brand zu stecken; bald stand er auch in hellen Flammen, so dass Blauvör nicht vorwärts kommen konnte.

Mit großer Beschwerde kamen sie endlich über den Berg und fanden die Bucht mit den Bäumen, von denen ihr Vater gesprochen hatte. Sie krochen jedes in einen der beiden Bäume, und es traf sich so gut, dass sie zu einander hinüber sehen und sich die Zeit mit Plaudern vertreiben konnten.

Nun wendet sich die Geschichte anderen Begebenheiten zu.

Zu dieser Zeit regierte in Griechenland ein mächtiger und berühmter König, dessen Name nicht mehr bekannt ist; derselbe hatte mit seiner Königin zwei Kinder, einen Sohn und eine Tochter, deren Namen ebenfalls nicht überliefert sind. Diese beiden Kinder waren so reich mit körperlichen und geistigen Vorzügen begabt, dass sich zu jener Zeit nur wenige fanden, die man mit ihnen hätte vergleichen können.

Als der Königssohn in die männlichen Jahre gekommen war, unternahm er Kriegszüge, um sich Ruhm und Vermögen zu erwerben; er brachte auf diese Art mehrere Sommer in der Fremde zu; während des Winters aber blieb er daheim in Griechenland.

Auf seinen Kriegszügen hatte er oft erzählen hören, wie sich Prinzessin Lineik durch ihre Schönheit und ihre sonstigen Eigenschaften vor allen übrigen Weibern auszeichne; er beschloss deshalb, dieselbe aufzusuchen und um ihre Hand anzuhalten.

Als er sich dem Lande näherte, wusste die zauberkundige Blauvör bereits von seinem Kommen und seiner Absicht; sie und ihre Tochter legten daher ihre prächtigsten Kleider an und gingen hinab zum Strande um den Prinzen zu empfangen.

Dieser begrüßte sie höflich und fragte sie, was sich im Lande Merkwürdiges zugetragen habe.

Da erzählte ihm die Königin weinend und jammernd, dass ihr Mann mit allen seinen Begleitern auf dem Meere umgekommen sei, als er fort segelte, um in seinen Ländern die Schatzung einzuheben. Sie könne sich von dem Kummer über diesen Verlust nicht erholen.

Aber nun fragte der Prinz, wo Lineik sei.

Ja, das sei das junge Mädchen, welches sie da an der Hand führe, antwortete die Königin.

Der Prinz schien über diesen Bescheid nicht übermäßig erfreut zu sein; er hätte sich dieselbe schöner vorgestellt, bemerkte er.

Man brauche sich nicht zu verwundern, wenn sie den Kopf hängen lasse und etwas bleiche Wangen habe, meinte die Königin; sei sie doch von dem doppelten Kummer betroffen worden, Vater und Bruder auf ein Mal zu verlieren.

Darin habe die Königin Recht, fand der Prinz, und so trug er denn seine Werbung vor.

Es kann sich wohl jeder leicht denken, dass er kein »Nein« erhielt.

Er traf sogleich Vorbereitungen zur Abreise mit dem Mädchen, das er ja für Lineik hielt. Die Königin wollte ebenfalls mit ihnen fahren, aber der Prinz gab dies auf keine Weise zu, und so musste sie denn zurückbleiben.

Er war nicht weit ins Meer hinausgekommen, als er in Nebel geriet und den Kurs verlor, und ehe er es selbst wusste, war er in eine lange Bucht hineingekommen. Er ließ sich in einem Boot ans Land rudern; am Ende der Bucht sah er zwei wunderschöne Bäume stehen, wie er solche in seinem Leben nie gesehen hatte. Er ließ dieselben umhauen und auf sein Schiff bringen. In demselben Augenblicke zerstreute sich auch der Nebel; die Segel wurden aufgespannt, und nun ging's in lustiger Fahrt heim nach Griechenland.

Hier angelangt führte der Prinz seine Braut in die Stadt und ließ ihr alle geziemenden Ehren zuteil werden; er gab ihr sein eigenes Schlafzimmer zum Aufenthaltsort während des Tages; die Nacht jedoch musste sie im Frauenhause seiner Schwester zubringen. Die beiden schönen Bäume aber waren dem Prinzen so wert, dass er sie in sein Schlafzimmer bringen und darin aufstellen ließ, den einen am Kopfende, den anderen am Fußende seines Bettes.

Nun sollte alles für die Hochzeit vorbereitet werden. Der Prinz brachte Lineik, die ja in Wirklichkeit Laufey war, Stoff zu drei Kleidern für ihn, einen blauen, einen roten und einen grünen; diese musste sie fertig genäht haben, bis die Hochzeit stattfinden konnte. Zuerst sollte sie das blaue Kleid in Angriff nehmen, sodann das rote und zuletzt das grüne; dieses aber sollte auch das prächtigste von allen sein, »und ich will dasselbe an unserem Hochzeitstage tragen«, sagte der Prinz.

Laufey übernahm den Stoff und der Prinz ging seiner Wege. Kaum war derselbe aber fort, als Laufey in heftiges Weinen ausbrach; denn Blauvör, diese Hexe, hatte sie nie eine Handarbeit gelehrt; sie hatte ihre Lebtage nie eine Nadel in der Hand gehabt und natürlich am allerwenigsten gelernt mit so kostbaren Stoffen, wie diese waren, umzugehen. Sie konnte sich leicht denken, dass, wenn sie die Kleider nicht zu Stande bringen könne, der Prinz sie mit Spott und Schande zur Türe hinausjagen, ja vielleicht sogar totschlagen werde, und so war sie denn sehr betrübt und traurig.

In den Bäumen saßen, wie schon früher erzählt, die beiden Geschwister Sigurd und Lineik; sie konnten von denselben aus alles sehen, was im Schlafzimmer des Prinzen vorging und hörten auch Laufeys Seufzen und Klagen. Davon wurde Prinz Sigurd so gerührt, dass er zu seiner Schwester sagte:

»Lineik, Schwester,
Laufey weinet,
Hilf ihr nähen,
Hab Erbarmen!«

Lineik antwortete:

»Hast du vergessen
Den hohen Felsen,
Den steilen Abhang
Und unten das Feuer?«

Aber endlich ließ sie sich doch von Sigurd überreden; sie kroch aus dem Baume, setzte sich zu Laufey und half ihr nähen. Das erste Kleid war bald fertig, und Laufey zeigte sich nicht wenig erfreut darüber, wie gut ihnen dasselbe von der Hand gegangen war. Lineik ging wieder in ihren Baum hinein, Laufey aber brachte dem Prinzen das Kleid. Er besichtigte dasselbe und sagte:

»Ich habe noch niemals ein so hübsch verfertigtes Kleid gesehen, wie dieses ist; nimm nun das rote in Angriff, und lass es um so viel schöner werden, als auch der Stoff dazu kostbarer ist als zu jenem Kleide.«

Laufey kehrte in das Schlafzimmer zurück, setzte sich nieder und begann zu weinen. Da sprach Prinz Sigurd zu seiner Schwester wie das vorige Mal:

»Lineik, Schwester,
Laufey weinet,
Hilf ihr nähen,
Hab Erbarmen!«

Sie aber antwortete:

»Hast du vergessen
Den hohen Felsen,
Den steilen Abhang
Und unten das Feuer?«

Da geschah es wieder wie früher. Lineik verließ endlich doch den Baum, setzte sich hin und nähte. Sie wendete noch mehr Kunstfertigkeit an dieses Kleid als an das erste; dasselbe war überall mit Goldsäumen und Edelsteinen eingefasst, und als es fertig war, gab sie es Laufey, damit sie es dem Prinzen bringe; sie selbst schlüpfte wieder in ihren Baum hinein. Als der Prinz das Kleid erhielt, betrachtete er dasselbe und sagte:

»Es ist zu gut gearbeitet, um anzunehmen, dass du allein dieses Kleid verfertigt habest. Ich hege den Verdacht, dass mehr Hände als diese damit beschäftigt gewesen sind. Geh nun hin und verfertige den dritten Anzug; ich gebe dir drei Tage Zeit zu dieser Arbeit; aber wie das Gold kostbarer ist als das Kupfer, so soll auch dieses Kleid die anderen an Schönheit und Kostbarkeit übertreffen; und ich will dasselbe an unserem Hochzeitstage tragen.«

Laufey ging in das Schlafzimmer zurück, setzte sich nieder und weinte. Da wurde Prinz Sigurd wieder so gerührt von ihrem Seufzen und Weinen, dass er abermals zu seiner Schwester sagte:

»Lineik, Schwester,
Laufey weinet,
Hilf ihr nähen,
Hab Erbarmen!«

Sie antworte wie früher:

»Hast du vergessen
Den hohen Felsen,
Den steilen Abhang
Und unten das Feuer?«

Aber sie ließ sich doch zum dritten Male überreden, schlüpfte aus dem Baume und setzte sich zu Laufey, um mit ihr zu nähen. Sie wendete diesmal eine noch größere Sorgfalt und Kunstfertigkeit an, so dass man von dem Stoffe selbst kaum etwas sehen konnte vor lauter Goldborten und teuren Steinen. Am dritten Tage aber, als Lineik und Laufey ahnungslos zusammen arbeiteten, trat plötzlich der Prinz in das Zimmer. Lineik erschrak auf das Heftigste und wollte eilig wieder in ihren Baum schlüpfen; es gelang jedoch dem Prinzen, sie an einem Zipfel ihres Kleides festzuhalten. Er zwang sie, sich an seiner Seite niederzusetzen, und sagte:

»Ich habe längst Verdacht geschöpft, dass es hier nicht mit rechten Dingen zugeht; sage mir nun, wie du heißt!«

Lineik nannte ihren Namen und erzählte, von welcher Herkunft sie sei. Da warf der Prinz Laufey einen zornigen Blick zu und sagte, sie habe für all ihre Betrügereien und Lügen den schmählichsten Tod verdient.

Das Mädchen fiel dem Prinzen zu Füßen und bat ihn um Schonung. »Ich habe dich mit nichts anderem betrogen als mit den Kleidern«, sagte sie; »Lineik hat mir verboten zu sagen, wer sie verfertigt habe. Und du wirst dich wohl erinnern, dass ich selbst niemals behauptet habe, ich sei Prinzessin Lineik; das war vielmehr meine Mutter – wie sie sich nennt – die diesen Betrug an dir verübt hat.«

Als sie so im besten Gespräche waren, kam auch Prinz Sigurd aus dem Baume heraus. Da gab es große Freude bei diesem Zusammentreffen, und der Prinz säumte nicht lange und freite aufs Neue um die richtige Lineik. Diese aber antwortete, dass sie ihm nicht eher ihre Hand reichen wolle, bevor nicht ihre Stiefmutter aus der Welt geschafft sei.

Da erzählte nun Laufey eine lange Geschichte, wie Blauvör das schlimmste Riesenweib sei und dass sie über die Insel herrsche, auf welcher der Minister sie angetroffen hatte. Dort habe sie in einer großen Höhle gewohnt mit noch viel anderem Riesenvolk. »Ich selbst bin eine Königstochter aus einem der Insel benachbarten Reiche; Blauvör raubte mich heimlich von dort und drohte mir, mich zu töten, wenn ich ihr nicht in allem Gehorsam leiste; sie nannte mich Tochter, denn auf diese Weise wollte sie es wahrscheinlich machen, dass sie selbst von königlichem Geschlechte sei. Sie war es auch, welche eures Vaters Tod verursacht hat, und sie hat alle Hofleute eures Vaters verschwinden machen, denn sie aß diese während der Nacht, wie dies ja alte Sitte der Riesen ist. Es ist ihre Absicht, nach und nach alle eure Landsleute zu vertilgen, um später das Land mit ihrem Riesengesindel zu bevölkern.«

Prinz Sigurd und der andere Prinz sammelten nun eiligst ein großes Heer und zogen mit demselben von dannen. Von ihrem Zuge wird früher nichts berichtet, als bis sie vor der Hauptstadt ankamen, in welcher Blauvör residierte. Niemand hatte ihre Ankunft bemerkt, und es waren auch nur wenig Menschen in der Stadt; denn die meisten hatte Blauvör getötet und andere waren aus der Stadt entflohen, um dem bösen Riesenweibe zu entkommen. Es war daher keine Rede von einer Gegenwehr, und Blauvör wurde gefangen genommen. Sie gebärdete sich zwar ganz toll, erhielt aber doch keine Gnade, sondern wurde mit großen Steinen totgeschlagen und hierauf auf einem Scheiterhaufen verbrannt.

Hierauf kehrten die beiden Prinzen wieder nach Griechenland zurück, und es wurde hier Hochzeit gefeiert, zu der viele Anstalten getroffen und alle Großen des Reiches eingeladen wurden. Während des Festmahles freite Prinz Sigurd um die griechische Prinzessin, und da diese sogleich einwilligte, wurde auch die Hochzeit dieser beiden zur selben Zeit gefeiert. Als das Fest vorüber war, begaben sich die Gäste, reichlich beschenkt, wieder nach Hause.

Prinz Sigurd wurde König in Griechenland, während Lineik mit ihrem Manne in die Heimat zurückkehrte, wo dieser hierauf König wurde. Da gab es große Freude im Lande, dass das Reich nun wieder unter das frühere Königsgeschlecht kam.

Laufey hatte Lineik begleitet, und diese und ihr Gemahl verschafften ihr einen guten Mann, mit dem sie dann ihr väterliches Erbe antrat; denn ihr Vater war aus Kummer um sie gestorben. Alle diese Könige regierten viele Jahre in ihren Reichen und lebten lange in Glück und Frieden, und nun ist die Geschichte zu Ende.

LITILL, TRITILL UND
DIE VÖGEL

s waren einmal ein König und eine Königin in ihrem Reiche und ein alter Mann und ein altes Weib in ihrer schlechten Hütte. Der König hatte eine einzige Tochter, welche er über alles liebte; es sollte ihm nun aber der Kummer widerfahren, dass dieselbe verschwand und nirgends zu finden war, so eifrig man auch nach ihr suchte. Da machte der König das Gelübde, dass derjenige sie zum Weibe erhalten solle, welcher sie finden und ihm zuführen würde. Aber obgleich sich gar viele Mühe gaben, um eine so gute Partie zu machen, so wurde doch die Königstochter nicht gefunden und alle, welche ausgegangen waren, sie zu suchen, kamen unverrichteter Dinge wieder zurück.

Von dem alten Manne ist zu melden, dass er drei Söhne hatte. Die beiden ältesten liebte er über alle Maßen, der jüngste aber ward sowohl von den Eltern als auch von den Brüdern zurückgesetzt. Als sie aufgewachsen waren, die Söhne des alten Mannes, sagte einmal der älteste Bruder, dass er nun in die Welt gehen wolle, um sich Vermögen und Ruhm zu erwerben.

Die Eltern gaben ihre Einwilligung dazu, und so zog er denn alsbald mit Reisekost und neuen Schuhen von dannen und ging nun lange, lange. Endlich kam er zu einem Hügel. Er setzte sich hier nieder, um auszuruhen, holte seine Reisekost hervor und begann zu essen.

Kommt da ein winzig kleines Männchen zu ihm und bittet ihn, er möge ihm einen Bissen geben. Der Sohn des Häuslers verweigerte es ihm aber, jagte ihn davon und ließ ihn so von dannen gehen.

Hierauf geht er wieder lange, lange des Weges fort bis er zu einem zweiten Hügel kommt. Hier setzt er sich abermals nieder und beginnt zu essen. Während er damit beschäftigt ist, kommt ein überaus kleines und putziges altes Männchen zu ihm, welches ihn bittet, er möge ihm einen Bissen geben. Der Sohn des Häuslers schlägt ihm jedoch die Bitte ab und jagt ihn unter Schimpfworten davon.

Hierauf ging er abermals lange, lange des Weges fort, bis er zu einem offenen Platze im Walde kam. Hier setzte er sich nieder, um zu essen. Während er hier saß, kam eine Schar Vögel herbei geflogen, welche sich in seiner Nähe niederließ. Er ärgerte sich über die Vögel und jagte sie davon.

Der Häuslerssohn setzt nun abermals seinen Weg fort und geht so lange, bis er zu einer großen Höhle kommt. Er tritt in die Höhle ein, gewahrt darin aber kein lebendes Geschöpf. Er beschließt zu warten, bis der Bewohner dieser Höhle komme. Gegen Abend kommt ein schrecklich großes Riesenweib in die Höhle. Er bittet sie um die Erlaubnis, hier bleiben zu dürfen. Sie gestattet ihm dies unter der Bedingung, dass er ihr am nächsten Tage die Arbeit verrichte, die sie von ihm verlangen werde. Er ist damit einverstanden und bleibt nun über Nacht in der Höhle. Des Morgens befiehlt ihm die Riesin, den Mist aus der Höhle zu schaufeln und damit bis zum Abend fertig zu sein; denn sonst würde sie ihm das Leben nehmen, sagte sie. Hierauf ging sie fort.

Der Sohn des Häuslers nahm die Schaufel, um den Boden zu reinigen; sowie er aber damit niederstach, blieb dieselbe im Boden stecken, so dass er sie nicht mehr von der Stelle bringen konnte. Des Abends, als die Riesin heim kam, war die Höhle, wie man sich leicht denken kann, nicht gereinigt. Sie bedachte sich da nicht lange, sondern nahm den Sohn des Häuslers und erschlug ihn, und derselbe kommt in der Geschichte nicht weiter vor.

Nun wendet sich die Geschichte wieder zurück in die schlechte Hütte zu dem alten Manne und seinem alten Weibe. Der mittlere Sohn bat ebenfalls um die Erlaubnis, fortzuziehen, um sich Reichtum und Ruhm zu erwerben. Er sagte, dass es ihn nicht länger mehr daheim freue, nachdem sein älterer Bruder ohne Zweifel irgendein großer Mann bei irgendeinem König gewordene sei. Die Eltern erlaubten ihm, fortzuziehen und rüsteten ihn mit Reisekost und neuen Schuhen aus. Es ist nichts anderes über ihn zu berichten, als dass es ihm genau so erging wie seinem ältesten Bruder.

Nun war noch der jüngste der Söhne übrig. Obgleich er aber allein zu Hause war, hatte er es doch nicht besser bei seinen Eltern. Er bat sie darum ebenfalls, dass sie ihm die Erlaubnis geben möchten, fortzuziehen.

»Ich habe nicht im Sinn, mir Reichtum und Ruhm zu erwerben«, sagte er; »ich will nur versuchen, mir auf die eine oder andere ehrliche Weise meinen Lebensunterhalt zu verschaffen, damit ich euch nicht länger zur Last falle, wie es bisher der Fall war.« Der alte Mann und das alte Weib willigten ein und gaben ihm die nötige Reisekost und Schuhe, wenn auch nicht alles so reichlich und gut, wie es seine Brüder bekommen hatten. Der Sohn des Häuslers zog nun fort und der Zufall wollte es, dass er denselben Weg einschlug, welchen auch seine Brüder genommen hatten. Er kam zum ersten Hügel; da sagte er:

»Hier haben meine Brüder ausgeruht; ich will dasselbe tun.«

Er setzte sich nieder und begann zu essen. Kommt da ein kleines Männchen zu ihm und bittet ihn um einen Bissen. Der Sohn des alten Mannes ist recht freundlich mit ihm und fordert es auf, sich an seiner Seite niederzulassen und mit ihm zu essen, so viel es Lust habe. Als sie genug gegessen hatten, sagte das Männchen:

»Ruf mich, wenn du einmal eine kleine Hilfe brauchen solltest. Ich heiße Tritill.«

Hierauf trippelte das Männchen fort und verschwand.

Der Häuslerssohn setzte seinen Weg fort, bis er zum zweiten Hügel kam. Da sagte er:

»Hier haben meine Brüder ausgeruht; ich will dasselbe tun.«

Er begann nun wieder zu essen. Während er damit beschäftigt ist, kommt ein winzig kleines Männchen zu ihm und bittet ihn um einen Bissen. Der Häuslerssohn ist recht freundlich mit ihm und fordert es auf, sich an seiner Seite niederzulassen und mit ihm zu essen, so viel es Lust habe. Als sie genug gegessen hatten, sagte das Männchen:

»Ruf mich, wenn du einmal einen kleinen Dienst von mir brauchen solltest; ich heiße Litill.«

Hierauf trippelte das Männchen fort und verschwand.

Der Sohn des Häuslers setzte seinen Weg fort und kam zu dem offenen Platze im Walde, von dem früher die Rede war. Da sagte er:

»Hier haben meine Brüder ausgeruht; ich will dasselbe tun.«

Er setzte sich nieder und begann zu essen. Da kam eine erschrecklich große Schar von Vögeln zu ihm herbei geflogen. Sie gebärdeten sich, als ob sie sehr hungrig wären. Er zerkrümelte etwas Brot zwischen seinen Fingern und warf die Krümchen den Vögeln zu; diese pickten dieselben auf und aßen sie. Als sie alle Krümchen aufgegessen hatten, sagte einer der Vögel:

»Rufe uns, wenn du einmal einen kleinen Dienst von uns brauchen solltest, und nenne uns deine Vögel.«

Hierauf flogen sie davon und verschwanden.

Der Sohn des Häuslers setzte abermals seinen Weg fort, bis er endlich zu der Höhle kam, wie dies auch bei seinen Brüdern der Fall gewesen. Er ging in dieselbe hinein, sah aber kein lebendes Wesen darin; wohl aber fand er die Leichen seiner Brüder, welche nahe beim Eingang von der Decke der Höhle herab hingen. Obschon ihn dieser Anblick Schlimmes befürchten ließ, beschloss er doch, auf die Heimkunft des Bewohners dieser Höhle zu warten. Es währte auch nicht lange, bis das früher erwähnte Riesenweib, welchem die Höhle gehörte, herbeikam. Der Häuslerssohn bat dasselbe, es möge ihm erlauben, hier zu bleiben. Das Weib gestattete ihm dies auch unter der Bedingung, dass er dasjenige tue, was sie ihm sagen werde. Er ging darauf ein und blieb nun über Nacht in der Höhle. Am folgenden Morgen befahl ihm die Riesin, den Mist aus der Höhle zu schaufeln. Wenn er aber bis zum Abend, wann sie heimkomme, mit seiner Arbeit nicht fertig sei, würde sie ihm, sagte sie, das Leben nehmen. Hierauf ging sie fort.

Der Sohn des Häuslers nahm nun die Schaufel um den Boden zu reinigen; sowie er aber mit der Schaufel nieder sticht, bleibt dieselbe im Boden stecken, so dass er sie nicht mehr von der Stelle bringen kann. Da merkt der Häuslersohn, dass es schlimm mit ihm stehe, und er ruft in seiner Angst aus:

»Lieber Tritill, komm her!«

Im selben Augenblick erschien auch Tritill und fragte ihn, was er wolle. Der Häuslerssohn erzählte ihm, in was für einer Lage er sich befinde. Da sagte Tritill:

»Stich, du Spaten, und schaufle, du Schaufel!«

Da begann der Spaten zu stechen und die Schaufel zu schaufeln und in kurzer Zeit war die Höhle vom Unrat gesäubert und vollkommen gereinigt. Hierauf ging Tritill wieder seiner Wege.

Als nun abends die Riesin heim kam und sah, was geschehen war, sagte sie zu dem Häuslerssohn:

»Das hast du nicht allein zustande gebracht, Mann, Mann! Ich will es jedoch dabei bewenden lassen.«

Nun schliefen sie die Nacht über; des Morgens aber trug ihm die Riesin auf, ihr Bettgewand zu lüften, alle Federn aus den Kissen herauszunehmen, sie in die Sonne zu legen und dann wieder einzufüllen. Wenn aber abends nur eine einzige Feder fehle, so würde sie ihm, sagte sie, das Leben nehmen. Hierauf ging sie fort.

Der Häuslerssohn breitete das Bettgewand aus. Es waren drei Kissen im Bette der Riesin, und da es ganz windstill war und die Sonne schien, trennte er dieselben auf und legte die Federn in die Sonne. Da erhob sich plötzlich ein so starker Wirbelwind, dass alle Federn in die Luft empor wirbelten und auch nicht eine einzige zurückblieb. Das ließ den Häuslerssohn großes Unheil voraussehen. In dieser seiner Not ruft er:

»Lieber Tritill, lieber Litill und alle meine Vögel, kommt her.«

Da kamen Tritill und Litill und die ganze Vögelschar und brachten alle Federn mit. Tritill und Litill halfen nun dem Häuslerssohne, die Federn wieder in die Kissen füllen und diese zunähen. Aus jedem Kissen aber nahmen sie je eine Feder, banden dieselben zusammen und sagten zu dem Häuslerssohne, er solle sie, wenn die Riesin sie vermisse, ihr in die Nase stecken. Hierauf verschwanden sie wieder alle: Tritill, Litill und die Vögel.

Als nun die Riesin des Abends heim kam, warf sie sich mit aller Gewalt in das Bett, so dass es in der ganzen Höhle krachte. Hierauf befühlte sie jedes Kissen und sagte zum Häuslerssohne, dass sie ihm jetzt das Leben nehmen werde, denn es fehle in jedem Kissen eine Feder. Da zog er die Federn aus seiner Tasche hervor, steckte sie dem Weibe in die Nase und sagte, sie solle da ihre Federn nehmen. Die Riesin tat dies auch und sprach:

»Das hast du nicht allein zustande gebracht, Mann, Mann! Ich will es jedoch dabei bewenden lassen.«

Es verging auch diese Nacht, und der Häuslerssohn verbrachte dieselbe in der Höhle bei der Riesin. Am Morgen sagte das Weib zu dem Häuslerssohn, dass er an diesem Tage einen ihrer Ochsen schlachten, das Eingeweide kochen, die Haut scheren, aus den Hörnern Löffel bereiten und mit allem bis abends fertig sein müsse. Sie besitze fünfzig Ochsen, sagte sie; einen von diesen wolle sie schlachten lassen; er müsse aber selbst erraten, welchen sie meine. »Wenn du bis zum Abend mit allem fertig wirst«, fuhr die Alte fort, »dann kannst du morgen wieder weiterziehen, wohin du willst und dir außerdem drei Dinge als Belohnung auswählen, welche du nämlich von dem, was mir gehört, am liebsten haben möchtest. Wirst du aber nicht mit allem fertig oder schlachtest du nicht den richtigen Ochsen, dann kostet es dir das Leben.« Hierauf ging die Riesin wieder fort wie gewöhnlich.

Der Häuslerssohn stand völlig ratlos da. Er rief: »Lieber Tritill, lieber Litill, kommt nun alle beide!«

Alsbald sah er auch beide herbeikommen und in ihrer Mitte einen ungeheuer großen Ochsen führen. Sie schlachteten denselben auch sogleich. Als dies geschehen war, machte sich der Häuslerssohn daran, die Eingeweide zu kochen, Tritill setzte sich nieder und schor die Haut, Litill aber begann aus den Hörnern Löffel zu verfertigen. Die Arbeit ging hurtig vonstatten, und alles war zur rechten Zeit fertig. Der Häuslerssohn erzählte den beiden alten Männchen, was die Riesin ihm versprochen habe, wenn er mit seiner Arbeit bis zum Abend fertig würde. Da sagten dieselben, dass er dasjenige, was oberhalb ihres Bettes sei, dann das Kästchen, welches vor ihrem Bette stehe, endlich dasjenige, was sich ganz hinten an der Wand der Höhle befinde, auswählen solle. Der Häuslerssohn versprach ihnen auch, dies zu tun, und sie verließen denselben, nachdem er aufs Freundlichste von ihnen Abschied genommen hatte.

Als die Riesin abends nach Hause kam und sah, dass der Häuslerssohn alles fertig gebracht hatte, was ihm aufgetragen worden war, sagte sie:

»Das hast du nicht allein zustande gebracht, Mann, Mann! Ich will es jedoch dabei bewenden lassen.«

Hierauf schliefen sie die Nacht hindurch.

Am nächsten Morgen forderte die Riesin den Häuslerssohn auf, sich den Lohn zu wählen, wie sie ihn ihm versprochen habe; denn nun stehe es ihm frei, weiter zu ziehen, wohin er wolle.

»Dann wähle ich«, sagte der Häuslerssohn, »dasjenige, was oberhalb deines Bettes ist, dann das Kästchen, welches vor deinem Bett steht, endlich dasjenige, was sich ganz hinten an der Wand der Höhle befindet.«

»Das hast du nicht allein gewählt, Mann, Mann!«, sagte die Alte. »Ich will es jedoch dabei bewenden lassen.«

Hierauf gab sie ihm seinen Lohn. Dasjenige aber, was sich oberhalb des Bettes der Riesin befand, war die verschwundene Königstochter; das Kästchen vor dem Bett war eine ungeheuer große Kiste voll von Geld und Kostbarkeiten; dasjenige aber, was ganz hinten an der Wand der Höhle stand, war ein großes Meerschiff mit Rahen und Segeln, welches die Eigenschaft hatte, dass es von selbst dahin segelte, wohin man wollte. Nachdem die Riesin dem Häuslerssohne seinen Lohn gegeben hatte, verabschiedete sie sich von ihm und sagte, dass er der glücklichste Mann werden werde. Hierauf ging sie fort wie gewöhnlich.

Der Häuslerssohn brachte die Kiste an Bord des Schiffes und bestieg dasselbe hierauf selbst mit der Königstochter. Sodann zog er die Segel auf und fuhr heim nach dem Reiche, in welchem der Vater der schönen Jungfrau König war. Er brachte dem König die verschwundene Tochter und erzählte ihm alle seine Erlebnisse. Der König verwunderte sich sehr über das Abenteuer des Häuslerssohnes und war, wie leicht begreiflich, erfreut, dass er seine Tochter wieder bekommen hatte. Er ließ für seine Tochter und ihren Erlöser ein großes Freudenmahl bereiten, welches mit der Hochzeit der Königstochter und des Häuslerssohnes endete.

Der Häuslerssohn wurde zuerst des Königs Landesbeschützer und Minister; nach dem Tode seines Schwiegervaters erbte er dessen ganzes Königreich und regierte dieses lange und gut bis an sein Lebensende. Und hier ist die Geschichte aus.

BANGSIMON UND
DAS TROLLWEIB

s waren einmal ein König und eine Königin in ihrem Reiche. Sie hatten einen Sohn, der Sigurd hieß.

Nicht weit von dem Königsschlosse lebte ein alter Mann mit seinem alten Weibe in einer schlechten Hütte; der Mann hieß Bangsimon. Diese hatten eine Tochter namens Helga, welche mit dem Königssohn Sigurd in gleichem Alter stand, und die beiden Kinder spielten oft zusammen.

Da trat das traurige Ereignis ein, dass der König seine Königin durch den Tod verlor; er trauerte lange um sie, saß oft auf ihrem Grabhügel und vernachlässigte die Regierung des Reiches. Den Ministern und Hofleuten des Königs schien dies endlich so bedenklich zu werden, dass sie vor den König hintraten und ihn baten, von seinen Klagen abzulassen; sie erboten sich zugleich fortzuziehen und um eine andere Frau für ihn zu werben.

Der König war mit diesem Vorschlag einverstanden, bat aber die Männer, weder ein dummes Inselweib noch eines der schönen Frauenzimmer, wie solche sich häufig auf gegenüberliegenden Landspitzen aufhielten, noch auch ein in den Wäldern wohnendes Weib als Frau für ihn zu wählen.

Sie versprachen ihm das und rüsteten sich sogleich zur Fahrt. Sie verirrten sich aber auf dem Meer und fuhren lange ziellos umher, bis sie endlich vor dem Steven etwas großes Schwarzes sahen und entdeckten, dass es eine Insel war.

Sie stiegen an Land und gingen hier so lange, bis sie zu einem Zelt kamen. Hier sahen sie ein sehr schönes Weib, welches auf einem Stuhle saß und sich mit einem goldenen Kamme kämmte.

Das Weib fragte sie, wohin sie gehen wollten und was für ein Geschäft sie zu besorgen hätten, und sie erzählten nun, was der Zweck ihrer Reise sei.

Da sagte das Weib:

»Da ist es eurem König gerade so ergangen wie mir; denn auch ich habe vor kurzem meinen Mann verloren. Er war Oberkönig über zwanzig Kleinkönige; Wikinger überzogen das Land mit Krieg, der König fiel, ich aber flüchtete hierher.«

Hierauf warben sie um das Weib im Namen des Königs und erhielten eine zustimmende Antwort. Sie bestiegen sodann alle die Schiffe und kamen ohne Unfall heim in das Reich des Königs.

Als der König die Schiffe von der Ferne heransegeln sah, ließ er sich in einem Wagen zum Strande fahren und lud die Königin ein, an seiner Seite im Wagen Platz zu nehmen. Hierauf fuhren sie beide in das Königsschloss.

Da der König an dieser Königin Gefallen fand, brachte auch er seine Werbung vor und diese wurde freundlich aufgenommen. Der König ließ nun ein prächtiges Festgelage veranstalten und feierte seine Hochzeit mit ihr.

Sigurd, der Königssohn, aber verkehrte nur wenig mit seiner Stiefmutter und wollte so wenig als möglich mit ihr zu tun haben.

Es verstrich einige Zeit, bis die Königin krank wurde.

Der König war darüber sehr betrübt und fragte die Königin, ob dies nur eine vorübergehende oder aber tödliche Krankheit sein werde.

Die Königin sagte, dass es eine tödliche Krankheit sein werde und bat den König, er möge seinen Sohn Sigurd in den drei ersten Nächten nach ihrem Tode bei ihr in demjenigen Gemach wachen lassen, welches sie bestimmen werde.

Es geschah nun, wie die Königin vorausgesagt hatte; die Krankheit war eine tödliche, und die Königin starb daran. Der König ließ ihre Leiche in das Gemach übertragen, welches sie bestimmt hatte, und trug Sorge, dass alles so gemacht wurde, wie sie es verlangt hatte.

Hierauf bat er seinen Sohn, dass er bei der Leiche wachen möchte. Dieser aber wollte sich anfangs durchaus nicht bereit erklären.

Da erzürnte sich der König sehr und befahl Sigurd auf das Strengste, das zu tun, was er ihm gesagt habe. Das musste er ihm versprechen.

Da aber Sigurd sich im Dunkeln fürchtete und überdies eine noch größere Furcht vor Leichen hatte, begab er sich zu Helga, der Häuslerstochter, und bat sie, ihren Vater Bangsimon zu bestimmen, dass er für Sigurd bei der Leiche der Königin wache.

Aber auch Bangsimon wollte sich anfangs nicht darauf einlassen, und erst auf die wiederholten eindringlichen Bitten seiner Tochter versprach er, in der ersten Nacht bei der Leiche der Königin zu wachen.

Er begab sich denn abends in das Gemach, in welchem die Leiche aufgebahrt lag. Als er in dasselbe eingetreten war, fragte die Königin:

»Wer ist da?«

»Bangsimon, der alte Mann von der Hütte«, sagte er.

»Pack dich, du niederträchtiger Kerl! Du hast nicht bei mir zu wachen; der Königssohn Sigurd hat bei mir zu wachen. Sind meine Füße fahl?«, sagte die Königin.

»Fahl wie ein Grashalm«, entgegnete Bangsimon.

»Dann ist es am besten zu ringen«, sagte die Königin, und bei diesen Worten erhob sie sich von der Bahre und stürzte auf Bangsimon los; sie rangen sodann miteinander, bis es Tag wurde. Als dieser anbrach, legte sich die Königin wieder auf die Bahre, wie sie früher gelegen hatte, der alte Mann aber begab sich heim in seine Hütte.

Genau dasselbe ereignete sich auch in der zweiten Nacht, und nun weigerte sich der Alte aus allen Kräften, auch noch die dritte Nacht bei der Leiche der Königin zu wachen; aber schließlich konnte er doch den Bitten seiner Tochter nicht widerstehen und erklärte sich bereit, auch in der letzten Nacht, die noch übrig war, die Wache zu übernehmen. Bevor er sich aber ins Königsschloss begab, sagte er zu Sigurd und Helga, sie müssten, wenn er nach Verlauf von drei Jahren noch nicht zurückgekommen sein sollte, einander heiraten.

Hierauf ging er wieder ins Königsschloss und in das Gemach, in welchem die Leiche lag; er und die Königin wechselten wieder dieselben Worte wie früher, und sie rangen hierauf, bis es Tag wurde. Als dieser anbrach, wurde die Königin zu einem Geier, Bangsimon aber zu einem fliegenden Drachen; sie erhoben sich beide in die Luft und flogen über Länder und Meer dahin, bis sie in ein unbekanntes Land kamen; hier unterlag die Königin im Kampf, und Bangsimon wollte ihr die Kehle durchbeißen. Da bat sie ihn, ihr das Leben zu schenken und versprach, dass sie ihm dies lohnen würde, sobald sie in diesem Reiche Königstochter geworden wäre.

»Wie willst du dazu kommen, Königstochter zu werden?«, fragte Bangsimon.

»Ich will mich zu einem kleinen Kinde verwandeln und von dem König finden lassen, wenn er auf die Jagd geht«, sagte sie.

Der alte Häusler ließ sie nun los, und sie enteilte in einen großen Wald, der sich in der Nähe befand.

Am nächsten Tag ging der König in seinem Reich auf die Jagd und fand im Walde ein schönes kleines Mädchen. Er nahm dasselbe mit sich nach Hause und zog es auf wie eine eigene Tochter, denn der König und die Königin waren kinderlos. Das Mädchen aber wuchs so schnell heran, dass es ans Wunderbare grenzte.

Der alte Bangsimon war ebenfalls in das Königsschloss gekommen und hielt sich dort auf; es wurde ihm erlaubt, Fische mürbe zu klopfen und ähnliche Arbeiten zu verrichten.

Nach einiger Zeit biss sich die Ziehtochter des Königs in die Finger, so dass diese bluteten; sie erzählte, dass der alte Mann, der sich im Königsschlosse aufhalte, sie so behandelt habe.

Der König und die Königin waren über den Alten sehr aufgebracht; doch wurde derselbe deshalb nicht fortgejagt.

Als einmal die Königstochter allein spazieren ging, fragte Bangsimon sie, wann sie es ihm lohnen wolle, dass er ihr das Leben geschenkt habe.

Sie sagte, sie werde es tun, sobald sie des Königs Königin geworden sei in diesem Reiche.

»Wie gedenkst du denn dahin zu kommen, Königin in diesem Reiche zu werden?«, fragte Bangsimon.

»Ich will«, so sagte sie, »die Königin bitten, dass sie mir ihre Sammlung von Kleinodien zeige, denn sie schlägt mir keine Bitte ab. Ich will sie vor mir die Stiege hinaufgehen lassen, welche dahin führt; ich selbst folge ihr nach, und sowie sie auf die höchste Stufe der Stiege gelangt ist, breche ich die Stiege unter ihr ab, so dass sie sich den Hals bricht, begrabe sie unter der Stiege und ziehe ihre Kleider an, und der König glaubt dann, dass ich die Königin sei.«

Hierauf schieden sie voneinander.

Wenige Tage später vermisste der König seine Tochter und die Königin sagte, dass es wohl am wahrscheinlichsten sei, dass der alte Fischmann, der sie schon einmal schwer misshandelt hätte, ihr ein Leid zugefügt habe.

Bangsimon wurde nun ergriffen und sollte auf einem Scheiterhaufen verbrannt werden, so sehr er auch beteuerte, dass er die Königstochter nicht getötet habe.

Er wurde zu dem Scheiterhaufen geführt, und der König und die Königin waren zugegen, um seine Verbrennung anzusehen. Er bat, dass der König ihm, bevor er auf den Scheiterhaufen geworfen würde, eine Bitte gewähren möchte; er verlange keine Begnadigung. Der König versprach es ihm.

Da bat Bangsimon die Königin, dass sie ihre Lebensgeschichte erzählen möchte.

Sie sagte, dies sei bald geschehen; denn sie sei eine Königstochter gewesen und habe dann den König geheiratet, welchen sie jetzt besitze; was sich seitdem ereignet habe, sei ohnehin jedermann bekannt.

Bangsimon erzählte nun laut ihre ganze Lebensgeschichte, von dem Augenblick an, wo sie in dieses Land gekommen war. Da verwandelte sie sich in einen fliegenden Drachen und flog auf den alten Häusler zu. Der aber holte unter seinem Mantel einen Sack hervor und warf ihn ihr über den Kopf, so dass sie auf den Scheiterhaufen fiel und verbrannte.

Bangsimon gab alsdann dem König den Rat, unter der Stiege, welche zu der Kleinodienkammer führe, nachgraben zu lassen. Dies geschah auch und man fand alles so, wie der Alte es gesagt hatte.

Da dankte der König dem alten Bangsimon mit vielen schönen Worten, dass er ihn von diesem Ungeheuer befreit habe, und gab ihm ein Schiff und Leute dazu, damit er, wie er es wünschte, in seine Heimat segeln konnte.

Von Sigurd aber ist zu berichten, dass er während Bangsimons Abwesenheit seinen Vater verloren und hierauf die Regierung des Reiches übernommen hat. Als der alte Häusler heimkam, feierte Sigurd eben seine Hochzeit mit Helga; denn es waren bereits drei Jahre verflossen, seit der Alte nicht mehr nach Hause zurückgekehrt war. Die Freude des Wiedersehens war daher unbeschreiblich.

Das Ehepaar lebte hierauf lange geehrt und geachtet, und jetzt ist das Märchen von Bangsimon zu Ende.

s waren einmal ein König und eine Königin in ih- rem Reiche. Sie hatten einen Sohn, der Sigurd hieß. Derselbe zeichnete sich frühzeitig aus durch seine Körperstärke, seine Geschicklichkeit in allen Leibesübungen und Spielen sowie durch seine Schönheit.

Als der Vater wegen des Alters anfing schwerfällig zu wer- den, sagte er zu dem Sohne, dass es nun wohl an der Zeit ein dürfte, sich um eine passende Partie umzusehen; denn es sei nicht gewiss, ob er ihm noch lange seinen Beistand gewähren könne; es scheine ihm, dass sein Ansehen erst dann in voller Blüte stünde, wenn er eine seiner würdige Heirat eingehe.

Sigurd war einem solchen Plane nicht abgeneigt und fragte seinen Vater, wo er am besten seine Braut suchen sollte.

Der König sagte ihm, dass im Auslande – er bezeichnete das Land näher – ein König herrsche, der eine schöne und anmu- tige Tochter besitze; wenn Sigurd diese zum Weibe bekom- men könne, würde ihm dies als die erwünschteste Partie er- scheinen.

Sigurd rüstete sich zur Reise und begab sich nach dem Lan- de, welches sein Vater ihm genannt hatte. Er trat hier vor den König und freite um dessen Tochter.

Der König versprach ihm dieselbe auch, jedoch unter der Bedingung, dass Sigurd so lange, als er könne, in seinem Rei- che verbleibe; denn der König war sehr kränklich und kaum imstande, sein Reich zu regieren.

Sigurd ging darauf ein, stellte jedoch auch seinerseits die Be- dingung, dass es ihm erlaubt sein sollte, in sein Reich zu reisen, wenn er die Kunde von dem Tode seines Vaters erhalte, der, wie er sagte, am Rande des Grabes stehe.

Hierauf feierte Sigurd seine Hochzeit mit der Königstochter und teilte sich mit seinem Schwiegervater die Regierung des Reiches.

Sigurd und seine Gemahlin liebten einander auf das Herzlichste, und ihr Zusammenleben wurde noch inniger, als ihnen nach Verlauf eines Jahres ein schönes, anmutiges Knäblein geboren wurde.

Hierauf verging die Zeit, bis der Knabe zwei Jahre alt geworden war; da erhielt Sigurd die Kunde, dass sein Vater gestorben sei. Er rüstete sich zur Abreise samt seinem Weibe und Kinde und segelte auf einem Schiffe davon.

Als sie nur mehr eine Tagfahrt weit von der Heimat entfernt waren, trat plötzlich Windstille ein und das Schiff lag nun ruhig im Meer.

Sigurd und seine Gemahlin befanden sich allein auf dem Verdeck, denn die meisten anderen hatten sich im Unterteile des Schiffes schlafen gelegt. Sie saßen und sprachen zusammen eine gute Weile lang und hatten ihr Söhnlein bei sich. Nach einiger Zeit aber wurde Sigurd von so starkem Schlafe befallen, dass er sich nicht wach erhalten konnte. Er stieg deshalb ebenfalls in den unteren Teil des Schiffes hinab und legte sich schlafen.

Die Königin war nun mit ihrem Sohne allein auf dem Verdecke und spielte mit ihm. Als Sigurd schon eine Weile schlief, bemerkte die Königin einen schwarzen Gegenstand im Meere und sah, dass derselbe sich heranbewegte. Als er dem Schiffe näher kam, konnte sie wahrnehmen, dass es ein Boot sei und von jemand gerudert werde; denn sie bemerkte auch eine menschliche Gestalt in dem Boote.

Dasselbe legte endlich bei dem Schiffe an und die Königin sah nun, dass es ein Steinboot war; alsbald kam aber auch ein abscheuliches, schlimmes Riesenweib auf das Schiff. Die Königin war darüber so erschreckt, dass sie kein Wort hervorbringen und sich nicht von der Stelle bewegen konnte, um den König oder die Schiffsmannschaft zu wecken.

Die Riesin ging auf die Königin zu, nahm ihr den Knaben weg und legte denselben auf den Boden des Verdecks nieder. Hierauf zog sie der Königin alle ihre kostbaren Kleider bis auf ein leinenes Unterkleid aus und legte dieselben selbst an, wobei sie auch menschliches Aussehen annahm. Endlich nahm sie die Königin, setzte sie in das steinerne Boot und sagte:

»Ich bestimme und wirke den Zauber: Mäßige weder Fahrt noch Flug, bevor du zu meinem Bruder in der Unterwelt kommst!«

Die Königin saß wie teilnahmslos und ohnmächtig in dem Boote; dieses aber ward sogleich vom Schiffe abgestoßen und verschwand bald aus dem Gesichtskreise des Schiffes.

Als das Boot nicht mehr zu sehen war, fing der Knabe, der Sohn des Königs, laut zu weinen an. Die Riesin gab sich wohl Mühe, ihn zu beruhigen, aber es half nichts. Da stieg sie mit dem Kinde am Arme zu dem König hinab und weckte ihn mit groben Worten, indem sie ihm vorwarf, dass er sich gar nicht darum kümmere, was sie mache, und sie mit dem Kinde allein auf dem Verdecke lasse, während er schlafe und schnarche und die ganze Schiffsmannschaft mit ihm. Sie nannte es eine große Unvorsichtigkeit und Rücksichtslosigkeit von ihm, wenn er schon selbst schlafe, niemand anderen bei ihr auf dem Schiffe wachen zu lassen; denn was einem derweil geschehe, wisse dann niemand.* So sei es auch gekommen, dass sie den Knaben auf gar keine Weise beruhigen konnte, und es vorgezogen habe mit demselben dahin zu kommen, wohin er gehöre; auch wäre es jetzt gut, wenn etwas Rührigkeit und Tätigkeit entfaltet würde, da günstiger Fahrwind eingetreten sei.

König Sigurd war aufs Höchste verwundert, dass die Königin ihn plötzlich mit so harten Worten anschrie, nachdem sie doch früher nie in solcher Weise zu ihm gesprochen hatte. Er nahm jedoch ihre harte Rede mit Sanftmut hin und versuchte mit ihr, den Knaben zu beruhigen; allein auch er brachte es nicht zustande.

* Ein isländisches Sprichwort, wörtlich: »Wenig berichtet von einem.«

Er weckte nun die Schiffsmannschaft und hieß sie die Segel aufspannen, da sich hinreichender Fahrtwind eingestellt habe, um ans Land zu kommen.

Hierauf segelten sie dahin, so schnell es möglich war, und es wird von ihrer Fahrt früher nichts erzählt, als bis sie in dem Lande ankamen, wo Sigurd zu herrschen hatte. Derselbe begab sich nun zu den Hofleuten. Diese waren noch alle voll Trauer über den Tod seines Vaters und freuten sich jetzt, dass Sigurd wohlbehalten zurückkam; es wurde ihm der Königsname gegeben, und er trat auch sogleich die Regierung des Landes an.

Das Knäblein des Königs aber hörte seit jenem Vorfall auf dem Schiffe fast nie auf zu schreien, wenn es sich bei der vermeintlichen Mutter befand, obgleich es früher das ruhigste Kind war; der König nahm daher für dasselbe eine Pflegerin aus dem Hofgesinde und sowie der Knabe ihr übergeben war, hörte er auf zu schreien und nahm wieder seine frühere ruhige Art an.

Der König fand, dass die Königin seit der Seefahrt sich in vielen Beziehungen verändert habe und zwar nicht zum Besseren. Besonders kam sie ihm so trotzig, aufgebracht und zänkisch vor, wie er sie früher nie gefunden hatte. Es währte nicht lange, so bemerkten bald auch andere den schlimmen Charakter der Königin.

Im Hofgesinde befanden sich auch zwei junge Männer, von achtzehn und neunzehn Jahren, welche mit Leidenschaft dem Brettspiel ergeben waren und deshalb oft lange Zeit bei demselben saßen. Ihr Zimmer grenzte an das der Königin, und sie horchten zu verschiedenen Zeiten des Tages hinüber, um zu erfahren, was die Königin treibe. Eines Tages lauschten sie noch aufmerksamer als gewöhnlich; sie legten das Ohr an eine Ritze, welche sich in der Wand befand und hörten deutlich, wie die Königin sagte:

»Wenn ich nur ganz wenig gähne, bin ich klein und wie eine zierliche Jungfrau; wenn ich halb gähne, bin ich wie eine

Halbriesin; wenn ich aber stark gähne, bin ich wie eine ganze Riesin.«

Indem sie dieses sagte, gähnte sie fürchterlich und wurde plötzlich zur grässlichen Riesin. Hierauf kam in dem Zimmer der Königin ein dreiköpfiger Riese aus dem Boden hervor, der einen Trog voll Fleisch in den Händen hielt; derselbe begrüßte die Königin, welche seine Schwester war und setzte ihr den Trog vor. Sie begann nun das Fleisch, welches sich in demselben befand, zu verschlingen und hörte nicht früher auf, als bis sie den ganzen Trog geleert hatte.

Die beiden jungen Leute beobachteten durch die Ritze diesen ganzen Vorgang; sie hörten jedoch nicht, dass die beiden Geschwister etwas zu einander sagten. Sie waren ganz verblüfft darüber, wie gierig die Königin das Fleisch verschlang und wie viel sie davon in sich aufnehmen konnte, während sie doch so wenig aß, wenn sie mit dem König bei Tische saß.

Als die Königin den Trog geleert hatte, verschwand der dreiköpfige Riese wieder auf demselben Wege, auf dem er gekommen war; die Königin aber nahm wieder ihre menschliche Gestalt an.

Wir müssen jetzt wieder zurück zu dem Söhnlein des Königs, welches eine Wärterin erhalten hatte. Als diese eines Abends Licht angezündet hatte und das Knäblein in den Armen hielt, sprangen einige Bretter im Boden des Zimmer auf, und es entstieg demselben eine wunderschöne Frau in einem Linnenkleide, wie die Weiber ein solches am bloßen Leibe tragen, und mit einem eisernen Ring um die Mitte, von dem eine Kette niederhing, deren Ende man nicht sehen konnte. Diese Frau trat auf die Wärterin zu, nahm ihr das Kind von dem Arme, drückte dasselbe zärtlich an die Brust und gab es dann wieder zurück. Hierauf verschwand sie auf demselben Wege, auf dem sie gekommen war, und der Boden schloss sich wieder über ihr. Dabei kam nicht ein einziges Wort über die Lippen dieser Frau.

Die Wärterin war über alles, was sie da sah, sehr erschreckt, erzählte jedoch nichts davon.

Am nächsten Tage ereignete sich genau dasselbe, wie am Tage vorher: Die weißgekleidete Frau kam aus dem Boden hervor, nahm das Kind, liebkoste es auf das Zärtlichste und gab es dann wieder der Wärterin zurück. Als sie sich anschickte, das Zimmer wieder zu verlassen, sagte sie mit kummervollen Mienen:

»Zweimal ist's vorüber, nur noch ein Mal!«

Hierauf verschwand sie in dem Fußboden.

Die Wärterin wurde nun von noch größerem Schrecken erfüllt als früher, da sie die Frau diese Worte hatte sprechen hören. Sie dachte, dass dem Kinde irgendeine Gefahr drohe, obschon ihr die unbekannte Frau in jeder Hinsicht gefiel und dieselbe sich dem Kinde gegenüber benahm, als ob es ihr eigenes wäre. Am bedenklichsten schien es ihr, dass die Frau sagte: »Nur noch ein Mal!«, sie glaubte nämlich, dass dieselbe damit sagen wollte, es sei jetzt nur mehr einer von drei Tagen übrig, da sie an zwei Tagen gekommen sei. Sie hielt es daher für das Beste zum König zu gehen, ihm alles zu erzählen und ihn zu bitten, er möchte am nächsten Tage zur Zeit, wo die weiße Frau zu erscheinen pflege, selbst in ihrem Zimmer anwesend sein. Dies tat sie denn auch, und der König versprach ihr zu kommen.

Am nächsten Abend fand sich der König etwas vor der verabredeten Zeit im Zimmer der Wärterin ein und setzte sich mit gezogenem Schwerte auf einen Stuhl. Es währte nicht lange, so öffneten sich die Bretter des Bodens, und die weißgekleidete Frau erschien mit Ring und Kette wie früher.

Der König erkannte in dem Weibe sogleich seine Frau und hatte zunächst nichts Eiligeres zu tun als die Kette, welche vom Ringe niederhing, zu durchhauen. In diesem Augenblicke erdröhnte es unter der Erde so gewaltig, dass die ganze Königsburg erschüttert wurde, und jedermann glaubte, dass alle Häuser einstürzen und in einen Schutthaufen verwandelt werden müssten. Endlich hörte der unterirdische Donner auf, so dass die Menschen wieder zu sich kamen.

Nun fielen sich der König und die Königin in die Arme, und die letztere erzählte alle ihre Erlebnisse, wie die Riesin in einem steinernen Boote zum Schiff gekommen sei, als alle schliefen; wie sie ihr die Kleider ausgezogen und dieselben selbst angelegt habe und welchen Zauberspruch sie ausgesprochen. »Nachdem ich in dem Boot, das von selbst dahin fuhr, so weit gekommen war, dass ich das Schiff nicht mehr sehen konnte, bemerkte ich«, so erzählte sie, »dass das steinerne Fahrzeug die Richtung gegen etwas Finsteres nahm, bis es bei einem dreiköpfigen Riesen landete. Dieser wollte sogleich bei mir schlafen; ich aber wehrte mich dagegen aus allen Kräften. Da sperrte mich der Riese auf einige Zeit in ein allein stehendes Haus und drohte mir, dass ich niemals wieder aus demselben befreit werden sollte, wenn ich ihm nicht meine Gunst schenkte. Er kam jeden zweiten Tag zu mir und wiederholte jedes Mal sein Verlangen und seine Drohung. Im Verlaufe der Zeit dachte ich ununterbrochen darüber nach, was ich beginnen sollte, um den Händen des Riesen zu entrinnen. Ich versprach ihm, dass ich bei ihm schlafen wollte, wenn er mir erlaube, an drei aufeinanderfolgenden Tagen meinen oberirdischen Sohn zu sehen; er willigte ein, ließ aber doch diesen eisernen Ring um meinen Leib und band das andere Ende der Kette, die sich daran befand, um seine Mitte; das gewaltige Gedröhn aber, welches entstand, als du die Kette entzwei hiebst, kam sicherlich daher, dass der Riese der Länge nach hinfiel, als die Kette plötzlich nachgab; denn er wohnt gerade unterhalb der Burg; er wird sich wahrscheinlich den Kopf zerschlagen haben, als er niederfiel, und als die ganze Burg erbebte, wird er im Todeskampfe gelegen haben. Ich wollte aber meinen Sohn aus dem Grunde drei Tage nacheinander sehen, um dadurch Gelegenheit zu meiner Befreiung zu geben, die ja nun auch wirklich erfolgt ist.«

Jetzt erschien es dem König ganz erklärlich, warum das Weib, mit welchem er eine Zeit lang gelebt hatte, so unfreundlich und störrisch war. Er ließ demselben einen Sack über den Kopf ziehen und es steinigen, der Leichnam wurde sodann zwischen zwei ungezähmte Pferde gebunden und von diesen in Stücke zerrissen.

Jetzt erzählten auch die beiden jungen Leute, von denen früher gesagt wurde, dass sie die Königin belauscht und ihr Treiben beobachtet hatten, alles, was sich vor ihren Augen ereignete; denn früher wagten sie dies nicht, wegen der Macht der Königin.

Nunmehr wurde die wirkliche Königin in ihre Würden eingesetzt und es fanden alle großen Gefallen an ihr.

Von der Wärterin des Kindes aber haben wir zu erzählen, dass der König und die Königin sie an einen Großhäuptling verheirateten und ihr eine reichliche und prächtige Ausstattung gaben.

HELGA, DAS ASCHENBRÖDEL

s lebte einmal ein alter Mann mit seinem alten Weibe in einer schlechten Hütte nahe der See und weit abgeschieden von den übrigen Menschen. Sie hatten drei Töchter; die älteste von ihnen hieß Ingibjörg, die nächste Sigrid und die jüngste Helga. Ingibjörg und Sigrid wurden immer behandelt, als ob sie Prinzessinnen wären, während Helga stets zurückgesetzt wurde, obschon sie in allen Dingen viel geschickter war als ihre Schwestern. Es wurde ihr nicht erlaubt, auch nur das Geringste für sich selbst zu tun, denn sie tauge ja zu gar nichts, hieß es immer, und so wurde sie denn zu nichts anderem verwendet als zur Bedienung der ganzen Familie.

Einmal geschah es nun, dass das Feuer in der Hütte erlosch; man musste aber weit gehen, um ein neues Feuer zu holen.

Da wurde Ingibjörg fortgeschickt, um solches heimzubringen.

Als sie eine Weile gegangen war, kam sie an einem Hügel vorüber und hörte, dass in dessen Innern jemand sagte:

»Willst du mich lieber mit dir oder gegen dich haben?«

Ingibjörg meinte, dass diese Frage ihr gelte, und antwortete darauf, dass sie mit allem zufrieden sei, was er auch tue, und ging des Weges weiter bis sie zu einer Höhle kam, in welcher sie Feuer in Menge sah.

Auf den Gluten stand ein Kessel voll Fleisch, das noch nicht fertig gekocht war, und dicht beim Feuer sah sie einen Trog mit Kuchenteig; einen Menschen aber oder sonst ein lebendes Wesen erblickte sie in der Höhle nicht.

Ingibjörg war von dem Marsch sehr hungrig geworden und begann nun, aus allen Leibeskräften unter den Kessel zu feuern, um das Fleisch schnell fertig zu kochen, und backte hierauf Kuchen. Für sich selbst verfertigte sie einen besonders leckeren, die anderen aber verdarb und verbrannte sie, so dass sie durchaus nicht zu genießen waren. Hierauf machte sie sich an die Mahlzeit und aß, als ob sie hier zu Hause wäre.

Da kam ein ungeheuer großer Hund zu ihr in die Höhle und begann, vor ihr zu wedeln; sie schlug jedoch nach ihm und wollte ihn fortjagen. Darüber wurde der Hund so böse, dass er ihr die eine Hand abbiss. Ingibjörg erschrak und fürchtete sich so sehr, dass sie ganz vergaß, Feuer zu nehmen; sie lief atemlos zu ihren Eltern heim und erzählte, was ihr geschehen war.

Obschon es nach dem Vorgefallenen keineswegs als ein Vergnügen angesehen wurde, das Feuer zu holen, beschloss man in der Hütte doch, »das Goldkind«, die Sigrid, fortzuschicken. Alle befürchteten ja, dass die jüngste Schwester, wenn man sie das Feuer holen ließe, entfliehen und niemals wieder nach Hause zurückkommen würde, wo sie ja so wenig zu verlieren hatte; und wer hätte sich dann als Zielscheibe ihrer schlimmen Launen hergegeben und sie alle bedient, die älteren Schwestern, den Vater und die Mutter? Aus diesem Grunde ward nicht Helga, sondern Sigrid geschickt.

Es braucht nicht ausführlich erzählt zu werden: es erging Sigrid ebenso, wie es Ingibjörg ergangen war, nur mit dem Unterschied, dass der große Hund in der Höhle ihr nicht eine Hand, sondern die Nase abbiss, und sie hierauf ohne Feuer und ohne Nase nach Hause zurückkam.

Nun kamen die Eltern ganz außer sich und in ihrem Zorn schickten sie jetzt doch »das garstige Mensch«, die Helga, fort; sie sei ihnen ja ohnehin nur eine Qual in den Augen, darum könne sie ganz gut das Feuer holen, und zwar schnell.

Helga machte sich auf den Weg und kam gleich ihren Schwestern zu dem Hügel. Auch sie hörte, wie die anderen, wie drinnen jemand sagte:

»Willst du mich lieber mit dir oder gegen dich haben?«

Sie aber antwortete:

»Ein bekanntes Sprichwort sagt: Nichts ist so schlecht, dass es nicht besser ist, dasselbe mit sich als gegen sich zu haben. Ich weiß nun nicht, ob das so schlecht ist, was mich fragt, und darum will ich gerne, dass es mit mir sei.«

Hierauf setzte sie ihren Weg fort, bis sie zu derselben Höhle kam, in der auch ihre Schwestern waren.

Hier befand sich alles im selben Zustand wie früher; aber Helga benahm sich anders als ihre Schwestern. Sie kochte das Fleisch im Kessel und backte die Kuchen mit großer Sorgfalt, aß aber selbst nicht das Geringste davon, obschon sie gewiss sehr hungrig war; denn von den Flossen und Knorpeln von Fischen und dem Spülwasser, welches ihre Nahrung daheim bildete, konnte sie wohl nicht mehr satt sein. Sie wollte auch das Feuer nicht nehmen, bevor sie nicht von dem Bewohner der Höhle die Erlaubnis dazu erhalten hatte.

Sie war so müde, dass sie sich kaum auf den Beinen erhalten konnte, und beschloss deshalb, sich hier ein wenig auszuruhen und die Heimkunft des Herrn der Höhle abzuwarten, obschon alles, was sie hier sah, nicht wenig geeignet war, ihr Angst und Grauen einzujagen.

Während sie nun so da stand und nachdachte, wo sie sich niederlegen könne, hörte sie plötzlich ein gewaltiges Dröhnen, als ob die ganze Höhle einstürzen würde, und gleich darauf sah sie einen außerordentlich großen und hässlichen Riesen, gefolgt von einem ungeheuren, bissig aussehenden Bullenbeißer in die Höhle kommen. Darüber erschrak sie so sehr, dass sie beinahe ohnmächtig wurde; sie fasste jedoch ein wenig Mut, als der Riese sie mit sanfter Stimme ansprach und sagte:

»Du hast die Arbeit, die hier zu verrichten war, gut gemacht; es ist deshalb nur recht und billig, dass du den Lohn erhältst, denn du verdient hast; komm nun und iss mit mir; du kannst dann auch die Nacht hier zubringen und entweder dort bei dem Hund oder bei mir selbst schlafen.«

Hierauf brachte ihr der Riese Speisen, welche sie sich sehr gut schmecken ließ; später legte sie sich in das Lager des Hundes; denn so fürchterlich dieser auch war, so war der Riese doch noch viel schrecklicher.

Als Helga eine Weile geruht hatte, hörte sie ein Gedröhn, welches die Höhle erbeben machte, und wurde von Angst und Entsetzen erfüllt. Der Riese aber rief ihr zu:

»Wenn du dich fürchtest, Helga, Häuslerstochter, so krieche nur auf den Schemel bei meinem Bett.«

Dies tat sie denn auch. Aber kurze Zeit darauf ertönte ein noch stärkeres Dröhnen und der Riese sagte, dass sie sich auf das Bett setzen könne. Sie tat dies auch. Da erdröhnte es zum dritten Male, und zwar viel gewaltiger als die beiden ersten Male, und der Riese gab nun Helga die Erlaubnis, dass sie ins Bett hinein kriechen und sich zu seinen Füßen setzen dürfe. Während sie aber ins Bett kroch, ertönte zum vierten Male ein Dröhnen, und es war als ob alles mit Lärm und Krachen zusammen stürzen würde.

Da erlaubte der Riese, dass Helga über ihn krieche und sich ganz an die Wand lege, und in ihrer Todesangst machte sie auch von seiner Erlaubnis Gebrauch. Aber im selben Augenblick fiel von dem Höhlenbewohner das Riesengewand ab und Helga sah nun einen wunderschönen jungen Prinzen neben sich im Bett liegen.

Sie zögerte nicht lange, nahm das Riesengewand und verbrannte es zu Asche; der Prinz aber wurde so erfreut, dass er nicht wusste, wie freundlich er Helga danken sollte, dass sie den Zauber gebrochen. Sie schliefen hierauf die Nacht hindurch, ohne weiter in ihrer Ruhe gestört zu werden.

Am nächsten Morgen erzählte der Königssohn Helga seine Geschichte von der Verzauberung, in die er geraten war, von seinem Vermögen, seiner Familie und seinem Reich. Er sagte ihr auch, dass er sie, wenn sie ihn zum Manne haben wolle, später abholen werde.

Es braucht wohl nicht erst bemerkt zu werden, dass die arme Häuslerstochter das Anerbieten des Königssohnes mit Freuden annahm. Hierauf erzählte auch sie ihm ihre ganze Geschichte, den Grund dafür, dass sie hier sei, und auch das Schicksal ihrer Schwestern, die mit demselben Auftrag hierher gekommen waren. Beim Abschied gab ihr der Prinz ein Kleid, welches sie unter den Lumpen tragen sollte; aber sie dürfe es niemand sehen lassen, sagte er. Außerdem gab er ihr ein Kästchen mit allerlei Arten wertvoller Gegenstände und zwei sehr kostbare Frauenkleider. Das Kästchen brauche sie nicht zu verbergen und könne sie auch verschenken, denn es würde ihr ohnehin weggenommen werden, wenn sie heimkomme, sagte er ihr.

Als nun Helga bereit war, wieder den Heimweg anzutreten, kam der Hund und reichte ihr seine rechte Vorderpfote hin; sie nahm diese in die Hand und fand einen goldenen Ring daran, den sie zu sich steckte.

Hierauf nahmen der Königssohn und die Häuslerstochter in Liebe voneinander Abschied. Helga eilte mit den Kleidern, dem Kästchen und dem Feuer dem Elternhause zu und fühlte sich unendlich erleichtert.

Als sie mit dem Feuer in die Hütte kam, waren der Häusler und sein Weib doch recht froh. Als aber Helga ihnen das Kästchen und die kostbaren Gegenstände zeigte, freuten sich diese sowie die beiden Schwestern so sehr über diese Schätze, dass sie alles gleich für sich selbst behielten. Von ihrem Kleid aber erzählte Helga nichts.

Nun verstrich einige Zeit, und es ging bei den armen Leuten in der Hütte wieder alles seinen alten Gang, bis eines Tages ein großes und prächtiges Schiff auf dem Meere dahergesegelt kam und gerade unterhalb der Hütte landete. Der alte Häusler ging zum Strand hinab, um zu erfahren, wem dieses schöne Schiff gehöre. Er knüpfte mit dem Manne ein Gespräch an, kannte ihn aber nicht, und der Fremde nannte auch nicht seinen Namen. Hingegen fragte er ihn um viele Dinge aus, unter anderem auch danach, wie viele Leute in der Hütte wohnen und wie viele Kinder der Alte habe.

Der Häusler antwortete, dass nicht mehr in der Hütte wohnen als er, sein Weib und zwei Töchter.

Der Mann wünschte die Töchter zu sehen; doch dies war es gerade, was der Alte wollte und er holte deshalb sogleich die beiden ältesten Töchter, welche rasch den ganzen Schmuck anlegten, der in dem Kästchen war, und zeigte sie dem Fremden.

Dieser sagte, dass sie ihm ganz gut gefallen, fragte aber, warum die eine die Hand in den Busen stecke und die andere ein Tuch um die Nase gebunden habe.

Da mussten sie sich zeigen, wie sie waren, ob sie wollten oder nicht; dem Fremden aber gefielen sie nun viel weniger. Und die Mädchen erzählten ihm natürlich auch nicht, weshalb sie so entstellt waren.

Da fragte er den Häusler, ob es wohl die volle Wahrheit sei, dass er nicht mehr Töchter habe.

Anfangs leugnete dieser steif und fest, dass er deren mehr besitze als diese zwei; als aber der Fremde fortfuhr, in ihn zu dringen, musste er schließlich doch gestehen, dass er wohl noch ein Wesen daheim habe, von dem er aber nicht genau wisse, ob es ein Mensch sei oder ein Tier.

Diese gerade wollte der Fremde sehen, und der Alte musste nach Hause gehen und Helga holen.

Sie kam schmutzig und in schlechten Kleidern, wie sie war, herbei; der Fremde riss ihr jedoch die Lumpen vom Leibe, und sie stand nun in dem glänzenden Gewand da, welches viel schöner war als die Kleider ihrer Schwestern. Alle waren darüber ganz sprachlos vor Erstaunen; der Fremde aber kehrte nunmehr das Blatt um und schalt den alten Mann und die Schwestern tüchtig aus, dass sie Helga stets so schlecht behandelt hatten.

Hierauf nahm er den beiden älteren Schwestern den Schmuck weg, den sie trugen; es seien dies gestohlene Sachen, sagte er; hingegen warf er ihnen die Lumpen zu, welche Helga getragen hatte. Und dann erzählte er ihnen die ganze Geschichte vom Anfang bis zu Ende, sagte auch, wer er selbst sei und verließ hierauf den Alten und die Schwestern. Er spannte die Segel auf und fuhr mit Helga heim nach seinem Reich. Hier hielt er Hochzeit mit ihr.

Sie lebten glücklich und lange,
Hatten Kinder und Kindeskinder,
Gruben Wurzeln und Kräuter –
Und nun weiß ich die Geschichte nicht mehr weiter.

**uf** einem Hofe wohnten einmal Eheleute; es ist nicht bekannt, wie der Mann hieß; der Name des Weibes aber war Vala. Diese war eine schöne, jedoch böse Frau; das Ehepaar besaß eine Tochter, welche Vilfridur hieß, und zur Zeit unserer Erzählung vierzehn Jahre alt war. Weil sie hübscher erschien als ihre Mutter, erhielt sie den Zunamen Völufegri (d.h. die schöner ist als Vala). Dies kränkte die Mutter, und sie hegte daher Hass auf ihre Tochter.

Sie dachte lange darüber nach, wie sie diese aus dem Wege schaffen könnte. In dieser Absicht führte sie eines Tages das Mädchen in den Wald hinaus und verließ es; Vilfridur fürchtete, dass ein wildes Tier es zerreißen würde, und irrte den ganzen Tag ratlos im Walde umher; als es aber Abend wurde, setzte sie sich müde und erschöpft neben einem Stein nieder.

Als Vilfridur eine kurze Weile hier gesessen hatte, kamen zwei Zwerge aus einem Felsen hervor und fragten sie, warum sie hierher gekommen sei. Sie erzählte ihnen die ganze Wahrheit, und die Zwerge sagten hierauf, es sei ihnen lieb, dies zu wissen. Sodann erklärten sie ihr, dass der Felsen ihre Wohnung sei, und forderten sie auf, mit ihnen hineinzukommen. Vilfridur war darüber sehr erfreut und nahm die Einladung der Zwerge an. Diese aber erwiesen ihr alles Gute, was sie tun konnten.

Als sie sich zur Ruhe zu begeben dachten, sagten sie zu ihr, dass sie vielleicht keine guten Träume haben und daher im Schlafen unruhig sein würden. Sie baten Vilfridur recht eindringlich, sie nicht zu wecken, was immer auch vorgehen möge; und das Mädchen versprach dies auch.

Sie waren nun die Nacht hindurch im Schlaf sehr unruhig; Vilfridur aber weckte sie nicht. Des Morgens, als sie erwachten, dankten sie ihr dafür, dass sie sie nicht geweckt hatte und sie daher ihren Traum genießen konnten. Sie sagten ihr sodann, sie möge darauf vorbereitet sein, dass während des Tages jemand zu dem Felsen kommen werde; sie dürfe aber nicht öffnen, wenn man ihr auch noch so Schönes verspreche; denn wenn sie dies tue, würde es ihnen allen den Tod bringen.

Sie versprach es, und hierauf begaben sich die Zwerge fort, um Tiere zu jagen.

Nun wendet sich die Geschichte wieder zurück zur Vala. Diese besaß einen Spiegel, welcher ihr auf ihre Fragen Antwort gab. Am Morgen, nachdem sie sich des Mädchens entledigt hatte, fragte sie ihren Spiegel:

»Sag du nun, mein schöner Spiegel, mir:
Was treibt Vilfridur Völufegri, wie geht es ihr?«

Der Spiegel antwortete:

»Wenig wird ihr zu Schaden sein;
Zwei Zwerge pflegen sie in einem Stein.«

Da kam Vala ganz außer sich vor Ärger und Zorn, denn sie wollte um jeden Preis, dass ihre Tochter den Tod erleide.

Sie machte sich wieder auf den Weg und begab sich zu dem Felsen, in welchem die Zwerge wohnten. Als sie dahin kam, war der Stein verschlossen. Da sie aber wusste, dass Vilfridur darin sei, und da sie diese nur durch eine kleine Spalte sehen konnte, begrüßte sie ihre Tochter zärtlich und bat sie mit vielen schönen Worten, aufzuschließen. Sie sagte, sie sei mit dem Ring gekommen, welchen ihre Großmutter gehabt habe, und sie möchte um jeden Preis, dass sie ihn trage.

Vilfridur betrachtete den Ring durch die Spalte, und da sie ihn schön fand, streckte sie einen Finger aus dem Felsen heraus. Vala steckte sogleich den Ring auf den Finger und sprach dabei die Worte:

»Ich bestimme und wirke den Zauber, dass der Ring dich immer fester und fester umschließe, so dass du davon den Tod erleiden musst, wenn sich nicht ein Gold von gleicher Art findet, was wohl sobald nicht der Fall sein wird.«

Sowie nun der Ring auf die Hand gekommen war, begann diese anzuschwellen, und Vilfridur bekam unerträgliche Schmerzen in ihrem Leibe.

Als es Abend geworden war, kamen die Zwerge heim, und sagten zu Vilfridur, dass sie schlecht getan habe, von ihrem Gebote abzuweichen. Sie begannen sogleich, in ihrem Gold zu suchen, und fanden endlich ein Gold von derselben Art, aus welchem der Ring verfertigt war. Sowie dasselbe an den Ring gelegt wurde, sprang der entzwei, und Vilfridur wurde wieder gesund.

In der nächsten Nacht hatten die Zwerge unruhige Träume; Vilfridur weckte sie aber nicht, und sie waren darüber sehr erfreut. Des Morgens sagten sie ihr, sie möge nicht vergessen, dass sie nicht aufschließen dürfe, und wenn auch ihre Mutter käme und ihr noch so Kostbares anbiete. Hierauf gingen sie wieder fort, wie am Tage vorher.

Abermals ging Vala zu ihrem Spiegel und sagte:

»Sag du nun, mein gold geschmückter Spiegel, mir:
Was treibt Vilfridur Völufegri, wie geht es ihr?«

Und sie erhielt wieder dieselbe Antwort:

»Wenig wird ihr zu Schaden sein;
Zwei Zwerge pflegen sie in einem Stein.«

Da wurde Vala überaus zornig; sie dachte eine Weile nach und machte sich dann aufs Neue auf den Weg zum Felsen. Als sie dahin kam, fand sie denselben verschlossen; sie rief jedoch wie früher voll Zärtlichkeit ihre Tochter und bat sie, aufzuschließen. Sie sagte, dass sie ihr heute das kostbarste Kleinod bringe, welches sie ihr geben könne; es sei dies ein goldener Schuh, welchen ihre Urgroßmutter gehabt habe.

Vilfridur zeigte sich anfangs sehr unwillig und wollte diesem Verlangen nicht nachkommen. Als aber Mittag vorüber war, ließ sie sich doch von ihrer Mutter so weit überreden, dass sie einen Fuß durch die Spalte hervorstreckte. Vala steckte hierauf den Schuh auf den Fuß und belegte ihn mit dem Zauber, dass er ihr den Tod bringen solle, wenn nicht ein Gold von gleicher Art auf denselben gelegt werde, welches nicht leicht gefunden werden könne. Hierauf ging sie wieder von dannen. Der Schuh aber begann Vilfridur stark zu drücken; der ganze Fuß schwoll an, so dass sie keine Ruhe hatte.

Als die Zwerge wieder heim kamen, waren sie sehr betrübt über die Unachtsamkeit von Vilfridur. Sie suchten in ihrem Schutt nach dem Golde und fanden es nach langer Mühe. So-wie das auf den Schuh gelegt wurde, zersprang derselbe.

Vilfridur war sehr ermattet von den Schmerzen; es wurde ihr aber doch besser bei der guten Hilfe und Pflege, welche die Zwerge ihr angedeihen ließen. Als alles wieder in Ordnung ge-bracht war, begaben die Zwerge sich zur Ruhe.

Sie schliefen schnell ein und waren diesmal so unruhig im Schlaf, wie sie es früher noch nie gewesen waren. Sie warfen sich herum auf Ferse und Nacken, Vilfridur aber weckte sie nicht. Als sie des Morgens erwachten, sagten sie Vilfridur, dass ihre Mutter auch heute wieder kommen werde. Sie baten sie abermals lange und eindringlich, nicht aufzuschließen, was immer auch Vala tun und sagen möge; denn es würde ihnen höchst wahrscheinlich allen das Leben kosten. Hierauf gingen sie wieder fort auf ihre Jagd.

An diesem Morgen ging Vala wieder wie früher zu ihrem Spiegel, um ihn zu befragen, und sie sagte wie zuvor:

»Sag du nun, mein gold geschmückter Spiegel, mir:
Was treibt Vilfridur Völufegri, wie geht es ihr?«

Der Spiegel antwortete:

»Wenig wird ihr zu Schaden sein,
Zwei Zwerge pflegen sie in einem Stein.«

Nun glaubte sie, dass man ihr durch Zauberkünste übel mitspiele. Sie wurde ganz wütend und machte sich wieder auf den Weg zum Felsen.

Als sie bei demselben ankam, begann sie zu weinen und sagte, dass sie ihre Handlungsweise gegen die eigene Tochter sehr bereue, bat Vilfridur um Verzeihung und beteuerte, dass sie für all dies Buße tun wolle. Sie komme daher mit dem kostbarsten Geschenk, um es ihr zu geben; es sei dies ein Gürtel, das größte Kleinod der Familie, welches von Geschlecht zu Geschlecht sich vererbt habe. Sie bat ihre »geliebte Tochter« doch aufzuschließen, damit sie sehen könne, wie gut der Gürtel ihr stehe und damit Vilfridur auch zur Einsicht komme, dass sie eine gute Mutter besitze.

Als bereits der Abend gekommen war, ließ sich Vilfridur auf das Bitten ihrer Mutter endlich doch herbei, aufzuschließen; Vala befestigte sogleich den Gürtel um den Leib von Vilfridur. Sowie dies aber geschehen war, sagte sie:

»Ich bestimme und wirke den Zauber, dass dieser Gürtel so in deinen Leib eindringe, dass du davon sterben musst, und derselbe niemals locker werde, wenn nicht der König von Deutschland sich bemüht, ihn los zu machen.«

Vala glaubte, nun ihre Sache gut verrichtet zu haben, und kehrte nach Hause zurück. Vilfridur aber befand sich so schlecht, dass sie glaubte, die Schmerzen nicht ertragen zu können; denn der Gürtel drang wirklich immer tiefer in ihren Leib ein.

Als die Zwerge heim kamen, schien Vilfridur dem Tode näher zu sein als dem Leben. Sie konnte nur sagen, welchen Zauber ihr die Mutter angetan hatte. Die Zwerge wurden über all dies sehr traurig. Sie beschlossen mit Vilfridur zum Meere hinab zu gehen und sie an einem schönen Platze am Strande niederzulegen; das Mädchen war bereits so sehr von Kräften gekommen, dass es nicht mehr sprechen konnte.

Hierauf nahmen sie Pfeifen und begannen mit denselben zu blasen. Sie bliesen so stark, dass ein großes Unwetter entstand und das Meer sehr unruhig wurde. Dies taten die Zwerge deshalb, weil sie wussten, dass der König von Deutschland nicht sehr weit vom Lande entfernt segelte. Dieser beschloss, als das Unwetter sich erhob, ans Land zu fahren, und ging in der Nähe der Stelle vor Anker, wo Vilfridur am Strande lag.

Als er ans Land ging, ward wieder schönes Wetter, und er machte daher einen Spaziergang längs des Meerufers. Da fand er das schöne Mädchen, welches besinnungs- und sprachlos dalag. Er kam auf den Gedanken, dass es vielleicht notwendig sei, etwas an ihr zu lockern, und er versuchte deshalb den Gürtel loszumachen, was ihm auch bald gelang. Während er so eine Weile mit ihr beschäftigt war, kam sie wieder zum Leben zurück und erholte sich.

Als sie wieder sprechen konnte, fragte sie, wohin die Zwerge gekommen seien. Der König wusste jedoch nichts von ihnen. Auf das Bitten von Vilfridur ging er ein kurzes Stück längs des Strandes hin und fand die beiden Zwerge mit den Pfeifen am Munde tot am Boden liegen. Dieselben hatten offenbar das Blasen nicht ertragen können oder sich dabei zu sehr angestrengt. Vilfridur tat es ungemein leid, dass die Zwerge tot sein sollten.

Der König lud sie hierauf ein, mit ihm zu ziehen, und sie nahm dieses Anerbieten freudig und dankbar an. Sie veranlasste noch den König, in dem Felsen nach dem Golde und den übrigen Kleinodien der Zwerge zu suchen, und begab sich dann mit diesen Schätzen hinaus auf das Schiff des Königs. Dieser aber kehrte mit ihr zurück in sein Reich.

Nach kurzer Zeit schon begann der König einen solchen Gefallen an Vilfridur zu finden, dass er sie zum Weibe nehmen wollte und um sie warb. Vilfridur schien es, dass sie ihr eigenes

Glück von sich weise, wenn sie diese Heirat ausschlage, sagte aber dennoch, sie stelle die eine Bedingung, dass der König niemals jemanden bei sich Aufenthalt für den Winter gewähre, ohne sie vorher um ihren Rat und Willen zu befragen.

Der König erwiderte, es sei dies nichts als eine Bitte, und versprach es ihr gerne. Hierauf fand die Hochzeit statt.

Vala konnte ihre Tochter noch immer nicht vergessen und trat deshalb wieder vor den Spiegel und fragte:

»Sag du nun, mein gold geschmückter Spiegel, mir:
Was treibt Vilfridur Völufegri, wie geht es ihr?«

Der Spiegel antwortete:

»Kein Ungemach sie weiterhin mehr fand;
Deutschlands Königin wird sie jetzt genannt.«

Darüber geriet Vala ganz außer sich und wusste nunmehr nicht, was sie beginnen sollte. Endlich fasste sie den Entschluss, zu ihrem Manne zu gehen, und ihn zu bitten, dass er nach Deutschland reise, während des Winters sich bei dem Könige aufhalte und seiner Tochter auf jede Weise nach dem Leben trachte. Als Zeichen der vollbrachten Tat sollte er ihr eine Haarlocke aus ihrem Haare, die Zunge und etwas Blut mitbringen oder ihr schicken.

Der Mann ließ sich auch dazu herbei und machte sich auf den Weg nach Deutschland.

Von seiner Reise wird früher nichts berichtet, als bis er zur Halle des Königs kam. Er traf den König vor derselben an und bat ihn sogleich, dass er ihm erlauben möchte, sich während des Winters bei ihm aufzuhalten.

Der König aber sagte, dass er ihn nicht aufnehmen oder ihm nicht gestatten wolle, den Winter bei ihm zuzubringen, bevor er nicht mit der Königin gesprochen habe.

Der Mann, der sich Raudur (d. i. Rother) nannte, begann nun spöttisch zu lächeln und meinte, er wolle nicht bei ihm während des Winters zu Gast sein, wenn er nicht über etwas so Geringes allein bestimmen könne; er werde lieber zu anderen Königen gehen und es in allen Ländern erzählen, dass der König von Deutschland nicht den Mut habe, ihn aufzunehmen, ohne erst allerlei Umstände zu machen. Durch diese Drohung ließ sich der König einschüchtern und gewährte Raudur die Bitte.

Als der König bald darauf mit der Königin zu sprechen kam, sagte er ihr, dass er gegen ihre Bedingung und ihren Willen gehandelt habe, indem er einem Manne Winteraufenthalt bei sich gewährt habe.

Dies missfiel der Königin sehr. Sie sagte jedoch, dass es nichts helfe, darüber zu reden, nachdem dies einmal geschehen sei, und es müsse nun schon so bleiben; aber ihr Geist verkündige ihr, dass er dies einmal sehr bereuen werde.

Nach Verlauf einer kurzen Zeit wurde es offenbar, dass die Königin schwanger war. Und als der Augenblick kam, da sie gebären sollte, ließ man es nicht an Hebammen fehlen. Die Geburt ging jedoch sehr schwer vonstatten, und zwar so, dass die Hebammen ratlos waren und sagten, sie könnten nicht helfen.

Der König wurde darüber sehr betrübt, was außer den übrigen auch Raudur bemerkte. Der erbot sich, der Königin helfen zu wollen, und der König gab hierzu seine Einwilligung.

Als Raudur zur Königin hinein kam, hieß er die Hebammen und alle anderen, welche zugegen waren, sich entfernen. Hierauf steckte er ihr einen Schlafdorn, brachte das Kind zur Welt, und es war ein Knabe. Rasch entschlossen schnitt sodann Raudur dem Knaben ein Ohr ab, steckte dasselbe der schlafenden Mutter in den Mund, öffnete ein Fenster und warf das Kind durch dieses hinaus.

Hierauf lief er zum König und bat ihn zu kommen. Als sie zur Königin kamen, stellte sich Raudur sehr erstaunt, dass das Kind verschwunden sei, und zeigte dem König das Ohr im

Munde der Mutter, welche nun langsam erwachte und von allem nichts wusste.

Der König war, wie man sich leicht denken kann, darüber sehr betrübt. Als aber Raudur erklärte, dass die Königin das Kind gegessen habe und daher zum Tode verurteilt werden müsse, sagte der König, dass er sich dazu auf keinen Fall herbeilassen werde, da er die Königin über alles liebe.

Raudur schien es daher am besten zu sein, die Sache nicht weiter zu betreiben; er gelangte bei dem König zu hohem Ansehen, weil er die Königin gerettet habe.

Die Königin wurde bald ein zweites Mal schwanger, und es geschah wieder genau sowie früher. Sie konnte nicht gebären, Raudur wurde gerufen, er schläferte die Königin ein, brachte das Kind zur Welt, welches ein Mädchen war, trennte ihm die kleine Zehe ab und warf es zum Fenster hinaus. Hierauf steckte er die Zehe der Königin in den Mund, rief den König herbei, erhob dieselbe Anklage wie früher und verlangte, dass die Königin zum Tode verurteilt werde. Seine Vorstellungen blieben abermals fruchtlos; denn der König sagte, dass er ohne die Königin nicht leben wolle, da er von unbesiegbarer Liebe zu ihr erfüllt sei.

Die Königin wurde zum dritten Male guter Hoffnung, und als sie gebären sollte, ereignete sich wieder genau dasselbe wie früher. Das Kind war ein Knabe, und Raudur schnitt demselben einen Finger ab, und steckte ihn der Königin in den Mund. Raudur sagte jetzt, es wäre offenbar, dass sie eine Menschenfresserin sei; der König hätte die größte Schande von ihr, und man dürfe sie nicht am Leben lassen.

Der König sagte, dass er es nicht über sich bringen könne, sie selbst zu verurteilen; deshalb möge Raudur, der sein größter Ratgeber geworden war, selbst das Urteil über die Königin fällen. Sein Urteil aber war, dass zwei Knechte sie in den Wald hinausführen und dort töten sollten; dazu gab auch der König seine Einwilligung. Raudur trug den Knechten auf, ihm eine

Locke aus dem Haar der Königin, ihre Zunge und Blut in einem Horn als Zeichen der vollbrachten Tat zu bringen.

Obgleich die Knechte sich diesem Auftrage nicht widersetzten, gingen sie doch nur gezwungen an den Vollzug; denn Vilfridur hatte sich die Liebe aller Leute erworben.

Als sie eine kurze Strecke weit in den Wald gekommen waren, beratschlagten sie untereinander, wie sie die Königin töten sollten. Da gab ihnen diese selbst den Rat, sie sollten eine Locke aus ihrem Haare schneiden, eine Hündin, die ihnen gefolgt war, töten, derselben die Zunge ausreißen und etwas von ihrem Blut in das Horn fließen lassen, damit Raudur alles sehen könne, was er von ihnen verlangt habe. Nachdem sie dies auch getan hatten, ließen sie die Königin in den Wald entkommen. Sie selbst aber kehrten zurück nach der Halle des Königs, wo sie gute Aufnahme fanden.

Als die Königin sich von den Knechten getrennt hatte, irrte sie den ganzen Tag im Walde umher und konnte nirgends Schutz finden, so dass sie zu fürchten begann, unter großen Leiden das Leben verlieren zu müssen.

Als es bereits ganz dunkel geworden war, kam sie zu einer Hütte, welche nicht allzu klein war und ein recht sauberes Aussehen hatte. Sie klopfte an die Türe; ein sehr stattlich gebauter Mann öffnete diese. Als er die Königin erblickte, sagte er, es komme selten vor, dass solche Gäste ihn besuchten, und hieß sie willkommen.

Königin Vilfridur ging mit dem Mann in die Hütte, und sie sah hier, dass alles sehr reinlich war und Wohlstand verriet. Sie erhielt reichliche und gute Speise, um ihren Hunger zu stillen, und schlief in der Nacht in einem behaglichen und warmen Bett.

Als sie des Morgens das Bett verlassen hatte, brachte ihr der Mann Stoff und Nähzeug, und bat sie zum Zeitvertreib Kleider für Kinder zuzuschneiden und zu nähen; er selbst aber ging fort, um dasjenige herbeizuschaffen, was sie zum Leben benötigten.

So blieb die Königin lange Zeit bei dem Mann und war mit ihrem neuen Los ganz zufrieden.

Bald nach dem Verschwinden der Königin wurde die Klage laut, dass von der Herde des Königs viele Tiere stürben und abhanden kämen. Wie nun der König nach dem vermeintlichen Tode der Königin keine Freude am Leben mehr hatte und sich die Zeit mit Jagen zu vertreiben suchte, so schlug er eines Tages Raudur vor, mit ihm auf die Jagd zu gehen, um nachzuforschen, ob es nicht irgendein Raubtier sei, welches der Herde Schaden bringe.

Sie begaben sich ganz allein in den Wald und kamen so tief in diesen hinein, dass sie sich verirrten und nicht mehr wussten, welche Richtung sie einschlagen sollten, um wieder hinauszukommen. Sie gingen und liefen, fanden aber doch nicht aus dem Walde hinaus. Als der Tag sich zu neigen begann, waren sie erschöpft und müde; die Nacht brach an und der Hunger begann sie zu quälen; sie aber wussten sich nicht zu helfen.

Endlich glaubten sie, in nicht allzu weiter Entfernung ein Haus zu erblicken, und sie gingen auf dasselbe zu. Sie hofften ganz sicher, dass dort Menschen wohnen würden, und waren darüber sehr erfreut. Als sie bei dem Hause ankamen, klopften sie an die Tür. Es dauerte nicht lange, so kam ein Mann heraus, der von großer und stattlicher Erscheinung war. Sie grüßten ihn, und er dankte ihnen. Hierauf baten sie ihn, er möchte ihnen erlauben, die Nacht über hier zu bleiben, da sie vor Müdigkeit ganz erschöpft seien.

Er sagte, dem König möge sein Haus und die Gastfreiheit, die er ihm angedeihen lassen könne, willkommen sein; Raudur aber erhalte Eintritt nur unter der Bedingung, dass er seine Lebensgeschichte erzähle. Dies versprach denn dieser auch.

Der Mann ließ sie sodann mit sich in das Haus kommen. Es war ein sehr reinliches, hübsches Haus, in welches sie eintraten; über dem Feuer befand sich ein Kessel, der mit Wasser angefüllt war. Der Mann bat den König, sich niederzusetzen, wo es ihm behage; für Raudur aber brachte er einen Stuhl und hieß ihn, sich darauf setzen. Hierauf steckte er Raudur einen großen Ring an die Hand und forderte ihn auf, sogleich seine Lebensgeschichte zu erzählen.

Raudur begann damit und fuhr in der Erzählung unaufhörlich fort, bis er zu seinem Vorgehen gegen die Königin kam; da aber wollte er von der Wahrheit abweichen und begann Lügen zu berichten und manches auszulassen. Der Mann aber sagte:

>»Drücke ihn, roter
Ring, und es sollen
Die Spitzen ihn stechen,
Spricht er nicht Wahres!«

Bei diesen Worten drückte ihn der Ring an der Hand, und die Spitzen stachen so fest aus dem Stuhl heraus, dass Raudur sich alle Mühe gab, nur Wahres zu berichten, denn dann gab der Ring nach und die Spitzen hörten auf zu stechen. Obgleich Raudur noch mehrere Male lügen wollte, konnte er es doch nicht; denn der Mann peinigte ihn auf die eben erzählte Art so lange, bis Raudur alles sagte, wie es sich wirklich zugetragen hatte.

Während Raudur seine Lebensgeschichte erzählte, begann der König allgemach sehr unruhig zu werden.

Als jener mit seiner Erzählung zu Ende war, fragte der Mann, was für ein Urteil der König über Raudur fällen werde; denn es sei nun an den Tag gekommen, welchen Mann er bei sich aufgenommen und wie sich dieser betragen habe.

Der König war vor Betrübnis und Zorn lange ganz außer sich und sagte, dass er über Raudur kein angemessenes Urteil sprechen könne; denn gegen ein solches Verbrechen sei in seinen Gesetzen nichts vorgesehen.

Der Mann fragte, ob er seine Meinung sagen dürfe.

Der König antwortete, dass er diese gerne anhören wolle.

Der Mann machte nun den Vorschlag, dass man Raudur sogleich mit dem Kopf in den Kessel mit dem siedenden Wasser stecke, und der König gab seine Zustimmung.

Ohne lange zu zögern, ergriff der Mann Raudur und stieß ihn kopfüber in den Kessel, so dass er alsbald seinen Geist aufgab.

Der Mann bat hierauf den König, er möchte ihm in ein anderes Zimmer folgen, und hier sah der König ein ungemein schönes Weib.

Da sagte der Mann, die Frau, die er hier sehe, sei keine andere als seine Königin; da er aber nicht erwartet habe, sie zu sehen, habe er selbst sie auch nicht erkannt.

Da gab es große Freude des Wiedersehens. Hierauf ging der Mann in ein abseits gelegenes Zimmer und brachte aus diesem drei Kinder herbei, zwei Knaben und ein Mädchen. Da zeigte es sich, dass dies die Kinder des Königs waren; dem einen Knaben fehlte ein Ohr, dem anderen ein Finger, und dem Mädchen fehlte eine kleine Zehe. Die Eltern waren vor Freude ganz sprachlos und verstanden nicht, wie dies alles zusammenhänge.

Da erzählte der Mann, er sei in der Nähe der königlichen Halle gewesen, als Raudur die Kinder aus dem Fenster warf, und habe Sorge getragen, dass sie keinen Schaden erlitten.

Der König fragte den Mann, was er für all dies zum Lohne haben wolle.

Dieser antwortete, er wünsche sonst nichts, als dass sie ihre Tochter bei ihm ließen.

Obwohl es für ein junges Mädchen nicht angenehm war, bei ihm leben zu müssen, und der König und die Königin lieber jede andere Belohnung vorgezogen hätten, so sagten sie doch, dass dies selbstverständlich sei, wenn er es so wünsche.

Sie blieben hierauf noch so lange in der Hütte des Mannes, bis der König sich ausgeruht und seine Kräfte wieder erlangt hatte. Sodann kehrte er mit der Königin und seinen beiden Söhnen heim nach der Halle, die Tochter aber blieb zurück bei ihrem Ziehvater.

Es vergingen mehrere Jahre, und die Königstochter ward zu einem erwachsenen Mädchen. Da bat einmal der Mann dasselbe, es möchte bei ihm in seinem Bett schlafen. Das Mädchen willigte gerne ein, denn es liebte ihn sehr. Als es aber des Morgens erwachte, sah es, dass ein schöner Königssohn neben ihm lag. Der sagte, sie solle nicht tun, als ob sie ihn nicht kenne; er sei nur verzaubert gewesen.

Hierauf verließen sie die Hütte und begaben sich nach der Halle des Königs. Man braucht nicht danach zu fragen, wie sie hier aufgenommen wurden, oder zu zweifeln, dass der König und die Königin sich glücklich fühlten, als sie erfuhren, wie alles sich verhielt. Es wurde ein kostbares Gastgebot veranstaltet und die Hochzeit des jungen Paares gefeiert.

Der König und Vilfridur lebten lange in allem Glück, und der Königssohn zog mit seinem Weibe heim in seine Heimat. Sie bekamen Kinder und allerhand Schätze, und jetzt ist das Märchen zu Ende.

FINNA, DIE KLUGE

s war einmal ein Mann, der hieß Thrandur und war Gesetzsprecher. Sein Weib war schon gestorben, als diese Geschichte sich ereignete, und er selbst war bereits alt geworden. Er war ein sehr kluger Mann und hatte zwei Kinder, einen Sohn namens Sigurd und eine Tochter, welche Finna hieß. Diese war ein sehr verständiges Mädchen, und es ging die Rede unter den Leuten, dass sie mehr wisse als ihr Vaterunser.

Als ihr Vater einmal fortreiste, sagte sie zu ihm:

»Ich vermute, Vater, dass man auf dieser deiner Reise um meine Hand anhalten wird, und ich bitte dich, dass du sie keinem versprichst, es sei denn, dass dein Leben daran hängen sollte.«

Er versprach es ihr und reiste hierauf fort.

Es hielten nun gar viele angesehene Männer um Finnas Hand an; Thrandur aber wies sie alle ab.

Als er seine Geschäfte beendigt hatte, machte er sich wieder auf den Heimweg, und eines Abends, als er ganz allein seinen Knechten weit voraus ritt, begegnete ihm ein Mann auf einem dunkelbraunen Pferd, der ein sehr wildes Aussehen hatte. Der stieg ab, griff dem Pferd Thrandurs in die Zügel und sagte:

»Sei gegrüßt, Thrandur!«

Thrandur erwiderte seinen Gruß und fragte ihn nach seinen Namen. Er heiße Geir, sagte er, und wolle um Finna, die Tochter Thrandurs, freien. Thrandur entgegnete ihm:

»Ich kann sie dir nicht zum Weibe geben, denn sie will selbst über ihr Schicksal bestimmen.«

Da zog Geir das Schwert und setzte es Thrandur auf die Brust, wobei er ihm die Wahl ließ, dass er ihm entweder Finna zum Weibe gebe oder sogleich von ihm getötet werde.

Thrandur sah nun keinen anderen Ausweg, als ihm die Tochter zu versprechen; er solle nach Verlauf eines halben Monats kommen, um sie abzuholen, sagte er. Hierauf ritt Thrandur heim, Geir aber zog seiner Wege.

Als Thrandur daheim ankam, stand Finna vor dem Haus, begrüßte ihren Vater und sagte:

»Ist es so, wie mein Geist es mir verkündet, dass du mich einem Manne verheiratet hast?«

Er antwortete ihr, dass dies wirklich so der Fall sei, und sagte, dass sein Leben davon abgehangen habe.

Finna meinte, dass es dann auch so sein möge; ihr Geist verkünde ihr jedoch, dass ihr daraus keine große Freude erwachsen werde.

Zur festgesetzten Zeit kam Geir, um sein Weib zu holen, und es wurde ihm ein freundlicher Empfang bereitet. Er sagte, dass er nicht lange verweilen könne, und bat Finna, sie möge sich rasch fertig machen, denn am nächsten Morgen wolle er wieder fort. Sie tat dies auch. Aus dem Hause ihres Vaters nahm sie niemanden mit sich als ihren Bruder Sigurd.

Sie nahmen alle drei Abschied von Thrandur und ritten ihres Weges, bis sie zu einer Gebirgsweide kamen, auf welcher Rinder grasten. Und Finna fragte Geir, wem diese Weide und die Rinder gehörten. Er antwortete ihr, sie gehörten niemand anderem als ihm und ihr.

Am zweiten Tage kamen sie zu einer anderen Weide; auf dieser waren lauter Pferde. Finna fragte Geir, wem diese Pferde gehörten.

Er antwortete ihr, sie gehörten niemand anderem als ihm und ihr. So ritten sie weiter den ganzen Tag. Am Abend kamen sie zu einem großen Gut; hier stieg Geir vom Pferde und bat Finna ihm zu folgen, denn hier, sagte er, sei sein Heim.

Finna ward hier gut aufgenommen und übernahm sogleich die ganze Hauswirtschaft. Geir war wenig freundlich gegen sie, doch nahm sie sich dies nicht sonderlich zu Herzen. Ihr Bruder Sigurd ward dort gut behandelt.

Am Weihnachtsabend wollte Finna dem Geir den Kopf waschen lassen; man suchte ihn daher überall, konnte ihn aber nirgends finden. Finna fragte Geirs Pflegemutter, welche auch im Hause war, ob dies eine Gewohnheit von ihm sei.

Diese erzählte, dass er seit langer Zeit schon niemals zu Weihnachten daheim gewesen sei, und brach dann in heftiges Weinen aus.

Finna bat die Leute, nicht nach ihm zu suchen; wenn seine Zeit gekommen sei, werde er schon von selbst zurückkommen sagte sie.

Sie bereitete das Mahl und machte sich wenig daraus, dass Geir nicht zugegen war.

Als das Essen zu Ende war und alle Leute sich zu Bett begeben hatten, stand Finna auf und nahm ihren Bruder Sigurd mit sich. Sie gingen zur See hinab, stiegen in ein Boot und ruderten hinaus zu einer Insel, welche nicht weit entfernt war.

Finna bat Sigurd, er möchte auf das Boot acht geben, während sie an Land gehe; und dies tat er auch. Hierauf betrat Finna die Insel und ging so lange landeinwärts, bis sie zu einem kleinen, aber schön gebauten Hause kam. Die Tür stand halb offen; in der Stube brannte ein Licht und ein schön bereitetes Bett befand sich darin. In diesem Bett nun sah sie Geir, ihren Mann, liegen, und in seinen Armen ein Weib. Finna setzte sich neben das Bett auf den Boden und sang eine Weise.

(Diese Verse sind verloren gegangen.)

Hierauf ging sie zurück zu ihrem Bruder und bat ihn, wieder heimzufahren und niemandem zu sagen, wo sie gewesen seien. Er versprach ihr dies auch und ruderte hierauf heim und beide stellten sich, als ob nichts vorgefallen wäre.

Als Weihnachten vorüber war, stand Finna eines Morgens frühzeitig auf und ging in die Kammer, in welcher Geir und sie zu schlafen pflegten, wenn er daheim war. Da befand sich Geir darin und er ging auf und ab, im Bett aber lag ein Kind. Geir fragte, wem das Kind gehöre. Sie antwortete ihm, dass es niemand anderem gehöre als ihm und ihr, nahm sodann das Kind und übergab es Geirs Pflegemutter, damit sie es aufziehen möge.

Das Jahr verstrich sodann, ohne dass sich sonst etwas Besonderes ereignete. Zu Weihnachten geschah dasselbe wie im Jahre zuvor, nur dass Finna sich diesmal auf den Schemel vor dem Bett setzte und eine Weise sang.

(Auch diese Verse sind verloren gegangen.)

Und als das dritte Mal Weihnachten kam, wurde wieder das Mahl bereitet, und man suchte abermals nach Geir, aber man fand ihn nicht, und Finna bat seine Leute, nicht weiter nach ihm zu suchen.

Als das Essen vorüber war und alle sich zu Bett begeben hatten, ruderten Sigurd und Finna wieder hinaus nach der Insel. Sigurd bat Finna, dass er diesmal mit ihr an Land gehen dürfe. Sie erlaubte es ihm, trug ihm aber auf, nicht ein einziges Wort zu sprechen.

Als sie zu dem Hause kamen, bat Finna ihren Bruder Sigurd, er möchte draußen warten, während sie hineingehe. Er blieb denn auch draußen. Finna aber ging in das Haus hinein, setzte sich auf den Rand des Bettes, und sang folgende Weise:

»Verlassen sitz ich hier am Rand,
Das Glück der Freude von mir schwand.

Geraubt hat mir's der kluge Mann,
Dass ich mich nimmer freuen kann.

Ein anderes Weib den Mann mir nahm –
Ganz unverhofft das Unglück kam!«

Da erhob sich Geir und sagte:
»Es soll auch nicht länger geschehen.«

Das Weib aber, welches bei ihm im Bett lag, fiel in Ohnmacht. Finna holte Wein und träufelte ihn auf die Lippen der Ohnmächtigen. Da kam sie wieder zur Besinnung, und es war das schönste Mädchen.

Da sprach Geir zu Finna:
»Nun hast du mich von einer schweren Not erlöst; denn es war bereits das letzte Jahr, in welchem ich befreit werden konnte. Mein Vater war ein König und herrschte über Gardariki. Als meine Mutter gestorben war, heiratete mein Vater ein unbekanntes Weib. Nachdem sie kurze Zeit zusammen gelebt hatten, tötete sie meinen Vater durch Gift; da ich und diese meine Schwester, welche Ingibjörg heißt, ihr nicht Gehorsam leisten wollten, legte sie den Fluch auf mich, dass ich mit meiner

Schwester drei Kinder zeugen sollte; und wenn ich nicht ein Weib bekäme, welches von all dem wisse, aber dazu schweige, sollte ich zu einer Schlange, meine Schwester aber zu einem ungezähmten Fohlen werden, welches mit anderen Pferden auf die Weide geht. Aber jetzt hast du mich von dieser Not befreit, und darum will ich diese meine Schwester mit deinem Bruder Sigurd verheiraten und ihr als Mitgift das ganze Reich geben, welches mein Vater besaß.«

Sie fuhren hierauf alle ans Land zurück und begaben sich in Geirs Haus. Es wurde nun neuerdings ein großes Festmahl bereitet, und man schickte nach Thrandur, dem Vater der Finna; hierauf wurde Sigurds und Ingibjörgs Verlobungsbier getrunken. Sigurd zog sodann nach Gardariki und unterwarf es sich ganz.

Geirs Stiefmutter aber wurde ergriffen und zwischen zwei Pferde gebunden, welche sie in zwei Stücke auseinander rissen. Sigurd und Ingibjörg herrschten lange über Gardariki, und Geir wurde Gesetzsprecher nach Thrandur.

HERMOD UND HADVÖR

s waren einmal ein König und eine Königin in ihrem Reiche; sie hatten eine Tochter, welche Hadvör hieß. Diese war sehr schön, und da sie das einzige Kind war, welches ihre Eltern hatten, war sie die zukünftige Erbin des Reiches.

Der König und die Königin hatten auch einen Ziehsohn, der Hermod hieß; er stand im selben Alter wie Hadvör und war ebenfalls sehr schön und tüchtig und geschickt in allen Dingen.

Hermod und Hadvör spielten oft zusammen in ihrer Kindheit und schworen sich schon in jungem Alter heimlich gegenseitige Liebe und Treue.

Es verstrich nun einige Zeit, bis die Königin krank wurde; da sie ahnte, dass sie an dieser Krankheit sterben würde, schickte sie nach dem König. Als dieser kam, sagte sie zu ihm, dass sie nicht mehr lange leben werde und daher besonders eine Bitte an ihn richten wolle, die Bitte nämlich, dass er, falls er sich eine zweite Frau nehmen wollte, keine andere wählen solle als die Königin vom guten Hetland.

Der König versprach ihr dies, und hierauf starb die Königin.

Nach einiger Zeit begann der König des einsamen Lebens überdrüssig zu werden, er rüstete ein Schiff aus und stach in die See. Da fiel ein dichter Nebel ein, so dass er sich verirrte.

Nach langer Irrfahrt stieß er endlich auf Land, legte dort vor Anker und verließ allein das Schiff. Als er eine Weile gegangen war, kam er in einen Wald; er ging darin eine Strecke weit dahin und ruhte dann aus.

Da hörte er überaus schön auf einem Instrument spielen und ging dem Laut nach, bis er zu einer offenen Stelle im Walde kam. Hier sah er drei Weiber. Das eine von ihnen saß in prächtiger Kleidung auf einem goldenen Stuhl, hielt eine Harfe in der Hand und hatte eine kummervolle Miene; das andere Weib war auch sehr schön gekleidet, aber jünger und saß ebenfalls auf einem Stuhl, der aber nicht so kostbar war wie jener. Das dritte Weib aber stand bei den zwei anderen und war gleichfalls von recht hübschem Aussehen; es trug einen grünen Mantel über seiner übrigen Kleidung, und man konnte aus allem ersehen, dass es die Dienerin der beiden anderen war.

Nachdem der König die Frauen eine Weile für sich betrachtet hatte, trat er auf sie zu und grüßte sie. Diejenige, welche auf dem goldenen Stuhle saß, fragte ihn, wer er sei und wohin er zu gehen gedenke.

Er erzählte nun, dass er ein König sei und seine Königin verloren habe; er wolle nach dem guten Hetland segeln und dort um die Königin freien.

Die Frau sagte, dass das Schicksal dies wunderbar gefügt habe; Hetland wäre mit Krieg überzogen worden, Wikinger hätten ihren König in der Schlacht getötet, und da sei sie voller Kummer aus dem Lande geflohen und nach vielen Mühen und Beschwerden hierher gekommen; sie sei die, welche er suche, und das eine der beiden anderen Weiber sei ihre Tochter, das andere ihre Dienerin.

Der König zögerte nicht lange, sondern trug gleich seine Werbung vor.

Sie nahm dieselbe freundlich auf, zeigte Freude und gab sogleich ihre Einwilligung. Nach kurzem Aufenthalt brachen sie alle auf und begaben sich zu dem Schiff.

Von ihrer Fahrt wird nichts Besonderes berichtet; sie kamen ohne Unfall in das Reich des Königs, es wurde ein großes Hochzeitsfest veranstaltet, und der König heiratete dieses Weib.

Es fiel auch eine Zeit lang nichts Bemerkenswertes vor. Hermod und Hadvör gaben sich wenig mit der Königin und ihrer Tochter ab; mit der Zeit aber wurden Hadvör und die Dienerin der Königin, welche Olöf hieß, vertraute Freundinnen, und Olöf kam oft in das Haus der Hadvör.

Es dauerte nicht lange, so zog der König in den Krieg. Als er fortgesegelt war, kam die Königin zu Hermod und sagte ihm, es sei ihr Wunsch, dass er ihre Tochter zur Frau nehme.

Hermod entgegnete ihr aber kurz und bündig, dass daraus nichts werden könne.

Darüber wurde die Königin sehr erzürnt und sagte, dass dann auch sie beide, Hermod und Hadvör, sich vorläufig ihres Liebesglückes nicht länger freuen sollten; denn sie lege jetzt den Zauber auf ihn, dass er auf eine öde Insel kommen und am Tage ein Löwe, in der Nacht aber ein Mensch sein solle, so dass er an Hadvör denken könne und umso größere Pein empfinde. Von dieser Verzauberung solle er nicht früher erlöst werden, als bis Hadvör seine Löwenhaut verbrenne, was wohl sobald nicht der Fall sein werde.

Als die Königin ihre Rede beendigt hatte, sagte Hermod, er lege seinerseits den Zauber auf sie, dass, sobald er aus seiner Verzauberung erlöst sei, die Königin und ihre Tochter, die eine in eine Ratte und die andere in eine Maus verwandelt werden und so lange in dem Schlosse einander zerfleischen sollten, bis er sie mit seinem Schwerte töten würde.

Hierauf verschwand Hermod, und niemand wusste, was aus ihm geworden war. Die Königin ließ ihn zum Scheine suchen, er konnte aber nirgends gefunden werden.

Als Olöf wieder einmal bei Hadvör war, fragte sie die Königstochter, ob sie wisse, wohin Hermod gekommen sei. Bei diesen Worten wurde Hadvör traurig und sagte, sie wisse es nicht.

Olöf entgegnete, sie wolle es ihr sagen, denn es sei ihr gar wohl bekannt. Sie erzählte nun, dass Hermod auf Veranlassung der Königin verschwunden sei, denn diese sei eine Riesin, wie auch ihre Tochter, und sie hätten ihre gegenwärtige Gestalt nur angenommen. Als Hermod sich nicht dem Wunsche der Königin fügen und ihre Tochter heiraten wollte, habe sie den Zauber auf ihn gelegt, dass er auf eine Insel hinauskommen, dort am Tage zu einem Löwen, in der Nacht aber wieder zu einem Menschen werden und nicht früher aus dieser Verzauberung erlöst werden solle, bis Hadvör sein Löwengewand verbrenne. Sie sagte auch, es sei bestimmt, dass Hadvör heirate; denn die Königin besitze einen Bruder in der Unterwelt, einen dreiköpfigen Riesen; diesen gedenke sie zu einem schönen Königssohn zu machen und als solchen um Hadvör freien zu lassen. Diese Handlung, sagte sie, sei nichts Neues für die Königin, und sie habe auch sie aus dem Hause ihrer Eltern entführt und sie gezwungen, ihr zu dienen; aber sie habe ihr nie ein Leides zufügen können, denn der grüne Mantel, welchen sie über ihren Kleidern trage, bewirke, dass ihr nichts schade, was man ihr auch zufügen möge.

Hadvör wurde nun ganz traurig und von Sorgen erfüllt über die Heirat, welche ihr bestimmt sein sollte, und sie bat Olöf auf das Inständigste, ihr einen guten Rat zu geben.

Olöf sagte, sie möchte darauf achten, dass der Freier durch den Boden des Hauses zu ihr komme, und solle dann Sorge tragen, sobald sie ein unterirdisches Gedröhn höre und der Boden anfange zu bersten, siedendes Pech bei der Hand zu haben und dieses rasch und ausgiebig in den Spalt zu gießen; das werde ihn töten.

Zu dieser Zeit kam auch der König aus dem Kriege heim, und er war sehr betrübt, als er nicht erfahren konnte, was aus Hermod geworden sei. Aber die Königin tröstete ihn, so gut sie konnte, und so fand sich der König allmählich leichter in den Verlust seines Sohnes.

Hadvör saß in ihrem Hause und hatte alles vorbereitet, um den Freier zu empfangen. Es dauerte auch nicht lange, so entstand einmal des Nachts starkes Gedröhn und Getöse unter dem Boden des Hauses; da glaubte Hadvör zu wissen, was dies zu bedeuten habe, und bat ihre Dienstmädchen, sich bereit zu halten, ihr Beistand zu leisten.

Das Gedröhn und Gepolter wurde immer stärker, bis der Boden auseinander barst; da ließ nun Hadvör die Pechkessel herbeiholen und das Pech in den Spalt gießen. Der Lärm wurde hierauf immer schwächer und hörte endlich ganz auf.

Am nächsten Morgen erwachte die Königin sehr früh und sagte, sie müsse aufstehen, was der König sie auch tun ließ. Als sie angekleidet war, begab sie sich vor das Tor der Stadt und fand hier den Riesen, ihren Bruder, tot am Boden liegen. Die Königin trat auf ihn zu und sagte:

»Ich bestimme und wirke den Zauber, dass du zu dem schönsten Königssohn wirst und dass Hadvör nichts gegen die Anschuldigungen machen kann, die ich gegen sie vorbringen werde.«

Da wurde die Leiche des Riesen zur Leiche des schönsten Königssohnes. Hierauf kehrte die Königin wieder nach Hause zurück, suchte den König auf und sagte zu ihm, es schiene ihr nicht, dass seine Tochter das gute Wesen sei, als welches sie sich geben wolle. Sie erzählte sodann, es sei ihr Bruder gekommen und habe um Hadvörs Hand angehalten, sie aber habe ihn getötet; sein Leichnam liege, wie sie gesehen habe, draußen vor dem Stadttor.

Der König ging nun mit der Königin, um die Leiche zu besichtigen, und es schien alles mit ihren Angaben übereinzustimmen; er sagte, dass ein so schöner junger Mann für Hadvör ganz passend gewesen wäre und er gerne seine Einwilligung zu dieser Verbindung gegeben hätte.

Die Königin bat den König, er möchte ihr erlauben zu bestimmen, welche Strafe Hadvör zuteil werden solle, und der König willigte ein, denn er sagte, er könne keine Strafe für seine Tochter festsetzen.

Das Urteil der Königin aber war, dass der König einen großen Grabhügel über ihren Bruder aufwerfen und Hadvör lebendig zu ihm in den Hügel bringen lassen solle. Der König hielt dies für ein vortreffliches und gerechtes Urteil.

Wir müssen nun zurück zu Olöf. Diese wusste von all diesen Anschlägen der Königin, ging zur Königstochter und erzählte ihr, was man mit ihr vorhabe. Hadvör bat sie hierauf flehentlich, ihr Ratschläge zu geben. Olöf sagte, sie sollte sich vor allem einen weiten kurzen Mantel anfertigen lassen, welchen sie über den anderen Kleidern tragen möge, wenn sie in den Hügel gehe. Der Riese, fuhr sie fort, werde als Gespenst umgehen, wenn sie beide im Hügel beisammen sein würden, und zwei Hunde bei sich haben; er werde sie bitten, ein Stück Fleisch aus ihren Waden zu schneiden, und es den Hunden zu geben; sie solle ihm aber nicht früher versprechen, dies zu tun, bevor er ihr nicht sage, wo Hermod hingekommen sei, und ihr anzeige, wie sie ihn finden könne. Sowie sie aber den Hügel verlassen wolle, und der Riese sie zu diesem Zweck auf seine Schultern steigen lasse, werde dieser versuchen, sie zu betrügen und sie bei dem Mantel ergreifen, um sie wieder in den Hügel zurückzuziehen. Sie möge daher Sorge tragen, dass der Mantel nur lose um ihre Schultern hängt, so dass er dem Riesen allein in der Hand zurückbleibe.

Der Grabhügel war nun fertig geworden. Der Riese wurde hinein gelegt, und Hadvör, ohne dass sie sich verteidigen oder verantworten konnte, mit ihm eingeschlossen. Als sie beide in dem Hügel waren, geschah alles so, wie Olöf gesagt hatte. Dieser Königssohn ging als Gespenst um und wurde der Riese, der er war. Er hatte zwei Hunde bei sich und bat Hadvör, einen Bissen Fleisch für diese aus ihren Waden zu schneiden. Sie aber weigerte sich entschieden, dies zu tun, bevor er ihr nicht gesagt habe, wo Hermod sei, und ihr anzeige, wie sie zu ihm kommen könne.

Der Riese erzählte nun, Hermod befinde sich auf einer öden Insel, welche er bezeichnete; doch könne sie nicht dahin kommen, wenn sie sich nicht die Haut von den Fußsohlen abziehe und sich daraus Schuhe mache; denn mit diesen könne sie über Land und Wasser dahin gehen.

Hadvör tat hierauf, was der Riese von ihr verlangte, schnitt Fleischstücke aus ihren Waden und gab diese den Hunden. Als sie damit fertig war, begann sie sich die Haut an den Fußsohlen abzuziehen, machte Schuhe daraus und sagte zu dem Riesen, dass sie nun fort wolle.

Der Riese entgegnete, sie müsse auf seine Schultern steigen. Dies tat sie auch und sie kam auf diese Weise aus dem Hügel. Bevor sie jedoch denselben ganz verlassen hatte, wurde sie gar heftig rückwärts am Mantel erfasst; sie hatte aber Sorge getragen, dass der nur lose um ihre Schultern lag, und so blieb dem Riesen der Mantel allein zurück, Hadvör aber entkam.

Sie ging nun hinab zur See und dahin, wo sie wusste, dass es von dort nicht weit sei hinaus auf die Insel zu Hermod. Sie kam wohlbehalten über das Meer; denn ihre Schuhe trugen sie darüber. Als sie auf der Insel ans Land ging, sah sie nichts als Sand und hohe Klippen, so dass sie nicht wusste, wie sie in das Innere der Insel kommen könne. Da sie nicht nur hierüber traurig und betrübt, sondern auch von dem weiten Marsche ermüdet war, legte sie sich nieder und schlief ein. Da träumte ihr, dass ein riesengroßes Weib zu ihr kam und zu ihr sagte:

»Ich weiß, dass du Hadvör, die Königstochter, bist und Hermod suchst. Er ist hier auf der Insel; doch wird es schwierig für dich werden, mit ihm zusammen zu kommen, wenn du dir ganz allein überlassen bist; denn du kannst aus eigenen Kräften nicht auf die Klippen hinauf kommen; ich habe deshalb ein Seil oben an dem Felsen befestigt, und dieses wird halten, wenn du dich daran aufziehst, um ins Innere der Insel zu gelangen. Da die Insel groß ist, kann es leicht sein, dass du den Ort, wo Hermod sich aufhält, nicht so bald finden wirst; deshalb lege ich einen Knäuel für dich hierher; du brauchst nur das Ende des Bandes anzufassen, welches daran ist, und der Knäuel wird von selbst vor dir dahinrollen und dir den Weg weisen. Außerdem lege ich noch einen Gürtel für dich hierher; mit diesem sollst du dich umgürten, wenn du erwachst, dann wirst du vom Hunger nicht ermattet werden.«

Hierauf verschwand das Weib; Hadvör aber erwachte und sah, dass alles, was sie geträumt hatte, wahr war: Ein Seil hing von dem Felsen nieder, und neben ihr lagen ein Knäuel und ein Gürtel. Sie legte den Gürtel an, ging zu dem Seile und zog sich an demselben auf den Felsen empor. Hierauf fasste sie das Band, welches aus dem Knäuel heraushing, und dieser rollte nun dahin und blieb erst vor dem Eingang einer nicht allzu großen Höhle liegen.

Hadvör ging in die Höhle hinein und sah darin ein ärmliches Bett; sie kroch unter dasselbe und legte sich hier nieder.

Als es Abend wurde, hörte sie draußen ein Gedröhn und hierauf Fußtritte; da merkte sie, dass der Löwe zu dem Eingang der Höhle gekommen war und sich dort schüttelte; sodann hörte sie, wie ein Mann hinein kam und zu dem Bett ging. Sie erkannte in diesem Mann alsbald Hermod; denn er begann mit sich selbst über seinen Zustand zu sprechen, und erwähnte dabei oft seine Liebe zu Hadvör und anderer Dinge aus früherer Zeit.

Hadvör verhielt sich jedoch ruhig und wollte warten, bis Hermod eingeschlafen wäre; als sie glaubte, dass er in festem Schlaf liege, kroch sie unter dem Bett hervor, zündete vor der Höhle ein Feuer an und verbrannte das Löwengewand, welches Hermod draußen abgelegt hatte. Hierauf ging sie wieder in die Höhle zurück und weckte Hermod. Da gab es ein gar freudiges Wiedersehen zwischen ihnen.

Des Morgens dachten sie an ihre Heimkehr und überlegten ganz besonders, auf welche Weise sie von der Insel fortkommen könnten.

Da erzählte Hadvör dem Hermod von ihrem Traum und sagte, dass es wohl jemand auf der Insel geben müsse, der ihnen helfen könne.

Hermod entgegnete, er wisse nur, dass sich ein Riesenweib auf der Insel aufhalte; dasselbe sei die vollständigste Treuriesin und der beste Schutzgeist, und es gelte nun vor allem, dieses Wesen aufzusuchen.

Sie suchten hierauf die Höhle der Riesin und fanden sie auch; sie sahen in derselben ein erschrecklich großes Riesenweib mit fünfzehn jungen Söhnen und baten es, ihnen behilflich zu sein, dass sie von der Insel ans Festland kommen könnten.

Die Riesin sagte, dass etwas anderes leichter zu veranstalten wäre; denn der Hügelbewohner, bei welchem Hadvör gewesen sei, werde trachten, ihnen Hindernisse in den Weg zu legen; er sei zu einem großen, fürchterlichen Walfisch geworden, und er wolle sie ums Leben bringen, während sie ans Land führen. Die Riesin sagte jedoch, sie werde ihnen ein Schiff borgen; und wenn sie des Walfisches ansichtig und glauben würden, dass ihr Leben in Gefahr sei, so möchten sie ihren Namen rufen.

Hermod und Hadvör dankten der Riesin mit vielen und schönen Worten für ihre Hilfe und ihren guten Rat und segelten von der Insel ab. Bald aber sahen sie einen Walfisch, der gewaltig im

Wasser herumschlug und unter mächtigem Brausen der Wogen auf sie zu schwamm. Da wussten sie, woran sie jetzt waren, und hielten dafür, dass sie es wohl niemals nötiger hätten, den Namen der Riesin zu rufen, als jetzt; und dies taten sie denn auch.

Gleich darauf sahen sie hinter sich einen ungeheuer großen Walfisch heranschwimmen, dem fünfzehn kleine Wale folgten. Dieser ganze Haufen schwamm eiligst dem Schiffe, in welchem Hermod und Hadvör waren, vor und auf den anderen großen Walfisch los. Dann gab es einen harten Kampf und die See wurde so unruhig, dass das Boot nur mit Mühe und Not gegen die Sturzwellen geschützt werden konnte.

Nachdem dieser Kampf eine gute Weile gedauert hatte, sahen Hermod und Hadvör, dass die See ganz blutig wurde, und hierauf verschwand der eine Walfisch mit den fünfzehn kleineren Walen, und sie kamen wohlbehalten ans Land.

Wir müssen jetzt zurück ins Königsschloss. Dort hatten sich seltsame Dinge ereignet: Die Königin und ihre Tochter verschwanden, aber eine Ratte und eine Maus lagen dort im beständigen Kampf miteinander. Viele wollten diese ekelhaften Tiere fortjagen, aber niemand brachte es zustande.

Es verging so einige Zeit, und der König war ganz niedergedrückt von Kummer und Trauer wegen des Verschwindens seiner Königin, und weil die beiden widerlichen Tiere alle Freude im Schlosse verhinderten.

Eines Abends, als alle wieder niedergeschlagen in der Halle saßen, trat Hermod hinein, umgürtete sich mit einem Schwert und begrüßte den König. Dieser empfing ihn mit unbeschreiblicher Freude und glaubte, ihn von den Toten zurückerhalten zu haben.

Bevor aber Hermod sich setzte, ging er dahin, wo die Ratte und die Maus miteinander kämpften und hieb die Tiere mit seinem Schwert in Stücke. Nun waren alle höchst erstaunt, als sie sahen, dass zwei Unholdinnen tot auf dem Boden der Halle lagen, und sie verbrannten dieselben sogleich zu kalter Kohle.

Hierauf erzählte Hermod dem König alle seine Schicksale, und der war sehr erfreut, dass er von diesen Ungeheuern befreit worden war.

Hermod hielt nun um Hadvörs Hand an und der König gab sie ihm mit Freuden. Sie hielten Hochzeit, und da der König bereits alt geworden war, übertrug er die Regierung des Reiches dem Hermod.

Olöf aber vermählte sich mit einem vornehmen Manne des Reiches und sie alle

Lebten lange und glücklich,
Hatten Kinder und Kindeskinder,
Gruben Wurzeln und Kräuter
Und nun weiß ich die Geschichte nicht mehr weiter.

DER HULDREKÖNIG
AUF SELÖ

ines Sommers waren einige Leute, wie sie zu tun pflegten, zum Fischen auf Selö im Reydarfjord. Und es traf sich, als der getrocknete Fisch ans Land gebracht wurde, dass ein, großer Teil der Fische des Pfarrers von Holme in der Fischbude zurückblieb. Das Wetter verschlechterte sich in dem Maße, dass man an die Fische nicht herankonnte, bis im Herbst wieder gutes Seewetter wurde. Da zogen sie hinaus, um sie zu holen und begannen sofort, die Fische aus der Hütte ins Boot zu tragen. Die Bootsleute sagten, sie würden gern nach der anderen Seite der Insel gehen, um nachzusehen, ob etwas ans Land getrieben sei. Einer von ihnen erklärte sich bereit zu gehen, während die anderen die Fische hinuntertrugen. Er ging also, und die anderen trugen die Beute in das Boot. Plötzlich stieg das Wasser so gewaltig,

dass es ihnen nur mit knapper Not gelang, die Fische in das Boot zu schleppen. Sie schifften sich alle ein und warteten eine Weile auf den Abwesenden; als er aber kam, war es der Brandung wegen unmöglich, ihn ins Boot zu ziehen; da riefen sie ihm zu, dass er nun dableiben müsste, sie würden ihn aber am nächsten Tag holen, wenn Seewetter wäre. Sie glaubten wohl, dass es am besten sei, an ihr eigenes Leben zu denken, und steuerten dem Lande zu; er aber blieb hilflos zurück.

Es stellten sich Tauschnee und Windstille ein, und der Mann ging deshalb nach der Fischerhütte, ohne einen Ausweg zu wissen, und dort blieb er bis zum Abend. Da begann er zu verzweifeln und dachte, es läge ihm näher, sich das Leben zu nehmen, als dort hungers zu sterben, und er lief aus der Hütte hinaus. Da entdeckte er einen freundlichen Stern; er glaubte aber, dass es in dieser wolkenschwarzen Nacht kein Himmelsstern sein könnte, und als er anfing, genauer hinzusehen, schien er ihm einem Licht in einem Fenster zu ähneln. Er lief eine kleine Weile, bis er an ein Haus kam, das so prächtig war, dass es einer Königshalle glich. Er hörte, wie drinnen gesagt wurde:

»Ja, Mädchen, kein andrer als der unglückliche Mensch, der heute auf der Insel zurückgelassen worden ist, ist an das Haus gekommen; gehe hinaus und hole ihn; denn ich will nicht, dass er vor meiner Tür stirbt.«

In demselben Augenblick trat ein junges Mädchen zu ihm; sie führte ihn hinein und sagte ihm, dass er seine Schneekleider ablegen solle. Dann führte sie ihn eine sehr hohe Treppe hinauf, in einen sehr schönen Saal, der mit Gold und Edelgestein geschmückt war. Da sah er viele Frauen, und eine unter ihnen war die schönste von allen. Er begrüßte sie mit Anstand, und sie erwiderten seinen Gruß. Da erhob sich die schöne Jungfrau und geleitete ihn in eine kleine, aber hübsche Kammer, setzte ihm Wein und Nahrung vor und ging dann wieder fort. Es wird nicht erzählt, wo ihm abends sein Schlaflager angewiesen wurde. Die Nacht verging also; aber am nächsten Morgen kam die

Jungfrau zu ihm und sagte, dass sie nicht zu seinem Vergnügen dort bleiben dürfe, gab ihm aber sonst alles, was zu seinem Zeitvertreib dienen konnte.

So verging der Winter bis Weihnachten. Am Heiligabend kam die schöne Jungfrau zu ihm und sagte, wenn er glaube, dass sie ihm etwas Gutes erwiesen hätte, dann müsste er ihr eine Bitte gewähren und sie ihr nicht abschlagen, nämlich dass er, wenn am nächsten Tage eine Tanzbelustigung abgehalten würde und ihr Vater sie rufen ließe, um sich das Spiel anzusehen, nicht neugierig sein und zum Fenster hinaus sehen dürfe; denn sie würde ihm genug bringen, damit er sich hier drin zerstreuen könne. Er, versprach ihr, dass er nicht neugierig sein würde. Am ersten Feiertag morgens brachte sie ihm Wein und was sonst zu seiner Nahrung dienen konnte, bot ihm Lebewohl und ging ihres Weges.

Aber gleich darauf hörte er Gesang und Saitenspiel. Da dachte er bei sich, was für eine große Freude dort wohl herrsche, und dass es gewiss nichts schaden könnte, wenn er einen Augenblick hinauslugte; es brauchte ja niemand zu sehen.

Da kletterte er in die Höhe, um den Tanz sehen zu können, und als er hinausblickte, sah er eine große Menge Menschen; einige tanzten, andere führten allerlei Saitenspiel aus, und mitten im Gedränge sah er einen königlichen Mann sitzen, eine Krone auf dem Haupt und eine Frau zu jeder Seite. Er dachte, das müssten die Königin und die Tochter des Königs sein; diese aber erkannte er wieder. Er wagte nun nicht länger, hinauszusehen und ging vom Fenster fort. Der Tanz dauerte bis zum Abend.

Als die Jungfrau aber dann zu ihm hereinkam, war sie wider ihre Gewohnheit schweigsam; jedoch sagte sie ihm, dass er sein Versprechen, nicht hinauszusehen, schlecht gehalten habe, obgleich sie es so habe einrichten können, dass ihr Vater es diesmal nicht gemerkt habe.

Es ging nun auf Neujahr, ohne dass etwas geschah.

In der Silvesternacht kam die Jungfrau zu ihm und sagte, dass sie am nächsten Tage mit ihrem Vater hinginge, um sich den

Tanz anzusehen, und dass er ihr gegenüber sein Wort besser halten müsste, als er es zu Weihnachten getan habe, und nicht neugierig sein dürfe. Er versprach nun bei allem, was ihm heilig war, dass er diesmal nicht hinausblicken würde. Sie brachte ihm wieder Wein und Nahrung und allerlei Zeitvertreib und ging fort.

Als es aber Morgen geworden war, hörte er noch mehr Lärm und Freude draußen als zu Weihnachten. Da sagte er sich, dass er jetzt nicht hinaussehen wolle, denn es wäre ja dasselbe wie zu Weihnachten, und viel verstrich vom Tage, während er ruhig dasaß. Da begann ihn aber die Neugierde zu quälen – so gar nichts von der großen Freude zu erfahren, – und er spähte hinaus und sah, dass der Tanz viel reizvoller als das vorige Mal war, denn es tanzten viele strahlende Ritter vor der Königin und dem König. Da zog er sich eiligst vom Fenster zurück, sah aber, dass niemand das Auge nach seinem Fenster wandte, und so ging es bis zum Abend. Als die Jungfrau aber am Abend zu ihm kam, war sie aufgebracht und machte ihm Vorwürfe, dass er sie abermals getäuscht hätte. Trotzdem trübte dies das Verhältnis zwischen ihnen nicht; denn sie war ihm genau so gut wie vordem.

Der Winter verstrich, und so ging es auf Ostern. Am Osterheiligabend kam die Jungfrau zu ihm, sprach ihn freundlich an und bat ihn, am nächsten Tag ja nicht neugierig zu sein, auch wenn er hören sollte, dass die Freude groß wäre; denn wenn ihr Vater merke, dass sie ein männliches Wesen bei sich hätte, dann würde es sie das Leben kosten. Am Ostermorgen kam sie zu ihm und brachte ihm alles, was er sich nur hätte wünschen können, bot ihm Lebewohl und verließ ihn dann. Die Belustigung begann wieder wie zuvor. Aber als der Tag verging, begann die Einsamkeit ihn zu langweilen, und er ging aus seiner Kammer in die daneben liegende hinein; denn er dachte, die Jungfrau würde es nicht merken, wenn er von dort aus hinauslugte. Einen Augenblick spähte er hinaus und sah dasselbe wie zu Neujahr. Dann ging er in seine Kammer und blieb dort, bis die Jungfrau abends hereinkam. Da war sie unwillig gegen ihn und sagte, dass er sie heute im Stich gelassen hätte wie das vorige Mal; sie wüsste nicht, ob ihr Vater Wind von seinem Aufenthalt bekommen hätte, aber kühler wäre er gegen sie gewesen als er zu sein pflegte; sie hätte nicht er wartet, dass er ihr so untreu sein würde, und er werde es wohl später in anderen Dingen auch sein. Der Frühling näherte sich, und am letzten Winterabend kam die Jungfrau zu ihm und sagte, dass morgen der erste Sommertag wäre, und dass dann Leute vom Festland kämen, um ihn zu holen, weshalb er in der Frühe nach der Fischerhütte gehen sollte; aber um eins wollte sie ihn bitten, wenn er Wert darauf lege, dass sie ihm das Leben während des Winters erhalten hätte; und das sei, dass er das Kind anerkennen solle, das sie jetzt durch ihn erwarte; denn es gehe um ihr Leben, und wenn sie den Vater nicht angeben könne, dann würde ihr Vater sie töten. Aber wenn sie den Vater nennen könne, dann würde er sie nicht töten, und sie bitte ihn nun um weiter nichts, als dass er sich ihr gegenüber in dieser Angelegenheit treu erweisen solle. Das versprach er ihr, und er sagte, es werde nie geschehen, dass er leugne, der Vater des Kindes zu sein. Es koste ihn ja nichts, da er keine Ungelegenheit davon hätte. Er sagte ihr dann Lebewohl und dankte ihr für alle ihre Wohltaten gegen ihn während des Winters, und früh am nächsten Morgen machte er sich auf den Weg, und als er ein kleines Stück gegangen war, wollte er sich nach der Halle umsehen, aber er sah weiter nichts als steinige Hügel und Felsen am südlichen Teil der Insel; dann ging er nach der Fischerhütte.

An diesem Tage war mildes Wetter und die See ruhig, und als der Tag etwas verstrichen war, sah er ein Boot vom Lande herkommen; als die Bootsleute aber an die Insel gekommen waren, ging er ihnen entgegen. Als sie ihn erblickten, fürchteten sie sich, denn er war sehr dick und fett, und sie glaubten deshalb, dass es sein Geist sei; denn sie dachten nicht anders, als dass er im Winter gestorben wäre; und niemand wagte, ihn anzusprechen, viel weniger, zu ihm ans Land zu kommen. Schließlich aber stieg der Bootsführer doch ans Land und fragte ihn, ob er ein lebendiger Mensch sei oder ein Geist, oder ob er derselbe sei, der im Herbst auf der Insel zurückgeblieben wäre. Er sagte, dass er derselbe Mann wie im Herbst sei, als sie ihn dort zurückgelassen hätten; Der andere aber sagte, dass er nicht verstehen könne, wie er so lange ohne Nahrung hätte leben können. Der Inselmann sagte, dass der Seetang auf Selö keine schlechtere Nahrung sei als die Wassergrütze auf Holme. Mehr wollte er ihnen nicht erzählen; er stieg aber zu ihnen in das Boot, und sie ruderten ihn zurück nach Holme. Die meisten wunderten sich, ihn lebendig zurückkommen zu sehen, und viele Fragen wurden ihm gestellt, wie er den Winter über hätte leben können, niemand aber bekam mehr von ihm zu wissen als jene auf der Insel von ihm erfahren hatten.

Spät im Sommer war es eines Sonntags schönes Wetter, und es kamen viele Leute zur Kirche, und an diesem Tage wollte auch der Knecht dorthin. Als aber der Pfarrer und die ganze Gemeinde in die Kirche gekommen waren, stand eine Kinderwiege neben dem Altar, ehe man es sich versah, und eine golddurchwirkte Decke war über das Kind gebreitet, aber kein Mensch war zu sehen, nur sah man, dass eine schöne Frauenhand auf dem Rand der Wiege ruhte; alle wunderten sich hierüber und sahen sich an; der Pfarrer aber nahm das Wort und sagte, dass dies Kind getauft werden wolle, und dass es wohl nicht irrig wäre, dass irgendjemand in der Kirche in Beziehung zu ihm stehe, und am ehesten glaube er von seinem Knecht, dass er es im Frühjahr auf Selö zurückgelassen habe; der Knecht aber bestritt, etwas davon zu wissen. Da sagte der Pfarrer, er wolle es mit dem Namen des Knechts taufen, der aber leugnete wieder und sagte, dass er nichts mit der Sache zu tun hätte. Der Pfarrer erwiderte, dass er doch nicht ohne Menschenhilfe auf der Insel hätte leben können; der Knecht aber sagte, dass er das Kind nie anerkennen würde und verbot dem Pfarrer, es mit seinem Namen zu taufen.

Da wurde die Wiege fortgerissen und verschwand in demselben Augenblick, und zugleich ertönte heftiges Weinen, das sich allmählich aus der Kirche verlor. Der Pfarrer und die anderen gingen ihm aus der Kirche nach. Da hörten sie das Weinen und das Schluchzen in der Richtung nach dem See verschwinden, die Decke aber lag auf dem Boden der Kirche und wurde auf Holme noch lange nach dieser Zeit benutzt.

Alle wunderten sich über das Geschehene, am tiefsten jedoch war der Pfarrer davon ergriffen. Der Knecht aber verfiel später in Tiefsinn. Der Pfarrer fragte ihn, wie das denn käme, und dann erzählte er ihm alles, dass er den Winter über bei einem König und seiner Tochter gewohnt hätte, und dass es ihn sein Leben lang gereuen würde, dass er das Kind nicht anerkannt habe.

Der Knecht war von diesem Tage an nicht mehr derselbe, und hiermit endet die Erzählung von dem Huldrekönig auf Selö.

DIE ALFKÖNIGIN

 in Bauer wohnte auf einem Hof, oben zwischen den Bergen, nirgends aber wird erwähnt, wie er oder der Hof hießen. Der Bauer war unverheiratet, hatte aber eine Hausmeisterin, die Hildur hieß, von deren Geschlecht man nichts wusste. Sie stand dem inneren Hausstand vor und war flink in allen Dingen. Sie war beim Gesinde des Hofes beliebt, und bei dem Bauern auch, aber es war nie zu merken, dass das Verhältnis zwischen ihnen die Grenzen der Schicklichkeit überschritt. Sie war aber auch eine gesetzte Frau, ziemlich in sich gekehrt, doch freundlich im Verkehr.

Die häuslichen Verhältnisse des Bauern waren sehr gut, mit Ausnahme des Umstandes, dass es ihm schwer fiel, einen Hirten zu finden; er war aber ein reicher Schafbauer und glaubte, sein Haus verlöre den Grundstein, wenn der Hirt fehle. Das kam nun weder davon, dass der Bauer streng gegen seine Hirten war, noch davon, dass die Hausmeisterin es an dem fehlen ließ, was zu ihrem Gebiet gehörte. Der Grund, dass sie nicht einig werden konnten, war vielmehr der, dass die Hirten nie alt im Dienst wurden und am ersten Weihnachtsfeiertag stets tot in ihrem Bett aufgefunden wurden.

In jenen Zeiten war es im ganzen Land Sitte, am Heiligabend Gottesdienst abzuhalten, und es wurde für ebenso feierlich gehalten, dann zur Kirche zu fahren, wie am ersten Feiertag selbst. Aber auf Gebirgshöfen, die weit von der Kirche entfernt lagen, war es für diejenigen, die sich der Verhältnisse wegen nicht eher bereit machen konnten, das Haus zu verlassen, bis der Stern zwischen Morgen und Mittag stand, keine Kleinigkeit, zum Gottesdienst zu kommen, und es war üblich, dass die Hirten bei diesem Bauern nicht früher nach Hause kamen. Wohl brauchten sie nicht den Hof zu hüten, wie es Sitte war, dass es einer oder der andere in der Weihnachts- und Silvesternacht tat, während die übrigen Leute des Hofes in der Kirche waren; denn seit Hildur zu dem Bauern gekommen war, hatte sie sich stets von selbst dazu erboten, während sie gleichzeitig besorgte, was zum Fest in Ordnung gebracht werden musste: Essen kochen und anderes, was dazu gehört, und sie wachte immer bis spät in die Nacht, so dass die Kirchgänger zuweilen zurückgekommen, zu Bett gegangen und eingeschlafen waren, ehe sie zu Bett ging. Als es eine Zeitlang so gegangen war, dass die Hirten des Bauern alle plötzlich in der heiligen Nacht gestorben waren, fing man an, in den Ortschaften darüber zu sprechen, und es fiel deshalb dem Bauern sehr schwer, jemanden für diese Arbeit zu dingen, und je mehr starben, desto schwerer wurde es. Weder auf ihn, noch auf sein Gesinde fiel der Verdacht, dass sie den Tod der Hirten verschuldet hätten, da sie alle gestorben waren, ohne dass eine

Wunde an ihnen zu sehen war. Schließlich sagte der Bauer, dass er es nicht mehr über sein Gewissen bringen könnte, Hirten zu dingen, die den sicheren Tod zu erwarten hätten, und dass nun das Schicksal darüber bestimmen möge, wie es mit seinem Viehstand und Wohlstand würde.

Als der Bauer sich hierfür entschieden hatte, und fest entschlossen war, niemand zu diesem Zweck zu dingen, kam einmal ein flinker und kräftiger Mann und bot ihm seinen Dienst an. Der Bauer sagte: »So nötig habe ich deinen Dienst nicht, dass ich dich annehmen muss.« Der Fremde fragte: »Hast du einen Hirten für den nächsten Winter gedungen?« Der Bauer erwiderte: »Nein« und sagte, dass er sich entschlossen hätte, für die Folge niemand zu dingen, »und du hast wohl gehört, wie unglücklich es bisher meinen Hirten ergangen ist.« – »Gehört habe ich davon«, sagte der Fremde, »aber ihr Schicksal soll mir keine Furcht einjagen.« Da gab der Bauer nach, weil der andere ihn so eindringlich bat, und nahm ihn als Schafhirten in seinen Dienst. Nun verstrich eine Zeit; der Bauer und der Hirt waren sehr zufrieden miteinander, und dieser war bei allen gern gesehen, denn er war ein Mann von gutem Betragen, keck und ausdauernd in all seinem Vorhaben.

Es geschah nichts, bis Weihnachten kam; da ging es wie immer: Der Bauer zog am Heiligabend mit seinen Leuten zur Kirche, nur seine Hausmeisterin blieb im Hause zurück, und der Hirt blieb beim Vieh; der Bauer zog also fort und ließ die beiden allein zurück. Es ging auf Abend, ehe der Hirt wie gewöhnlich nach Hause kam; er aß seine Grütze und ging dann zur Ruhe. Da fiel ihm ein, dass es vielleicht sicherer für ihn wäre, wach zu bleiben als zu schlafen, falls etwas passierte, obgleich er keine Furcht hegte, und deshalb blieb er wach liegen. Als der größte Teil der Nacht vergangen war, hörte er die Kirchgänger kommen; sie bekamen einen Bissen zu essen und gingen dann zu Bett. Noch merkte er nichts, als er aber glaubte, dass alle eingeschlafen wären, fühlte er, dass seine Kräfte zu schwinden begannen, was nicht weiter merkwürdig war, so müde, wie er nach des Tages Mühe war.

Er glaubte, es wäre schlimm mit ihm bestellt, wenn ihn jetzt der Schlaf übermannte, und er bot darum all seine Willenskraft auf, um sich wach zu erhalten. Es verging nun keine lange Zeit, bis er jemand an sein Bett treten hörte, und er glaubte zu sehen, dass es die Hausmeisterin Hildur sei, die hier ihr Wesen triebe. Er stellte sich, als schliefe er ganz fest und merkte, dass sie ihm etwas in den Mund steckte. Das war, wie er fühlte, ein Zaum für den Hexenritt, und er ließ sich ruhig aufzäumen. Als sie ihm das Zaumzeug angelegt hatte, befestigte sie die Zügel, wie es ihr am bequemsten war, setzte sich auf seinen Rücken und ritt in sausender Eile fort, bis sie, wie ihm schien, an einen Graben oder eine Spalte in der Erde kam. Da sprang sie von ihm herab, auf einen Stein, und ließ die Zügel hängen, worauf sie vor seinen Augen in der Spalte verschwand. Der Hirt fand, es sei schlimm und wenig aufklärend, wenn Hildur solchermaßen vor ihm verschwände, ohne dass er wüsste, was aus ihr geworden sei; er merkte aber, dass er mit angelegtem Zaum nicht weit käme, so viel Zauberei steckte darin. Er nahm deshalb den Ausweg, dass er den Kopf an dem erwähnten Stein rieb, bis er sich das Zaumzeug abgescheuert hatte, und dann ließ er es liegen. Dann warf er sich in die Spalte, in die sie vor ihm gesprungen war.

Es schien ihm, dass er noch nicht weit in die Spalte hinunter gekommen war, als er Hildur wieder erblickte; sie war auf einigen schönen Wiesen angelangt, über welche sie bald den Weg zurückgelegt hatte. Nach all diesem konnte er wohl begreifen, dass es mit Hildur nicht richtig zuging, und dass sie sicher mehr Kniffe unter ihrem Pelz verbarg als man ihr ansehen konnte, wenn sie oben auf der Erde unter den Menschen weilte. Auch das konnte er verstehen, dass sie ihn bald erblicken würde, wenn er auf der Wiese hinter ihr herging. Er nahm deshalb einen Stein, der ihn unsichtbar machte, aus seiner Tasche und verbarg ihn in der linken Hand, lief dann hinter ihr her und be-

eilte sich, so sehr er konnte. Als er weiter auf die Wiese gekommen war, sah er eine große und prächtige Halle, und Hildur
folgte dem Weg, der zu ihr hinführte. Er sah eine große Schar
von Menschen aus der Halle ihr entgegenkommen; zuerst, an
der Spitze, ging ein Mann, der am prächtigsten von allen gekleidet war, und es schien dem Hirten, als begrüße dieser seine
Frau, als Hildur kam, und hieße sie willkommen; die anderen
aber, die im Gefolge des Häuptlings waren, begrüßten sie fröhlich als ihre Königin. Mit dem Häuptling zogen Hildur zwei
halberwachsene Kinder entgegen, und mit heller Freude begrüßten sie ihre Mutter. Als die ganze Menge der Königin ihre
Huldigung dargebracht hatte, begleiteten alle sie und den König nach der Halle, und dort bereitete man ihr einen ehrenvol-
len Empfang, kleidete sie in königliche Gewänder und streifte
ihr goldene Ringe auf den Arm. Der Hirt folgte der Menge
nach der Halle, hielt sich aber die ganze Zeit dort auf, wo am
wenigsten Leute waren, wenn auch derart, dass er alles, was
vorging, sehen konnte. In der Halle sah er so viel Pracht und
Glanz, dass er Ähnliches nie geschaut hatte. Tische wurden her-
vorgeholt und gedeckt, und er wunderte sich über all die Herrlichkeit. Nach einer Weile sah er Hildur in die Halle eintreten,
in das prächtige Gewand gekleidet, von dem vorher die Rede
gewesen ist. Jedem wurde sein Platz angewiesen; Königin Hildur nahm den Ehrensitz neben dem König ein; das ganze Gefolge aber nahm zu beiden Seiten Platz, und die Mahlzeit dauerte nun eine Weile. Dann wurden die Tische wieder abge-
deckt, worauf die Männer und die Jungfrauen, so viele dazu
Lust hatten, zum Tanz antraten, während andere Vergnügun-
gen wählten, die mehr nach ihrem Sinn waren; der König und
die Königin aber saßen da und sprachen miteinander, und ihr
Gespräch schien dem Hirten sowohl mit Freude wie mit Kummer vermischt zu sein.

Während des Gespräches des Königs mit der Königin kamen
drei Kinder, die jünger waren als die vorher erwähnten, zu ih-

nen herein und äußerten ebenfalls ihre Freude darüber, dass sie ihre Mutter wiedersahen. Königin Hildur erwiderte ihren Gruß liebevoll, nahm das jüngste Kind auf den Schoß und streichelte es, es war aber schlecht gelaunt und unruhig. Die Königin ließ dann das Kind herunter, streifte einen Ring vom Finger und gab ihn ihm zum Spielen. Da wurde das Kind still und spielte eine Weile mit dem Gold, verlor den Ring aber schließlich auf dem Boden. Der Hirt stand in der Nähe, beeilte sich und erhaschte den Ring, als er zu Boden fiel, steckte ihn zu sich und verbarg ihn gut, ohne das es jemand merkte; es schien aber allen merkwürdig, dass der Ring nirgends zu finden war, als man nach ihm suchte. Als die Nacht zum größten Teil verflossen war, begann Königin Hildur, sich zum Fortgang zu rüsten, aber alle, die in der Halle waren, baten sie, noch länger zu verweilen, und waren sehr traurig, als sie sahen, dass sie fortziehen wollte.

Der Hirt hatte beobachtet, dass an einer Stelle in der Halle ein uraltes Weib saß, das entsetzlich anzusehen war; sie war die einzige von allen, die sich weder über die Ankunft der Königin Hildur gefreut hatte, noch sie bat, zu bleiben, als sie fortziehen wollte. Als der König die Wanderlust Hildurs sah und dass sie sich nicht zum Bleiben überreden ließ, weder durch seine noch durch anderer Bitten, ging er zu dem Weib und sagte: »Nimm nun deine Flüche zurück, Mutter, und erhöre meine Bitten, so dass meine Königin mir nicht mehr fern zu sein braucht und meine Freude über unsere Zusammenkünfte von so kurzer Dauer ist, wie sie es jetzt war.« Das alte Weib antwortete ihm voller Zorn: »All meine Flüche sollen bestehen bleiben, und nichts soll mich erweichen, sie zu widerrufen.« Der König schwieg dazu und ging voller Kummer zu seiner Königin, legte ihr den Arm um den Hals und küsste sie und bat sie noch einmal mit sanften Worten, doch nicht fortzuziehen. Die Königin sagt, dass die Flüche seiner Mutter ihr verböten, anders zu handeln; sie äußerte, es wäre nur wenig Wahrscheinlichkeit dafür da, dass sie sich häufiger sehen könnten, des Schicksals wegen, das über sie verhängt wäre, und dass die Tötungen, die ihretwegen geschehen wären, und deren es nun so viele geworden seien, nicht länger verborgen bleiben konnten, und dass sie deshalb die wohlverdiente Strafe für ihre Taten erleiden müsste, obgleich sie sie ungern verübt hätte.

Während sie in diese Klagen ausbrach, entfernte sich der Hirt aus der Halle, als er sah, wie die Dinge standen; er ging geradeswegs über die Wiese nach der Spalte und wieder hinauf auf den Weg. Dann versteckte er den Zauberstein, zäumte sich wieder auf und wartete, bis Hildur kam. Nach Verlauf einer kurzen Zeit kam Königin Hildur allein und mit trauriger Miene; sie setzte sich auf seinen Rücken und ritt nach Hause. Als sie dort angekommen waren, legte sie ihn wieder in sein Bett, zäumte ihn ab, ging darauf selbst zu Bett und begann zu schlafen. Obgleich der Hirt die ganze Zeit über hellwach gewesen war, stellte er sich doch schlafend, damit Hildur nichts merken sollte. Als sie aber zu Bett gegangen war, machte er sich nichts mehr daraus, vorsichtig zu sein; er verfiel in tiefen Schlaf und schlief, wie zu erwarten war, bis weit in den Tag hinein.

Am nächsten Morgen stieg der Bauer von allen auf dem Hof zuerst aus dem Bett; denn es lag ihm am Herzen, seinen Schafhirten zu sehen, er erwartete aber statt der Weihnachtsfreude den Kummer, ihn tot in seinem Bett zu finden, so wie es früher geschehen war. Während der Bauer sich anzog, erwachten die übrigen Leute des Hofes und zogen sich ebenfalls an, der Bauer aber ging an das Bett des Hirten und berührte ihn mit der Hand. Da merkte er, dass er am Leben war, und war froh darüber und pries Gott In hohen Tönen ob dieser Gnade. Da erwachte der Hirt frisch und munter und zog sich an. Währenddessen fragte ihn der Bauer, ob etwas Neues während der Nacht passiert sei. Der Schafhirt erwiderte: »Nein, aber einen sehr merkwürdigen Traum habe ich gehabt.«

»Wie ist denn der Traum gewesen?«, fragte der Bauer. Da begann der Hirt seinen Bericht von dem Augenblick an, von dem wir erzählt haben, dass Hildur an sein Bett getreten war und ihn aufgezäumt hatte, und dann gab er jedes Wort und jedes Ereignis so genau wieder, wie er sich daran erinnern konnte. Als er mit seiner Erzählung fertig war, saßen alle schweigend da, außer Hildur, die sagte: »Alles, was du gesagt hast, ist gelogen, wenn du nicht durch deutliche Zeichen beweisen kannst, dass es so zugegangen ist, wie du erzählst.« Der Hirt ließ sich dadurch nicht in Verlegenheit bringen, sondern holte den Ring hervor, den er nachts vom Erdboden im Alfheim aufgenommen hatte, und sagte: »Wenn ich es auch nicht für meine Pflicht halte, eine Traumsage mit Zeichen zu beweisen, so trifft es sich doch so glücklich, dass ich einen klaren Beleg dafür, habe, dass ich in dieser Nacht bei den Huldren gewesen bin; oder ist das nicht dein Fingerring, Königin Hildur?« Hildur antwortete: »So ist es, und Gott segne dich dafür, dass du mich aus der Sklaverei befreit hast, die mir meine Schwiegermutter auferlegt hat; nur ungern habe ich alle die Missetaten begangen, die sie mir geboten hat.« Königin Hildur fing dann, ihre Geschichte also an:

»Ich war eine Huldrejungfrau aus geringem Geschlecht, aber der, der jetzt König über das Alfheim ist, wurde von Liebe zu mir erfasst und, obgleich es sehr gegen den Willen seiner Mutter war, nahm er mich zur Frau. Da wurde meine Schwiegermutter so zornig, dass sie ihrem Sohn versprach, dass er nur kurze Freude an mir haben solle, jedoch würde es uns gestattet sein, uns ab und zu zu sehen. Mir aber erlegte sie auf, dass ich Sklavin unter den Menschen werden sollte, und damit war das Unglück verbunden, dass ich jedesmal zu Weihnachten den Tod eines Menschen verursachen sollte, dergestalt, dass ich, während ich schlief, ihn aufzäumen und auf ihm denselben Weg reiten sollte, den ich diese Nacht auf dem Hirten geritten bin, um den König zu besuchen; und dies sollte solange währen, bis ich dieser Bosheit überführt und deswegen getötet würde, wenn ich nicht einen so kecken und mutigen Mann fände, dass er mir nach Alfheim zu folgen wagte und dann beweisen könnte, dass er dorthin gekommen wäre und gesehen hätte, womit die Leute sich dort beschäftigten. Nun ist klar, dass sämtliche früheren Hirten des Bauern um meinetwillen den Tod gefunden haben, seit ich hergekommen bin, und ich hoffe, dass man mir nicht anrechnen wird, was gegen meinen freien Willen geschehen ist; denn niemand hat den unterirdischen Weg gefunden und ist aus Neugierde in die Wohnstätte der Huldren eingedrungen, vor diesem mutigen Mann, der mich nun aus meiner Sklaverei und von meinem Fluch erlöst hat, und ich werde ihn dafür belohnen, wenn es auch nicht gleich geschieht. Jetzt kann ich nicht länger hier bleiben, habt Dank für die Güte, die ihr mir erwiesen habt, aber die Sehnsucht zieht mich nach meinem Heim.«

Nachdem sie so gesprochen hatte, verschwand Königin Hildur, und später sah man sie nie wieder unter den Menschen.

Von dem Schafhirten aber wird erzählt, dass er sich verheiratete und im nächsten Frühjahr einen Hausstand gründete. Das konnte er auch, denn erstens zeigte sich der Bauer freigebig ihm gegenüber, als er aus seinem Dienst zog, und dann war er auch selbst nicht ohne Vermögen. Er wurde seiner Gegend von sehr großem Nutzen, und stets wandte man sich an ihn um Rat und Hilfe; so beliebt aber war er und so glücklich, dass die Leute nicht recht begreifen konnten, wie es zuging, und glaubten, bei ihm hätte jedes Tier zwei Köpfe.

Er aber sagte, dass er Königin Hildur für seinen ganzen Wohlstand zu danken habe.

inmal zog ein junger Mann von den Südlandsge-
genden nach dem Nordland, um Erntearbeit zu
verrichten. Als er nordwärts nach den Heiden gekommen war, überfiel ihn ein dichter Nebel, und
er verlor den Weg. Es kam Schneetreiben und Kälte. Der Mann
machte daher Halt und schlug sich ein Zelt auf. Als er dann seine Wegzehrung hervorholte und zu essen begann, kam ein sehr
verwahrloster und verhungerter, roter Hund in das Zelt hinein.
Der Südländer wunderte sich, dass ein Hund an einem Ort zu
ihm kam, an dem er nicht erwartet hatte, ein Tier zu sehen. Der
Hund war so hässlich und sonderbar, dass ihm ganz angst wurde; nichtdestoweniger gab er ihm so viel zu fressen, wie er wollte. Der Hund fraß gierig, lief dann fort und verschwand draußen im Nebel. Der Mann kümmerte sich nicht weiter um ihn,
und als er seine Mahlzeit beendet hatte, legte er sich schlafen,
den Sattel unter dem Kopf.

Er schlief nun ein und träumte, dass eine Frau zu ihm in das
Zelt träte. Sie war hochgewachsen und ziemlich bejahrt. Sie
sagte: »Ich danke dir, junger Mann, meiner Tochter wegen,
aber dich zu belohnen, wie du es verdient hast, steht nicht in
meiner Macht; jedoch will ich, dass du diese alte Sense an-
nimmst, die ich hier unter deinen Sattel lege. Ich hoffe, dass sie
dir von Nutzen sein wird, und sie wird stets gleich gut schneiden, wohin sie auch trifft. Nie darfst du sie im Feuer glühen;
denn dann taugt sie nichts mehr; sollte es dir aber nötig erscheinen, so darfst du sie gern an einem Stein wetzen.« Darauf verschwand die Frau.

Der Ernteknecht erwachte aus seinem Schlaf und sah, dass
sich der Nebel gelichtet hatte, und dass es heller Tag war. Die
Sonne stand hoch am Himmel. Das Erste, was der Mann zu tun
hatte, war, seine Pferde zu sammeln und sich zum Aufbruch zu
rüsten. Darauf band er das Zelt zusammen und packte es auf die

Pferde; als er aber seinen Sattel von der Erde aufhob, fand er darunter eine halb abgenutzte Sense mit Rostflecken. Da erinnerte er sich des Traumes und verbarg die Sense, zog weiter, und alles ging gut. Den Weg fand er bald, und nun ging es so schnell er nur konnte, den bewohnten Gegenden zu. Als er aber nach dem Nordland kam, wollte ihn niemand in Dienst nehmen; denn alle hatten die Ernteleute, die sie brauchten, schon gedungen, und es war bereits eine Woche von der Heuernte verstrichen. Da hörte er, dass in der Gegend eine Frau wohne, die noch keinen Ernteknecht angenommen hätte. Sie war reich an Gut, und man glaubte, sie könne mehr als Brot essen. Sie pflegte keine Ernteleute zu dingen, und nie begann sie das Heu früher zu mähen als eine Woche oder vierzehn Tage nach den anderen; und doch wurde sie meist ebenso schnell auf ihrem Heimacker fertig wie die übrigen. Wenn sie dann wirklich ab und zu einen Knecht in Dienst genommen hatte, behielt sie ihn nicht länger als eine Woche und gab ihm keinen Lohn. Zu ihr wies man den Südländer, nachdem man ihm gesagt hatte, wie sie wäre, und da er nirgends Arbeit finden konnte, ging er dorthin und bot sich an, ihr das Heu zu mähen. Sie nahm ihn gut auf und sagte, dass sie ihm erlauben wolle, eine Woche dazubleiben. »Aber Lohn gebe ich dir nicht«, sagte sie, »außer, wenn du so viel Heu in einer Woche mähst, dass ich am Sonnabend nicht alles, was du gemäht hast, zusammenharken kann.« Das schien ihm eine gute Bedingung zu sein, und er begann also zu mähen.

Er nahm nun seine Sense, das Geschenk der Huldrefrau, und sie schnitt gut, fand er. Nie brauchte er sie zu schärfen, und so mähte er ununterbrochen fünf Tage lang. Es gefiel ihm dort sehr gut, und die Frau war sehr freundlich gegen ihn. Einmal kam er in die Schmiede; dort sah er eine ungezählte Menge Sensenschäfte und Harken und einen großen Haufen Sensen. Er wunderte sich darüber und fand, die Frau hätte nicht gerade Mangel an Erntegerät.

Am Freitag abend ging er zu Bett, wie immer. Nachts träumte ihm, dass die Huldrefrau, die ihm die Sense geschenkt hatte, zu ihm käme und sagte: »Viel Heu hast du schon gemäht, aber deine Herrin wird nicht viel Zeit brauchen, um es zusammenzuharken, und dann jagt sie dich fort, wenn sie dich morgen überholt. Geh darum in die Schmiede, wenn du glaubst, dass das Heu, das du gemäht hast, nicht ausreicht, und nimm so viele Sensenschäfte wie du für gut hältst, befestige Sensen daran und trage sie aufs Feld hinaus und sieh zu, wie es dann geht.« Nachdem die Huldrefrau das gesagt hatte, ging sie fort, der Ernteknecht aber erwachte, stand auf und begann zu mähen. Morgens kam seine Herrin hinaus und trug fünf Harken in der Hand. Sie sagte: »Viel Heu hast du gemäht, viel mehr, als ich geglaubt hätte.« Darauf legte sie die Harken hier und dort auf die Wiese und begann zu harken, und da sah der Ernteknecht, dass sie viel Heu zusammenharken könnte, die anderen Harken jedoch nicht weniger, obgleich er keinen Menschen bei ihnen sah. Als die Mittagszeit näher rückte und er sah, dass das gemähte Heu nicht aus reichen würde, ging er in die Schmiede und holte einige Sensenschäfte und befestigte Sensen daran. Dann ging er wieder hinaus und verteilte diese Sensen auf der ungemähten Wiese, und alle fingen an zu mähen, und augenblicklich wurde der Fleck größer. Das ging nun den ganzen Tag so, bis zum Abend, und das gemähte Heu reichte aus. Abends aber ging die Frau nach Hause und nahm ihre Harken mit. Den Ernteknecht bat sie, ihr zu folgen. Sie sagte, er verstände mehr als sie gedacht hätte, und davon würde er Gutes haben, und solange er selbst wolle, könne er nun bei ihr bleiben. Er blieb den Sommer über bei ihr, und sie wurden gut miteinander fertig. Sie ernteten viel Heu, ließen sich aber doch gute Zeit. Nach der Ernte gab sie ihm einen sehr großen Lohn, und damit zog er nach dem Südlande. Im nächsten Sommer und allen folgenden, die er auf die Erntearbeit zog, nahm er Dienst bei ihr. Dann übernahm er selbst einen Hof auf dem Südlande und wurde immer für einen tüchtigen Mann gehalten. Er war ein flinker Seemann und geschickt zu allem, was er in Angriff nahm; immer mähte er sein Heu allein und nahm dazu nie eine andere Sense, als die, welche ihm die Huldrefrau geschenkt hatte, und trotzdem wurde er ebenso schnell mit seinem Heimacker fertig wie andere Leute.

Da geschah es eines Sommers, dass er zum Fischen hinausruderte; da kam sein Nachbar zu seiner Frau und bat sie um eine Sense; denn er hätte seine Sense zerbrochen und wüsste nicht, wie er sich sonst helfen sollte. Da begann die Frau unter den Gerätschaften ihres Mannes zu suchen und fand die gute alte Sense, aber keine andere. Sie lieh dem Bauern die Sense, warnte ihn aber davor, sie im Feuer zu glühen; denn das tue ihr Mann nie, sagte sie. Er versprach es und ging nach Hause. Er befestigte die Sense an dem Schaft, begann zu mähen, konnte aber keinen einzigen Strohhalm mit ihr schneiden; darüber wurde er zornig und begann die Sense zu wetzen; aber das half nicht. Da ging er in die Schmiede, um die Sense zu hämmern, und er dachte, es wäre keine Gefahr dabei, wenn er die Sense auch im Feuer glühen würde. Sobald sie aber ins Feuer gekommen war, schmolz sie wie Wachs und wurde zu lauter Eisenschlacke. Er ging zu der Frau und erzählte ihr, wie die Dinge lägen; sie fürchtete sich nun sehr, denn sie wusste, dass ihr Hausherr sehr erbost sein würde, wenn er es erführe, und das was denn auch der Fall; jedoch hörte man nicht, dass er sich lange darüber ärgerte, nur gab er seiner Frau einen Backenstreich, und das war das erste und das letzte Mal, dass sie einen bekam.

ine alte Redensart hierzulande sagt: »Da lachte das Seemännchen.« Der Ursprung dazu, so wird erzählt, ist der, dass ein Bauer einmal einen Seezwerg fing, der sich Seemännchen nannte, und einen großen Kopf und lange Hände hatte, von den Lenden abwärts aber glich er einem Seehund. Nichts wollte er dem Bauern verraten, und darum brachte ihn dieser wider seinen Willen mit ans Land.

Die Bäuerin, die jung und übermütig war, kam an die See hinunter und empfing ihn mit Jubel, küsste und streichelte ihn. Darüber freute er sich sehr, und er lobte sie sehr; seinen Hund aber schlug er, als er auch seine Freude über seine Heimkehr zeigen wollte. Das sah das Seemännchen, und da lachte es. Der Bauer fragte, worüber es lache. »Über deine Dummheit«, erwiderte es.

Als der Bauer von der See nach Hause ging, stolperte er über einen Erdhöcker und fiel. Er verfluchte den Erdhöcker hundertmal, weil er erschaffen worden war und seinen Platz gerade auf seinem Feld bekommen hatte. Da lachte das Seemännchen, das sich nur ungern tragen ließ, und sagte: »Der Bauer ist ein Tropf!«

Der Bauer behielt das Seemännchen drei Tage bei sich. Ein paar Handelsburschen kamen zu ihm, um ihre Waren zu verkaufen. Noch nie hatte der Bauer so dicksohlige und solide Schmierlederstiefel bekommen können, wie er sie haben wollte, diese Handelsburschen aber glaubten, dass sie die besten hätten. Der Bauer konnte zwischen Hunderten von Stiefelpaaren wählen, fand aber, dass sie alle zu dünn waren, um halten zu können. Da lachte das Seemännchen und sagte: »Mancher irrt sich, auch wenn er sich für klug hält.«

Weder im Guten noch im Bösen wollte das Seemännchen mehr Weisheit von sich geben, als schon erzählt worden ist; unter der Bedingung aber, dass es wieder an dieselbe Stelle in der See gebracht würde, wo es aufgefischt worden war, sagte es, wollte es sich auf das Ruderblatt des Bauern setzen und alle seine Fragen beantworten, sonst aber würde es stumm bleiben.

Nach Verlauf von drei Tagen tat also der Bauer, wie das Seemännchen wollte, und als es nun auf dem Ruderblatt saß, fragte es der Bauer, was die Fischer zu tun hätten, um guten Fang zu haben. Das Seemännchen erwiderte: »Aus gekautem und gekneietem Eisen müssen Angelhaken geschmiedet werden, und die Schmiede muss dort liegen, wo das Brausen von Fluss und Meer zu hören ist; der Angelhaken muss im Schaum eines Rosses gehärtet werden, und zur Angelschnur muss graues Stierfell und eine Leine aus rohem Rossfell genommen werden. Als Köder muss das Herz eines Vogels und Flunderfleisch dienen, mitten auf den Haken aber muss Menschenfleisch gesteckt werden. Wenn du nicht so Fische fangen kannst, hast du nur eine kurze Lebenszeit. Aber der Angelhaken des Fischers muss nach außen gebogen sein.«

Der Bauer fragte dann, über welche Dummheit er damals gelacht hätte, als er seine Frau lobte, den Hund aber schlug. Das Seemännchen erwiderte: »Über deine Dummheit, Bauer! Denn dein Hund liebt dich mehr als sein eigenes Leben! Deine Frau aber wünscht dir den Tod und ist das liederlichste Weib. Der Erdhöcker, dem du fluchtest, war dein Geldhügel, und viel Reichtum barg er. Darum warst du ein Tor, Bauer, und darum habe ich dich ausgelacht. Und die schwarzen Schuhe würden dein Leben lang gehalten haben, denn du hast nicht mehr viele Tage zurückzulegen, und eigentlich könnten sie dir für die drei Tage genügen.«

Da sprang das Seemännchen vom Ruderblatt hinab, und so trennten sie sich. Und es geschah ganz so, wie das Seemännchen gesagt hatte.

uf dem Nordland lebte einmal ein Bauer, der fuhr jeden Herbst und Winter nach den Westmändsinseln zum Fischen. Er hatte einen Sohn der zur Zeit dieser Erzählung erwachsen war. Der Sohn hieß Jon und war ein hoffnungsvoller Jüngling.

Einmal nahm der Bauer Jon mit auf seine Fischfahrt nach den Inseln. Sie zogen den geraden Weg, und es wird nichts von ihrer Fahrt oder von der Ausbeute ihres Fischens erwähnt. Im nächsten Herbst ließ der Bauer Jon allein südwärts nach dem Fischplatz ziehen; denn nun war er selbst alt geworden und traute sich nicht mehr Kraft genug zu, um hinauszurudern. Ehe aber Jon das Haus verließ, bat ihn der Vater vor allen Dingen, nicht unter einigen hohen Felsen zu rasten, die an dem Bergabhang lagen, und an denen entlang der Weg führte. Er legte ihm das so ernstlich ans Herz, dass Jon versprach, dort nicht Halt zu machen, was auch geschehen würde und wie das Wetter auch wäre.

Dann zog Jon mit zwei Packpferden und einem Reitpferd fort. Die Pferde wollte er während des Winters zum Durchfüttern auf den Landinseln einstellen, wie sein Vater es getan hatte. Von seiner Fahrt wird weiter nichts erzählt, als dass alles nach Wunsch ging. Er kam an den Bergabhang, wie er sollte, und zog eine Zeitlang an ihm entlang. Der Tag war größtenteils schon verstrichen, und Jon bemühte sich, am Abhang vorbeizukommen, wie ihn sein Vater gebeten hatte. Aber als er in die Nähe der Felsen gekommen war, von denen ihm sein Vater erzählt hatte, überfiel ihn ein furchtbares Gewitter mit Sturm und Regen. Da kam er gerade an einige hohe Felsen und sah einen so schönen Halteplatz, wie er ihn sich nur wünschen konnte, auf einer Anhöhe unter den Felsen. Da war reichliches Gras und Schutz gegen den Regen. Er begann zu überlegen, was nun zu tun sei. Es gefiel ihm hier, und er konnte nicht verstehen, was denn Schlimmes dabei sein könnte, an dieser Stelle auszuruhen, und der Schluss seiner Überlegungen war, dass er sich zu bleiben entschloss. Er zäumte darauf die Pferde ab und band ihnen die Vorderfüße zusammen. In kurzer Entfernung sah er den Eingang zu einer Höhle oben in dem Felsen. Dorthin trug er seine Sachen, legte sie an die eine Seite der Höhle, unweit des Eingangs, machte es sich darauf zwischen seinem Gepäck behaglich und begann zu essen.

Es war dunkel in der Höhle. Als aber Jon im besten Zuge mit seiner Mahlzeit war, hörte er mehrfaches Geheul aus der inneren Höhle. Er erschrak etwas darüber, ermannte sich aber bald wieder. Er suchte einen riesigen Fisch aus seinem Reisevorrat heraus, riss ihm die Haut herunter, so dass sie unbeschädigt blieb, strich dick Butter über den ganzen Fisch und breitete die Haut wieder darüber. Als er damit fertig war, schleuderte er den Fisch, so weit er konnte, in die Höhle hinein und sagte, dass diejenigen, die da hinten wären, sich vor dem in acht nehmen sollten, was er ihnen schicke, wenn sie aber Lust dazu hätten, so könnten sie es gern behalten. Jon hörte bald, dass das Geheul aufhörte, und dass jemand begann, den Fisch zu zerreißen.

Als Jon mit seiner Mahlzeit fertig war, legte er sich zur Ruhe nieder und wollte nun schlafen. Da hörte er, wie es im Kies außerhalb der Höhle raschelte, und dass jemand mit schweren Tritten auf den Eingang zukam. Bald sah er, dass es eine große und dicke Riesin war, und es schien ihm, als leuchte ihre ganze Gestalt im Dunkel. Jon wurde bei diesem Anblick ungemütlich zumute. Als aber die Riesin durch die Tür der Höhle trat, sagte sie: »Es riecht nach Menschen in meiner Höhle.« Darauf ging sie mit langen Schritten in die Höhle hinein und warf ihre Last auf den Boden. Es dröhnte so heftig, dass die Höhle erzitterte. Da hörte Jon, dass die Alte mit jemand drin zu sprechen begann. Er hörte, dass sie sagte: »Das ist besser getan als ungetan, und es wäre schlimm, wenn es unbelohnt bliebe.« Und er sah dann, dass sie sich mit einer Kerze näherte. Sie begrüßte Jon bei seinem Namen, dankte ihm im Namen ihrer Kinder und lud ihn zu sich in die Höhle. Er nahm die Einladung an; die Alte aber steckte ihre beiden kleinen Finger in die Ösen der Stricke, mit denen sein Gepäck zusammengebunden war, und trug es ebenfalls hinein. Als sie weiter nach hinten gekommen waren, sah Jon zwei Betten; in dem einen lagen zwei Kinder; das waren die Kinder der Riesin, deren Geheul er kurz zuvor gehört hatte, und die den Fisch gegessen hatten. Auf dem Boden aber lag ein Haufen Forellen, die die Alte abends geangelt und auf dem Rücken nach Hause getragen hatte, und davon kam es, dass ihr Äußeres im Dunkel gefunkelt hatte. Die Alte fragte Jon, wo er lieber schlafen wollte, in ihrem Bett oder in dem der Kinder. Er zog es vor, in dem Bett der Kinder zu schlafen. Die Riesin bereitete dann den Kindern ein Lager auf dem Fußboden, bezog aber das Bett neu und sorgte für seine Schlafstelle. Jon legte sich schlafen, wachte aber davon wieder auf, dass die Alte ihm ein Gericht gekochter Forellen brachte. Er dankte ihr dafür und während er aß, saß die Alte da und plauderte mit ihm und war ungemein munter. Sie fragte ihn, wo er zu rudern gedacht hätte. Das erzählte er ihr. Da fragte sie ihn, ob er schon einen Platz im Boot bei irgendjemand gefunden hätte. Jon erwiderte: »Nein.« Da erzählte ihm die Alte, dass alle Bootplätze auf der Insel schon besetzt seien, so dass keiner mehr jemanden annehmen könnte und dass er keine Wohnung finden würde, außer bei einem alten Fischer, der jetzt kaum eine Gräte aus dem Wasser angele und nur ein fast unbrauchbares Boot besäße, dessen Mannschaft aus untauglichen Burschen bestände, weil er kein ordentliches Stück Mannsleute mehr bekommen könnte. »Ich rate dir«, sagte sie, »dir einen Platz in dem Boot dieses Fischers zu mieten; er wird sich zwar sträuben, dich zu nehmen, du aber sollst nicht nachgeben, bis er darauf eingeht. Ich kann dich jetzt nicht so belohnen, wie ich müsste, für das, was du an meinen Kindern getan hast«, fuhr die Riesin fort, »aber hier habe ich zwei Angelhaken, die ich dir schenken will. Den einen sollst du selbst, den andern aber der Alte haben. Immer sollt ihr beide allein beim Angeln sein; die Haken werden sich, wie ich hoffe, als fischtauglich erweisen. Immer sollt ihr als Letzte von allen hinausrudern und ständig aufpassen, dass ihr als die Ersten abends nach Hause kommt. Ihr sollt nicht weiter rudern als bis an den Felsen, der gerade vor dem Landungsplatz steht. Wenn du nun nach Landösand kommst, wirst du die letzten Boote fahrbereit finden. Versuche, mit ihnen nach den Inseln zu kommen und binde deine Pferde am Strand zusammen, bitte aber niemanden, für sie zu sorgen und kümmere dich weiter nicht um sie. Ich werde im Winter ein bisschen für sie sorgen. Und wenn das Unwahrscheinliche geschehen würde, dass du im Winter Glück beim Fischen haben solltest, dann wäre es mir lieb, wenn ich deinen Pferden ein Pferd für mich folgen lassen könnte, um mir ein paar Fische zu holen; denn ich bin, wie ich dir verraten will, ein großes Leckermaul nach Dörrfisch.« Diese Bitte versprach Jon zu erfüllen und in allen ihrem Rat zu folgen.

Am nächsten Morgen bei Tagesgrauen brach Jon von der Höhle auf und trennte sich in Freundschaft von der Riesin. Über seine Reise wird nichts gemeldet, bis er nach Landösand kam. Dort lagen die letzten Boote, die nach den Inseln hinaus sollten, fahrbereit. Jon schirrte eiligst die Pferde ab und band sie am Strand zusammen, ohne jemand zu bitten, für sie zu sorgen. Darüber trieben die andern Spott mit Jon und sagten, dass die Pferde sicher gut imstande sein würden, wenn die Fischzeit vorüber wäre. Jon kümmerte sich aber nicht um ihren Spott und tat, als wenn er nichts hörte und zog mit ihnen nach den Inseln hinaus. Als er dort ankam, suchte er sich einen Bootplatz, konnte aber nirgends einen finden, denn jeder hatte so viel Leute bekommen, wie er Platz hatte. Endlich kam er zu dem alten Fischer, an den die Alte ihn gewiesen hatte. Er bat ihn, ihn anzunehmen. Der Alte aber wollte sich darauf nicht einlassen und sagte, dass er solch einem flinken Mann keinen Schaden antun wolle. »Ich angle nie die kleinste Gräte aus dem Wasser«, sagte der Alte, »und habe nur untaugliche, junge Burschen, die mein elendes Boot besorgen; ich kann nur bei bestem und ruhigstem Wetter hinausrudern, und es ist nicht verlockend für einen flinken Mann, sich an meine Untüchtigkeit zu binden.« Jon fand, dass das sein eigener Schaden werden müsste, und er bettelte so lange bei dem Alten, bis er ihn schließlich annahm, und Jon zog bei ihm ein; die Leute aber fanden nicht, dass er Glück dabei gehabt hätte, einen Platz zu finden und verhöhnten ihn sehr.

Nun kam die Fischzeit. Eines Morgens erwachten Jon und der Alte davon, dass alle Fischer auf den Inseln bei schönstem, windstillstem Wetter hinausruderten. Da sagte der Alte: »Ich weiß nicht, ob ich auch versuchen soll, das Boot flott zu machen wie die andern. Ich glaube nicht, dass viel dabei herauskommt.« Jon fand, dass keine Gefahr dabei wäre, es zu versuchen. Da zogen sie ihre Lederanzüge an und stießen vom Land ab. Als sie aber gerade gegenüber von der eigentlichen Landungsstelle waren, schien es Jon, als ob er den Felsen erkenne, von dem die Riesin gesprochen hatte. Er fragte daher den Alten, ob es nicht klug wäre, es hierzu versuchen. Der Alte war erstaunt und sagte, dass das keinen Sinn hätte. Jon bat ihn, ihm spaßeshalber zu erlauben, nur einmal seine Schnur an dieser Stelle auszuwerfen. Das ließ der Alte zu. Kaum aber hatte Jon die Schnur ausgeworfen, als er einen Fisch heraufzog. Da reichte er dem Alten den anderen Angelhaken, das Geschenk der Riesin. In Kürze kann nun erzählt werden, dass sie an diesem Tage dreimal an dieser Stelle das Boot voll hatten, und dass auf jeden von ihnen sechzig Stück vorzügliche Fische kamen. Da ruderten sie ans Land, lange bevor die andern kamen, – und dann waren sie bald damit fertig, die Fische zu reinigen und zuzubereiten. Alle waren erstaunt, wie viele Fische der Alte gefangen hatte. Sie fragten ihn, wo es so viele gäbe, und er erzählte ihnen, wie es war. Tags darauf ruderten die Inselbewohner früh hinaus, angelten am Felsen, merkten aber nichts von Leben an dieser Stelle, weshalb sie wieder fortruderten, dann aber fuhren erst Jon und der Alte hinaus. Es ging ihnen genau wie am vorigen Tag. Es sind nicht viele Worte darüber nötig, dass Jon und der Alte den ganzen Winter nach dem Felsen hinausruderten und dass jeder zwölfhundert fing, und von allen auf der Insel waren die beiden am meisten vom Glück begünstigt. Am vorletzten Tag ruderten sie zum letzten Mal hinaus, und da geschah es, als sie einmal die Leinen aufzogen, dass beide Angelhaken verschwunden waren, und so weit sie bemerkten, mussten sie losgemacht sein. Sie machten sich aber weiter keine Gedanken über diese Sache, sondern steuerten nach dem Land.

Nun ist zu erzählen, dass Jon mit dem Fisch nach dem Festlande zog und auf demselben Boot übergesetzt wurde, mit dem er im Herbst hinausgefahren war. Unterwegs spottete die Bootsmannschaft darüber, wie gut genährt seine Pferde nun wären, sie würden gewiss seine gedörrten Fische nach dem Nordland tragen können, meinten sie. Als sie sich aber dem Land näherten, sahen sie Jons Pferde am Strand aneinander gebunden stehen, genau wie er sie verlassen hatte. Nun waren die meisten neugierig und wollten sich die Pferde näher ansehen; sie waren aber nicht wenig überrascht, sie so feist zu finden, als wären sie den ganzen Winter über gemästet worden. Aber außer Jons Pferden stand noch ein Pferd da mit einem Saumsattel, braun von Farbe und schwer gebaut. Jons Genossen bekamen fast Angst vor ihm, denn sie hielten ihn für einen großen Zauberer, da er so glücklich geangelt hatte und seine Pferde in so gutem Zustande waren, ohne dass jemand, so viel man wusste, für sie gesorgt hatte.

Jon band die gedörrten Fische auf die Pferde und lud ebenso viele auf das braune allein, wie auf seine beiden. Darauf ritt er allein nach Norden.

Nichts wird weiter von seinem. Ritt berichtet, bis er an die Höhle der Riesin kam. Sie empfing ihn freundlich, und er blieb ein paar Tage bei ihr. Er gab ihr alle Fische, die der Braune getragen hatte. Sie plauderten über viele Dinge miteinander. Sie erzählte ihm, dass ihre Kinder im Winter gestorben wären und dass sie sie unter dem Felsen neben ihrem Mann begraben hätte. Sie erzählte ihm auch, dass sie es gewesen sei, die ihnen die Haken von den Angelschnüren genommen hätte, als sie das letzte Mal ruderten und dass sie gleichzeitig die Pferde an den Strand gebracht habe. Sie fragte Jon, ob er etwas von zu Hause gehört hätte, er aber erwiderte: »Nein.« Da sagte sie, dass sie ihm berichten könne, dass sein Vater im Winter gestorben sei, und da er das einzige Kind wäre, würde er ja jetzt die Wirtschaft übernehmen. Er würde nun nach dem Hof ziehen und sich im Sommer eine Frau nehmen und ein sehr glücklicher Mann werden. Schließlich sagte sie, dass sie eine Bitte an ihn hätte. Jon fragte, was für eine Bitte das sei. Die Riesin sagte: »Ich habe nun nicht mehr viel Zeit übrig, und ich will dich bitten herzukommen, sobald du von mir träumst; denn ich will dich bitten, mich neben meinem Mann und meinen Kindern zu begraben.« Dann zeigte sie ihm die Stelle, wo diese begraben waren. Sodann machte sie eine Seitenhöhle auf, in der zwei Truhen standen, die mit Gold und allerlei seltenen Schätzen gefüllt waren. Diese Truhen, sagte sie, sollte er von ihr erben, und das braune Pferd ebenfalls. Sie würde die Truhen schon zusammenbinden und hinaussetzen, ehe sie sterbe, und etwas darunter stellen, so dass er nur das Pferd dazwischenzusteuern und dann die Ösen über die Traghölzer am Saumsattel zu spannen brauche. Sie würde dem Braunen den Saumsattel schon auflegen, und er würde die Truhen mit Leichtigkeit tragen können, ohne dass er selbst nötig hätte, irgendetwas daran zu ändern, bis er nach dem Nordland käme. Dann trennten sich Jon und die Riesin mit großer Liebe voneinander. Von seiner Reise wird nun weiter nichts erzählt, als dass alles gut ging, bis er nach dem Nordland kam. Dort fand er alles, wie es die Riesin gesagt hatte, und alles geschah nach ihrem Wort. Jon übernahm die Wirtschaft seines Vaters und trat die ganze Erbschaft an, und früh im Sommer heiratete er eine Bauerntochter aus dieser Gegend. Nun ging es auf die Zeit, in der die Wiesen gemäht werden sollten, ohne dass etwas Neues geschah. Da träumte Jon eines Nachts von der Riesin. Sofort erinnerte er sich ihrer Bitte und stand aus dem Bett auf. Es war dunkle Nacht; draußen stürmte und regnete es. Jon bat seinen Knecht, seine beiden Reitpferde zu holen. Der Knecht gehorchte sofort, und Jon machte sich eiligst zu dem Ritt bereit. Seine Frau fragte ihm, weshalb er so plötzlich mitten in der Nacht und bei solchem Wetter fortwolle. Er wollte aber nichts darüber erzählen, bat sie jedoch, seinetwegen nicht unruhig zu sein, auch wenn er ein paar Tage fortbleiben würde. Dann zog er fort und ritt so schnell seine Pferde laufen konnten. Alles ging gut, und er kam an die Höhle. Die Riesin stand draußen und konnte nur noch ein paar Worte mit ihm sprechen. Er blieb bei ihr, bis sie ihre Seele ausgehaucht hatte und begrub sie dann an der Stelle, die sie selbst gewählt hatte. Darauf nahm er das braune Pferd, das mit dem Saumsattel dastand.

Vor der Höhle standen zwei Truhen mit Ösen daran. Jon steuerte das Pferd zwischen sie, legte die Stricke über die Sattelhölzer und zog dann mit allem fort. Der Ritt nach dem Nordland verlief glücklich. Jon blieb nun auf seinem Hof und wurde ein sehr reicher Mann. Er wohnte lange und zufrieden auf dem Hof, den er von seinem Vater geerbt hatte, hatte Erfolg in allem und genoss großes Ansehen bei alle Leuten.

Und so weiß ich nichts mehr von dieser Erzählung.

DER BRÄUTIGAM UND
DAS GESPENST

ier Männer waren einmal dabei, ein Grab zu schaufeln; einige sagen, dass es auf dem Kirchhof zu Reykholar war. Es waren alles lustige Leute, einer von ihnen aber war doch der übermütigste von allen. Als das Grab tiefer zu werden begann, kamen eine Menge Menschenknochen zum Vorschein und darunter ein Oberschenkel, der einem ungeheuer großen Mann gehört hatte. Der übermütigste der grabenden Männer nahm den Schenkelknochen in die Hand, besah ihn sich genau und maß ihn an seinem eigenen Schenkel, und die Sage erzählt, dass er ihm von der Fußsohle bis an die Hüfte reichte, obgleich er ein Mann von mittlerer Größe war. Er sagte im Scherz: »Darin kann ich nicht irren, dass dieser Mann ein tüchtiger Ringer gewesen ist, und es würde spaßhaft sein, ihn als Gast zu haben, wenn ich einmal Hochzeit feiere.« Die anderen gaben ihm darin recht, sprachen jedoch weiter nichts darüber. Dann legte der Mann den Oberschenkelknochen zu den übrigen Knochen.

Nun wird erst fünf Jahre später wieder etwas berichtet, als dieser junge Mann sich mit einem Mädchen verlobte und schon das zweite Aufgebot stattgefunden hatte. Da träumte seiner Braut drei Nächte hintereinander, dass ein furchtbar großer Mann an ihr Bett käme, und sie fragte, ob ihr Bräutigam daran dächte, was er einmal vor ein paar Jahren zu ihm im Übermut gesagt hätte, und in der letzten Nacht fügte er hinzu, dass er dem nicht entgehen würde, ihn als Tischgast bei der Hochzeit zu haben. Das Mädchen antwortete darauf nichts, aber unheimlich war ihr im Schlaf zumute, als sie das erfuhr und sah, wie groß der Mann war. Sie erzählte ihrem Bräutigam die Träume nicht eher, bis sie dreimal von dem Mann geträumt hatte. Da sagte sie morgens zu ihm: »Wen hast du denn gedacht, zu unserer Hochzeit einzuladen, mein Schatz?« – »Das weiß ich noch nicht, mein Herz«, erwiderte er »daran habe ich noch nicht gedacht, ich wollte erst die drei Aufgebote erledigt haben.« – »Hast du denn bis jetzt gar keinen eingeladen?«, fragte sie. Er antwortete, dass er das, soweit er sich erinnern könnte, nicht getan habe; er begann jedoch nachzudenken, und es kam ihm sonderbar vor, dass sie ihn so eifrig danach fragte. Nach einiger Überlegung sagte er, dass er sicher noch niemand eingeladen hätte; allerdings habe er vor ein paar Jahren im Scherz zu dem Schenkelknochen eines verstorbenen Mannes, der aus einem Grabe ausgegraben worden wäre, gesagt, dass es wohl spaßig sein würde, einen so hochgewachsenen Mann als Gast zu haben, wenn er einmal Hochzeit feiern sollte, aber darum könnte man doch nicht behaupten, dass er jemand eingeladen hätte. Seine Braut wurde dabei etwas ernst und sagte, dass derlei Scherze nicht angebracht gewesen wären und am wenigsten bei den Knochen der Hingeschiedenen. »Und nun kann ich dir sagen, dass der, mit dem du diesen Scherz getrieben hast, sicher ernstlich die Absicht hat, als Gast auf unserer Hochzeit zu erscheinen.« Und dann erzählte sie ihm alle ihre Träume, und welche Drohungen der große Mann in der letzten Nacht ausgestoßen hätte. Über all dies war ihr Bräutigam entsetzt und sagte, dass sie darin recht hätte, dass es besser gewesen wäre, wenn sein Mund mit derartigen Scherzen geschwiegen hätte.

Abends ging er zu Bett, wie immer, nachts aber schien es ihm, als käme ein ungeheuer großer Mann, der einem Riesen ähnlich sah und ein unfreundliches und barsches Aussehen hatte, zu ihm und fragte, ob er jetzt gewillt wäre, das Versprechen, dass er ihm vor fünf Jahren gegeben hätte, einzulösen, nämlich ihn als Tischgast auf seiner Hochzeit zu haben. Der Bräutigam war ganz entsetzt und antwortete, dass es wohl dabei bleiben müsste. Der andere sagte, dass er es nicht ändern könne, ob es ihm nun gefiele oder nicht und dass es ganz überflüssig gewesen sei, sich mit seinen Knochen zu beschäftigen und dass es ihm ganz gut wäre, wenn er jetzt zu spüren bekäme, was das zu bedeuten hätte. Dann verließ ihn das Gespenst, er aber schlief bis zum Morgen und erzählte seiner Braut dann, was er geträumt hatte und bat sie um einen guten Rat. Sie sagte, dass er Zimmerleute und Bauholz kommen und dann in großer Eile ein Haus aufführen lassen solle, das zu der Größe des Mannes passe, der sie beide im Traum besucht hätte, derart, dass er aufrecht, darin stehen könne; inwendig aber solle jede Wand so lang sein, wie sie bis an die Querbalken hoch sei, dann solle er Decken aufhängen lassen, wie man einen anderen Hochzeitssaal auszuschmücken pflege; er solle ein weißes Tuch über den Tisch dieses Gastes breiten, ihm geweihte Erde auf einer Platte und Wasser in einer Flasche bringen lassen, denn andere Gerichte würde er nicht genießen; er solle einen Stuhl an den Tisch und ein Bett hereinstellen lassen, falls er Lust verspüren sollte, sich auszuruhen; drei Kerzen solle er auf seinen Tisch stellen, und er selbst müsse ihn dorthin begleiten, sich aber in acht nehmen, ihm voran zu gehen, und vor allem aufzupassen, dass er nicht unter einem Dach mit ihm sei. Auch dürfe er keinerlei Einladung von ihm annehmen, wenn er damit kommen würde, und so wenig wie möglich solle er mit ihm reden, die Tür aber zuschließen und ihn dann verlassen, wenn er ihm die aufgetischten Gerichte angeboten hätte. Der Bräutigam verhielt sich nun genau so, wie ihm seine Braut vorgeschrieben hatte, ließ ein freistehendes Haus von passender Größe aufführen und alles so einrichten, wie schon erzählt worden ist.

Nun näherte sich der Festtag, und die Trauung wurde auf die übliche Weise vollzogen; dann setzte man sich zu Tisch, und als es dunkel geworden war, erhob man sich wieder von der Tafel, ohne dass etwas Besonderes geschah. Dann gingen einige Hochzeitsgäste im Hochzeitssaal auf und ab, andere wieder saßen bei den Bechern und plauderten. Das Brautpaar saß noch still, wie es Sitte ist. Da ertönte ein harter Schlag gegen die Tür, keiner aber hatte besondere Lust aufzumachen. Da zupfte die Braut leise ihren Bräutigam, der aber wie eine Leiche im Gesicht dabei aussah. Eine kleine Weile verstrich, dann wurde wieder an die Tür geklopft, und diesmal viel lauter als das vorige Mal. Da nahm die Braut ihren Bräutigam bei der Hand, führte ihn, obgleich er sich sträubte, an die Tür und öffnete. Da sahen sie einen entsetzlich großen Mann, der sagte, dass er jetzt als Hochzeitsgast gekommen sei. Die Braut stieß ihren Bräutigam sanft aus dem Hochzeitshaus hinaus, damit er diesen Gast empfinge, und indem sie die Tür wieder zuschloss, bat sie Gott, ihn zu stärken.

Von dem Bräutigam aber ist zu berichten, dass er mit diesem Manne nach dem Haus ging, das er für ihn hatte aufführen lassen und ihn hineinwies, Der Gast wollte, dass der Bräutigam vorangehe, das aber wollte dieser nicht. Das Ende war dann, dass der Fremde voran in das Haus ging und sagte, dass sich der Bräutigam von diesem Augenblick an hüten solle, sich je wieder mit den Gebeinen eines toten Mannes einzulassen. Der Bräutigam tat, als hörte er das nicht, sondern bat den Gast, sich an den aufgetischten Gerichten gütlich zu tun und ihm nicht zu verübeln, dass er nicht bei ihm bleiben könne. Der andere aber bat den Bräutigam, doch endlich einen Augenblick hereinzukommen; das wollte der Bräutigam aber keinesfalls. Da sagte das Gespenst: »Da du diesmal keine Zeit hast, bei mir zu bleiben oder zu mir hereinzukommen, hoffe ich, dass du mir doch das Vergnügen machst, als Gegengabe bei mir als Gast zu erscheinen.« Der Bräutigam lehnte das aber mit Bestimmtheit ab und verriegelte die Tür. Dann ging er in das Hochzeitshaus, in dem es ziemlich ruhig war; denn alle waren bei dieser Begebenheit still geworden. Nur die Braut saß mit munterem Gesicht da. Die Gäste entfernten sich allmählich, einer nach dem andern. Das Ehepaar aber ging zur Ruhe und schlief bis zum Morgen.

Morgens wollte der Bauer nach dem Gast sehen, der am Abend zuvor zuletzt gekommen war. Die Braut aber sagte, dass er keinen Schritt dorthin tun solle, bis sie mitkäme. Sie gingen beide nach dem Hause, sie voran, und er schloss auf; da war keine Spur von dem Gast zu sehen; er hatte die Flasche geleert, die

Erde von der Platte aber überall auf den Boden verstreut. »Das habe ich geahnt«, sagte die Frau, »wärest du nach dem Hause, vorangegangen und hättest du mit dem Fuße in diese Erde getreten, dann wärest du in die Gewalt des Gespenstes geraten und hättest nie auf die Menschenwelt zurückkehren können. Mir aber schadet es nichts, wenn ich hineintrete, und nun werde ich das Haus fegen und säubern.«

Andere erzählen, dass das Gespenst, als es wieder fortgehen wollte, an die Tür gegangen sei, entweder von dem Hochzeitshaus selbst oder von der Schlafkammer des Ehepaars, und gesungen habe:

»Meinen Dank ihr nicht verdient!
Für das Festmahl auf dem Tisch;
Mein Getränk war Wasser frisch,
Meine Speise Erd' und Lehm.«

Von diesem Tage an besuchte es diese Leute nicht mehr, und sie lebten lange in Liebe und Glück zusammen.

DER KÜSTER VON MÖRKAA

s lebte in alten Tagen ein Küster auf Mörkaa im Oefjord; sein Name wird nicht genannt, er war aber gut Freund mit einem Mädchen, das Gudrun hieß und nach der Aussage einiger Leute auf Baegisaa jenseits des Hörgbaches zu Hause war, wo sie bei dem Pfarrer im Dienst war.

Der Küster hatte ein Pferd mit grauer Mähne, das er Faxe nannte und das er immer ritt. Es geschah einmal kurz vor Weihnachten, dass er nach Baegisaa kam, um Gudrun zum Weihnachtsfest nach Mörkaa einzuladen, und er versprach, sie zu einer bestimmten Zeit abzuholen und sie zu dem Schmaus am Tage vor Heiligabend zu begleiten. In den Tagen, bevor der Küster hinritt, um Gudrun einzuladen, war viel Schnee gefallen, und Eis hatte sich auf dem Wasser gebildet; aber an dem Tage, an dem er nach Baegisaa ritt, war Tauwetter, und im Laufe des Tages wurde der Bach durch Treibeis und starke Strömung unpassierbar. Er zog von zu Hause fort, ohne daran zu denken, was sich tagsüber geändert haben könnte, und glaubte, der Bach wäre noch derselbe wie am Morgen. Über den Öxnedalsbach führte eine Brücke; als er aber an den Hörgbach kam, war dieser gestiegen und hatte das Eis gesprengt. Er ritt daher, an dem Bach entlang, bis er gegenüber von Saurbör war, dem nächsten Hof von Mörkaa, wo eine Brücke über den Bach führt. Der Küster ritt auf die Brücke hinunter, kaum aber hatte er ihre Mitte erreicht, als sie zerbrach und er in den Bach fiel.

Als der Bauer auf Tuevold am nächsten Morgen aus seinem Bett stieg, sah er ein gesatteltes Pferd auf seinem Heimacker stehen, und es war ihm, als ob er des Küsters Faxe wiedererkenne. Dabei wurde ihm etwas eigen zumute, denn er hatte den Küster am vorhergehenden Tag dort vorbeireiten sehen, aber nicht bemerkt, dass er zurückgekehrt war, und er ahnte bald, was vorgefallen war. Er ging nun auf den Acker hinaus, und es war richtig Faxe, der da stand, triefend nass und arg mitgenommen. Dann ging er an den Bach hinunter nach der sogenannten Tuevoldsnaes; dort fand er den Küster gleich vorn an der Landzunge, an die er als Leiche angetrieben war. Der Bauer zog sogleich nach Mörkaa und erzählte diese Neuigkeit. Als man den Küster fand, war sein Hinterkopf sehr von den treibenden Eisschollen beschädigt worden. Er wurde nach Mörkaa gebracht und in der Woche vor Weihnachten beerdigt.

Seitdem der Küster von Baegisaa fortgezogen war und bis zu dem Tage vor Heiligabend war keine Nachricht über das Vorgefallene von Mörkaa gekommen, des ununterbrochenen Tauwetters und der starken Strömung wegen. Aber am Tage vor dem Fest hatte sich das Wetter geändert, und nachts war das Wasser im Bach gesunken, so dass Gudrun Hoffnung hatte, zum Weihnachtsfest nach Mörkaa zu kommen. Gegen Abend begann sie sich zu putzen, und als sie sich fast fertig geschmückt hatte, hörte sie jemand an die Tür klopfen; ein anderes Mädchen, das bei ihr stand, öffnete, sah aber niemand draußen; draußen war es weder hell noch dunkel; denn der Mond segelte hinter Wolken, die unaufhörlich an ihm vorbeiglitten.

Das Mädchen kam herein und sagte, dass sie nichts gesehen hätte, Gudrun aber meinte: »Dann wird es wohl mir gelten, nun werde ich hinausgehen.« Sie war inzwischen fertig geworden mit Putzen, und sie brauchte sich nur noch den Mantel anzuziehen. Sie nahm den Mantel und zog den einen Ärmel an, den andern aber warf sie über die Schulter und hielt ihn fest. Draußen sah sie Faxe vor der Tür stehen und daneben einen Mann, den sie für den Küster hielt. Ob sie miteinander sprachen, weiß man nicht, der Mann aber hob Gudrun aufs Pferd, bestieg es dann selbst und setzte sich vor sie.

Sie ritten nun eine Weile, ohne miteinander zu reden und kamen an den Hörgbach, an dessen Ufer hohe Eisblöcke aufgeschichtet lagen; Als das Pferd über einen solchen Eisblock sprang, wurde der Hut des Küsters hinten aufgehoben, und da erblickte Gudrun den bloßgelegten Schädel. In diesem Augenblick verzogen sich die Wolken vor dem Mond; da sagte er:

»Der Mond gleitet,
Der Tod reitet,
Siehst du nicht den weißen Fleck
Im Genick,
Garun, Garun?«*

* Garun = Gudrun. Gespenster können nämlich nicht »Gud«, Gottes Namen, oder ein Wort, das Gottes Namen enthält, aussprechen.

Sie entsetzte sich darüber, schwieg aber. Andere dagegen sagen, dass Gudrun selbst seinen Hut aufhob und dabei den weißen Schädel entdeckte und dass sie dann gesagt habe: »Ich weiß nun, woher das kommt.«

Nun wird nichts mehr über ihre Gespräche oder ihren Ritt berichtet, bis sie nach Mörkaa gekommen waren, wo sie vor der Seelenpforte* vom Pferde stiegen; da sagte er zu Gudrun:

> »Hier nun warte, Garun, Garun,
> Bis geführt ich Faxe, Faxe,
> Weiter an die Mauer, Mauer.«

Er ging dann fort mit dem Pferd, sie aber blickte zufällig in den Kirchhof hinein und erschrak, als sie ein offenes Grab entdeckte. Da kam ihr der Gedanke, den Glockenstrang zu ziehen; plötzlich aber packte sie jemand von hinten, und es wurde nun ihr Glück, dass sie keine Zeit gehabt hatte, beide Mantelärmel anzuziehen; denn er zog so stark, dass der Mantel an der Schulternaht des Ärmels, den sie angezogen hatte, entzwei riss. Das Letzte aber, was sie von dem Küster sah, war, dass er sich, mit dem Mantelfetzen in der Hand, in das offene Grab warf, worauf die Erde von beiden Seiten über ihn herabgefegt wurde.

Gudrun fuhr fort zu läuten, bis die Hofleute von Mörkaa herauskamen und sie holten, denn ihr war bei alledem so angst geworden, dass sie weder zu gehen noch mit dem Läuten aufzuhören wagte; sie konnte sich wohl denken, dass sie hier mit dem Geist des Küsters zu tun hatte, obgleich sie vorher keine Kunde von seinem Tode erhalten hatte. Darüber erhielt sie Gewissheit, als sie ins Gespräch mit den Leuten von Mörkaa kam, die ihr die ganze Geschichte von dem Tode des Küsters erzählten, während sie ihnen dagegen von ihrem Ritt berichtete.

---

* Isl. »sàluhlid« = die Pforte, durch die die Leichen in die Kirche gebracht werden.

In derselben Nacht, als alle zu Bett gegangen und die Lichter gelöscht waren, kam der Küster und stürmte mit solchem Ungestüm auf Gudrun ein, dass die Leute aufstehen mussten, und niemand konnte ein Auge in dieser Nacht zutun. Noch einen halben Monat danach konnte sie nie allein sein, und jede Nacht musste jemand bei ihr wachen. Ja, einige sagen sogar, dass der Pfarrer selber auf dem Bettrand bei ihr sitzen und im Gesangbuch lesen musste. Schließlich wurde ein Zauberer westlich vom Skagefjord geholt. Als er kam, ließ er einen großen Stein, der oberhalb des Heimackers lag, ausgraben und ihn an den Giebel des Schlafhauses wälzen. Abends, als es zu dunkeln begann, kam der Küster und wollte in das Haus hinein, der Zauberer aber erwischte ihn südlich vom Giebel, zwang ihn dort mit vielen Beschwörungen in die Erde und wälzte dann den Stein über ihn; und dort soll der Küster heute noch liegen.

Nach dieser Zeit hörte der Spuk auf Mörkaa auf, und Gudrun erholte sich wieder. Etwas später zog sie wieder heim nach Baegisaa, aber man sagte, dass sie nie wieder dieselbe wurde, die sie früher gewesen war.

SIGURD UND DAS GESPENST

uf einem Hof wohnte ein Bauer, der einen Sohn hatte, der Sigurd hieß. Allen Leuten kam es so vor, als ob der Sohn ein wunderlicher Kauz sei; wenig beliebt war er, er war aber auch ein solcher Ausbund, dass kein Auskommen mit ihm war.

Einmal kam auf diesen Hof ein Mann mit Namen Sigurd, der den Bauern bat, den Winter über dort bleiben zu dürfen und die Erlaubnis dazu erhielt. Der Fremde konnte weiter nichts verrichten als die Harfe spielen. Die beiden Namensvettern aber wurden so gute Freunde, dass der Bauernsohn sich nicht gern woanders aufhielt als bei dem Fremden.

Der Winter verstrich, und zum Frühjahr zog der Wintergast wieder fort. Nachdem er das Haus verlassen hatte, langweilte sich der Bauernsohn überall, so dass er nirgends bleiben konnte, und im Herbst zog er hinaus, um Sigurd zu suchen. Er ging auf jeden Hof, zog von Ortschaft zu Ortschaft, von Syssel zu Syssel und fragte überall nach seinem Namensvetter Sigurd. Endlich kam er an einen Pfarrhof, in dem er auch nach seinem Namensvetter fragte. Niemand wusste etwas von ihm, so viel aber erzählte man ihm doch, dass kürzlich ein Mann, der Sigurd hieß, angekommen wäre, er sei aber eben gestorben. Er fragte, wo er liege. Man sagte ihm, dass er draußen in der Küche läge, und dass er gerade in den Sarg gelegt worden wäre. Er bat, dort hingehen zu dürfen, und nachdem er die Erlaubnis dazu bekommen hatte, blieb er die ganze Nacht über am Sarge sitzen. In der Nacht stieg der tote Sigurd aus dem Sarg, ging hinaus und blieb lange fort. Sigurd, der Bauernsohn, aber saß unterdessen am Sarg.

Es traf sich, dass die Frau des Pfarrers auf dem Hof jüngst ein Kind geboren hatte. Gegen Morgen kam das Gespenst wieder und wollte in den Sarg. Der Bauernsohn sagte, das dürfe es nicht, wenn es ihm nicht erzähle, was es getrieben habe. »Ich habe mit meinem Geld gespielt«, sagte das Gespenst. »Und jetzt will ich wieder in meinen Sarg«, fuhr es fort. »Nicht, ehe du mir sagst, wo das Geld liegt«, sagte Sigurd. »Das wirst du nicht erfahren«, sagte das Gespenst. »Dann kommst du auch nicht in den Sarg«, erwiderte Sigurd. Da erzählte das Gespenst, dass es unter der Ecke in der Badstube läge. »Wie viel ist es?«, fragte Sigurd. »Ein Scheffel«, erwiderte das Gespenst. »Hast du weiter nichts vorgehabt?«, fragte Sigurd. »Nein«, antwortete das Gespenst. »Du hast sicher noch mehr ausgefressen«, sagte Sigurd. »Du kommst nicht eher in den Sarg, bis du es mir gesagt hast.« – »Ich habe die Pfarrersfrau getötet«, sagte das Gespenst. »Warum hast du das getan?«, fragte Sigurd. »Ich wollte ihr Freund sein, als sie noch lebte«, sagte das Gespenst, »sie aber wollte nicht.« – »Wie hast du denn das angestellt?«, fragte Sigurd. »Ich habe ihr alles Leben, das in ihr war, in den kleinen Finger hineingestrichen«, erwiderte das Gespenst. »Kann sie nicht wieder zum Leben erweckt werden?«, fragte Sigurd. »Ja«, antwortete das Gespenst, »wenn die Schnur, die ich ihr um den kleinen Finger gebunden habe, so behutsam gelöst wird, dass kein Blut fließt. Jetzt aber will ich in den Sarg hinein«, sagte das Gespenst.

»Nicht eher, bis du mir versprichst, nie wieder aus dem Sarge zu steigen«, antwortete Sigurd. »Ich will in den Sarg hinein«, sagte das Gespenst. »Versprich mir erst das andere«, erwiderte Sigurd. Das Ende vom Liede war, dass das Gespenst versprach, nie mehr aus seinem Sarg aufzustehen. Es legte sich nun in den Sarg, und dieser schloss sich wieder.

Am Morgen kam Sigurd auf den Hof und traf die Leute in großer Trauer an. Er fragte, was ihnen fehle; und sie erzählten ihm, dass die Frau des Pfarrers in der Nacht gestorben sei. Er bat um die Erlaubnis, sie sehen zu dürfen, und man zeigte ihm, wo sie lag; Er löste die Schnur an dem kleinen Finger der Pfarrersfrau und strich ihren ganzen Körper, bis sie allmählich wieder auflebte Dann erzählte er dem Pfarrer von seinem Handel mit dem Gespenst und zeigte ihm das Geld, um die Wahrheit seines Berichts zu beweisen. Er wurde nun in allen Ehren von dem Pfarrer gehalten, der ihn in seinen Dienst nahm und wie gesagt wird, einen sehr tüchtigen Mann aus ihm gemacht haben soll, und es wird erzählt, dass Sigurd sich von diesem Tage an immer gut führte.

Und so endet diese Erzählung.

in Mann hieß Asmund. Sein Geschlecht stammte aus dem Skagefjord. Ein flinker Mann war er und tüchtig zu jeder Arbeit, und zur Zeit dieser Erzählung war er ungefähr zwanzig Jahre alt. Jeden Winter zog Asmund südwärts, wie er zu tun pflegte, und seine Genossen folgten ihm. Sie verbrachten die Nacht auf Melar im Hrutafjord, von wo aus sie am nächsten Morgen nach der Heide hinaufzureiten gedachten. In der Nacht aber verfiel Asmund in eine schwere Krankheit, und seine Begleiter warteten den Tag über auf ihn. Asmund sagte, dass sie weiter ziehen sollten, er würde schon nachkommen. Da zogen sie fort, Asmund aber blieb zurück.

Am folgenden Tage war Asmund wieder vollkommen gesund, und darum brach er auf. Es war schönes Wetter; als er aber nach Süden kam und mitten auf der Heide war, erhob sich ein starkes Schneetreiben, und Asmund sah nicht, wo er ritt. Er verlor den Weg, und als er das merkte, nahm er die Bündel von seinen Pferden und grub sich in eine Schneewehe ein und benutzte seine Bündel als Tür für die Schneehütte. Die Pferde koppelte er zusammen. Dann ging er in die Schneehütte, in die er an der Leeseite ein Loch gegraben hatte, um nach dem Wetter auslugen zu können. Sodann holte er seine Reisekost hervor und fing an zu essen. Aber gerade als er seine Mahlzeit begonnen hatte, kam ein torfbrauner Hund an das Loch in der Schneehütte und grub sich hindurch. Der Hund sah sehr bissig und wütig aus, wurde aber bei jedem Bissen, den Asmund schluckte, noch grimmiger. Der Hund begann, Asmund zu missfallen, und dieser holte einen Keulenknochen von einem sehr großen Schaf hervor und gab ihn ihm. Der Hund nahm den Knochen und lief sofort hinaus mit ihm. Nach einem Weilchen aber kam ein hochgewachsener, älterer Mann an die Tür der Schneehütte. Er sprach Asmund an und dankte ihm für sein Hündchen.

»Oder bist du nicht der Südfahrer-Asmund?«, fragte der Fremde. »So nennt man mich«, antwortete Asmund. »Ich gebe dir auf, zwischen zwei Dingen zu wählen«, sagte der Mann, »entweder folgst du mir, oder das Unwetter beruhigt sich nicht, bevor du tot bist. Denn das sollst du wissen, dass ich es bin, der das Unwetter heraufbeschworen hat, und ich bin daran schuld, dass du krank geworden bist, denn ich wollte mit dir sprechen, weil ich keinen tüchtigeren und mutigeren Mann kenne als dich.« Asmund wurde es heiß um die Ohren, und er begriff, dass hier nur eins zu tun war, ob es ihm recht war oder nicht. Er sagte dann, dass er lieber mit ihm ziehen als sein Leben in der Schneewehe lassen wollte.

»So komm mit«, sagte der Mann. Asmund brach nun mit ihm auf; das Schneetreiben hatte aufgehört, und es war schönes Wetter geworden. Der Mann ging voraus, Asmund aber folgte ihm mit den Pferden. Welchen Weg er ging, wusste er nicht, so irregeführt worden war er. Als sie eine Zeit lang geradeaus gewandert waren, kamen sie in ein kleines Tal. Ein Bach lief mitten durch das Tal, und Asmund war erstaunt, dass die Erde auf der einen Seite des Baches rot war, während auf der anderen Seite jedes Fleckchen weiß vom Schnee war. Auf jeder Seite des Baches sah er einen Hof. Sie gingen nach dem Haus, das auf der zugeschneiten Seite lag. Der Alte nahm die Pferde, zog sie in den Stall und fütterte sie. Dann führte er Asmund in das Haus und in die Badstube. Hier erblickte Asmund ein altes Weib und ein junges, ziemlich hübsches Mädchen, andere Leute aber sah er nicht. Nachdem er sie begrüßt hatte, wies ihm der Alte einen Sitzplatz an. Als aber eine kleine Weile verstrichen war, gingen sie hinaus, der Alte und das Mädchen, und Asmund und das Weib blieben allein zurück. Die Alte saß die ganze Zeit da und murmelte leise vor sich hin: »Es ist ein rechter Jammer, ohne Tabak zu sein.« Asmund holte ein Stück Tabak aus der Tasche und warf es der Alten zu. Sie fing es auf und freute sich über das Geschenk.

Dann kamen sie herein, der Alte und das Mädchen, und sie brachten Asmund etwas zu essen. Asmund aß, und der Alte stand die ganze Zeit bei ihm und war sehr vergnügt. Als Asmund gegessen hatte, ging das Mädchen wieder hinaus, von dem alten Mann gefolgt. Jetzt glaubte Asmund, dass sie beratschlagten, wie sie ihn umbringen könnten. Bald darauf kam der Alte zurück und bat Asmund, sich zur Ruhe zu begeben. Das wollte er gern, und der Alte führte ihn in eine Kammer, in der ein aufgedecktes Bett stand. Der Alte wünschte ihm Gute Nacht und ging, das Mädchen aber zog Asmund die nassen Kleider aus. Als sie seine Strümpfe und Schuhe nahm, um sie wegzutragen, bat er sie, das nicht zu tun, denn er fürchtete, es könnte Verrat dahinter stecken. Das Mädchen sagte, dass keine Gefahr damit verbunden sei, denn es wolle ihm niemand etwas Böses zufügen. Darauf ging sie und bot Asmund mit einem Kuss Gute Nacht.

Asmund erschien die Behandlung, die er im Hause des Friedlosen genoss, sonderbar, und er war nicht ganz frei davon, ein gewisses Gefallen an dem Kusse des Mädchens zu finden. Er schlief bald ein und wachte wieder davon auf, dass der Alte neben ihm stand.

Es war hellichter Tag. Der Alte wünschte ihm Guten Morgen und sagte, er wolle ihn jetzt um die Sache bitten, um derentwegen er ihn hergeholt hätte. »Die Sache verhält sich so«, sagte der Alte, »dass ich vor zwanzig Jahren unten in der bewohntem Gegend wohnte; dann bekam ich ein Kind mit meiner Schwester, darum musste ich flüchten und hierherziehen. Das alte Weib, dass du gestern gesehen hast, ist meine Schwester, das Kind aber, das wir zusammen bekamen, ist das junge Mädchen, das dir beim Ausziehen behilflich war, als du zu Bett gingst. Als ich hierherkam, waren hier schon Friedlose, die in dem Hause wohnten, das du gestern abend jenseits des Baches gesehen hast. Es waren dieselben beiden Männer, die noch heute auf dem Hof wohnen. Sie haben mir immer Feindschaft bewiesen, stets aber habe ich mich ihrer erwehren können, bis jetzt. Jetzt kann ich es nicht mehr, und nun muss ich ihrer Übermacht unterliegen, weil sie den ganzen Schnee, der ins Tal fällt, auf meine Seite des Baches fallen lassen. Es ist meine Gewohnheit gewesen, meine Schafe auf ihrem Land jenseits des Baches grasen zu lassen, nun aber bin ich nicht mehr Manns genug, das zu tun. Ich will dich darum bitten, heute sogleich mit meinen Schafen über den Bach zu gehen und sie dort zu hüten. Ich weiß, dass du ein mutiger Mann bist, aber das hast du auch nötig, denn meine beiden Feinde werden kommen, in der Vermutung, dass ich bei der Herde bin. Du sollst meinen torfbraunen Hund bei dir haben, und der wird dir eine gute Hilfe sein.«

Asmund verließ das Bett und ging mit den Schafen fort, der Alte aber gab ihm seinen Mantel zum Umhängen und ein Beil, damit er sich seiner Haut wehren könnte. Sobald Asmund über den Bach gekommen war, liefen die Friedlosen auf ihn zu und sagten: »Jetzt ist er des Todes!« Denn sie glaubten, der Alte sei bei seinen Schafen. Als sie sich aber Asmund näherten, sagten sie: »Es ist ein anderer, als wir dachten«, worauf sie auf Asmund einsprangen und ihn angriffen. Asmund hetzte den Braunen auf den einen von ihnen, griff aber selber den andern an. Der Braune zerriss seinen Gegner und lief dann gegen den andern an, und so besiegten sie ihn im Verein, Asmund und der Hund. Asmund blieb bis zum Abend bei den Schafen, dann ging er nach Hause und traf dort den Alten an. Der empfing Asmund gut und dankte ihm herzlich für sein Tagewerk. Er hätte ihm zugesehen, als er dabei gewesen wäre, die Friedlosen zu töten, erzählte er.

Am folgenden Tage gingen Asmund und der Alte über den Bach nach dem anderen Hof, der ein guter und geräumiger Ort zum Bewohnen war. Keinen Menschen trafen sie an, nur eine Menge Vieh. Sie untersuchten nun das ganze Haus. Da stießen sie auf eine Tür, die sie nicht zu öffnen vermochten. Asmund warf sich gegen sie und sprengte sie. Sie führte in eine kleine Nebenkammer, in der sie eine anmutige und schöne Magd fanden. Sie war mit den Haaren an einen Balken festgebunden und war sehr blass und mager. Asmund befreite sie und fragte, wo sie her sei. Sie erzählte, dass sie eine Bauerntochter vom Oefjord wäre und dass die Friedlosen sie geraubt hätten. Sie hätten sie zwingen wollen, einen von ihnen zu heiraten, sagte sie. Da sie das aber nicht wollte, so hätten sie sie hier festgebunden und gemeint, auf diese Weise würden sie sie schon gefügig machen, einen von ihnen zu nehmen. Asmund erzählte ihr dann, wie die Sache nun stände und dass sie in den Händen guter Menschen sei; sie aber freute sich, alle Gefahr überstanden zu haben.

Sie brachten nun alles von der Hütte des Alten herüber nach diesem Hof und blieben hier den Winter über. Asmund gefielen der Alte und die Mädchen, besonders jedoch die Töchter des Alten. Sie lernte verschiedene Kunstfertigkeiten von dem Mädchen vom Oefjord. Im Frühjahr sagte der Alte zu Asmund, er solle nun nach seiner Heimat ziehen; im Herbst aber solle er in das Tal zurückkehren, denn dann würde er gestorben sein, sagte er. Dann wollte er ihn bitten, sich seiner Tochter und seiner Schwester anzunehmen, wenn sie noch am Leben sei, und auch des Mädchens aus dem Oefjord. Alles, was er hier an Geldeswert finden könne, solle seine Mitgift sein, sagte er. Darauf begab sich Asmund nordwärts nach dem Skagefjord. Die Leute sahen ihn an, als wäre er vom Tode wieder auferstanden; wo er aber den Winter verbracht hatte, das erzählte er niemandem.

Im Herbst zog er wieder aus und kam zu den Mädchen im Tal. Sie freuten sich sehr über sein Kommen, denn die beiden Alten waren entschlafen, und die Mädchen hatten sie unter einem Hügel am Abhang begraben. Asmund blieb den Winter über bei ihnen. Aber im Frühjahr zog er mit der ganzen beweglichen Habe aus der Hütte fort, nach dem Skagefjord. Dort ließ er sich nieder und heiratete die Tochter des Alten, das Oefjordmädchen aber verheiratete er mit einem Manne aus der Umgegend.

Und hier endet die Erzählung vom Südfahrer-Asmund.

DER MANN VON GRIMSÖ
UND DER BÄR

s geschah einmal auf Grimsö, dass das Feuer im Winter erlosch, so dass auf keinem Hof Feuer oder Licht angezündet werden konnte. Es war damals ruhiges Wetter, und der Frost war so scharf, dass der Grimsösund zugefroren war, und man glaubte, dass das Eis tragen könne. Da entschlossen sich die Bewohner von Grimsö, ein paar Leute auf das Festland zu senden, die Feuer holen sollten, und wählten dazu drei von den tüchtigsten Männern der Insel.

Sie zogen früh morgens bei hellem Wetter davon, und eine Menge Bewohner begleiteten sie auf das Eis hinaus und wünschten ihnen einen glücklichen Weg und baldige Heimkunft. Es wird nichts von der Wanderung der Ausgesandten berichtet, bis sie mitten im Sund an eine Wake kamen, die so lang war, dass sie ihr Ende nicht sehen konnten, und so breit, dass nur zwei mit knapper Not hinüberzuspringen vermochten, während der dritte sich nicht dazu imstande glaubte. Die anderen rieten ihm deshalb, nach der Insel zurückzukehren und setzten ihre Wanderung fort; er aber blieb am Rande der Wake zurück und verfolgte sie mit den Augen. Er wollte ungern unverrichteter Sache zurückkehren und entschloss sich daher, an der Wake entlang zu gehen, um zu versuchen, ob sie vielleicht an einer anderen Stelle schmaler wäre. Im Laufe des Tages wurde das Wetter trübe, und es zogen von Süden Sturm und Regen auf. Das Eis löste sich, und schließlich stand der Mann auf einer Eisscholle, die dem Meere zutrieb. Am Abend stieß die Scholle gegen einen großen Eisberg, den der Mann bestieg. Da entdeckte er unweit von sich einen Bären, der auf seinen Jungen lag. Er aber war verklammt und hungrig, und ihm graute jetzt vor dem Leben. Als der Bär den Mann erblickte, betrachtete er ihn eine Weile, erhob sich dann, ging auf ihn zu, umkreiste ihn und gab ihm ein Zeichen, dass er sich auf das Lager zu den Jungen legen sollte. Er tat das mit Furcht im Herzen. Dann legte sich das Tier selbst bei ihm nieder, breitete sich über ihn und säugte ihn mit seinen Jungen zugleich. Die Nacht verstrich; am nächsten Tage stand das Tier auf, entfernte sich ein kleines Stück vom Lager und winkte dem Manne nachzukommen. Als er auf das Eis hinausgekommen war, legte sich der Bär vor seine Füße nieder und gab ihm ein Zeichen, sich auf seinen Rücken zu setzen. Als er den Rücken des Bären bestiegen hatte, erhob sich dieser, rüttelte und schüttelte sich, bis der Mann von ihm heruntergefallen war. Mit dieser Probe war er für diesmal zufrieden, der Mann aber wunderte sich darüber. Es vergingen nun drei Tage; nachts lag der Mann auf dem Lager des Bären und saugte seine Milch, jeden Morgen aber hieß ihn der Bär sich auf seinen Rücken setzen, und dann schüttelte er sich, bis der Mann sich nicht mehr festhalten konnte. Am vierten Morgen konnte sich der Mann auf dem Rücken des Tieres halten, so viel es sich auch schüttelte. Gegen Abend ging es aufs Eis hinunter, den Mann auf dem Rücken, und schwamm mit ihm nach der Insel.

Als der Mann an Land gekommen war, ging er auf die Insel hinauf und gab dem Bären ein Zeichen, ihm zu folgen. Er ging voran nach seinem Heim und ließ sogleich die beste Kuh im Stall melken und ihn so viel frisch gemolkene Milch trinken, wie er nur konnte; dann ging er vor dem Bären in seinen Schafstall, ließ die beiden besten Schafe aus seiner Herde herausnehmen und schlachten, band sie an den Hörnern zusammen und legte sie quer über den Rücken des Bären. Dieser kehrte nach dem Meere zurück und schwamm zu seinen Jungen hinaus.

Und nun war viel Freude auf Grimsö; denn während die Inselbewohner mit Erstaunen dem Bären nachschauten, sahen sie ein Boot vom Festland kommen und mit gutem Wind nach der Insel segeln. Darin hofften sie die beiden anderen Abgesandten mit dem Feuer zu sehen.

DAS SEEHUNDSFELL

in Mann aus Myrdal im Osten ging eines Morgens früh, ehe die Leute aufgestanden waren, an einigen Felsen vorbei und kam an den Eingang einer Höhle. Da hörte er, dass in dem Hügel gelärmt und getanzt wurde, draußen aber sah er eine große Menge Seehundsfelle. Er hob eines von ihnen auf, nahm es mit nach Hause und verschloss es in seiner Truhe. Etwas später, im Laufe des Tages kam er wieder an den Eingang der Höhle; da saß dort ein schönes und junges Mädchen, das ganz nackt war und bitterlich weinte. Das war der Seehund, dem das Fell gehörte, das sich der Mann mitgenommen hatte. Der Mann gab dem Mädchen Kleider, tröstete es und nahm es mit nach Hause.

Sie war ihm später sehr zugetan, weniger aber stimmte ihr Gemüt mit dem anderer Leute überein. Oft saß sie da und schaute über die See hinaus. Nach Verlauf einiger Zeit nahm sie der Mann zur Frau; sie lebten gut zusammen und hatten viele Kinder miteinander.

Der Bauer verbarg das Fell unter Schloss und Riegel in seiner Truhe und trug den Schlüssel bei sich, wohin er auch ging. Nach Verlauf vieler Jahre ruderte er eines Tages zum Fischfang hinaus und vergaß den Schlüssel zu Hause unter seinem Kopfkissen. Andere dagegen sagen, dass der Bauer mit seinen Leuten zum Weihnachtsgottesdienst gezogen sei, dass die Frau aber krank gewesen wäre und nicht mitgehen konnte; da soll er vergessen haben, den Schlüssel aus der Tasche seiner Wochentagskleider zu nehmen, als er sich umzog; als er aber abends nach Hause kam, war die Truhe geöffnet und die Frau samt dem Fell verschwunden. Sie hatte den Schlüssel gefunden und aus Neugier die Truhe durchsucht und das Fell gefunden. Da konnte sie der Versuchung nicht länger widerstehen; sie sage ihren Kindern Lebewohl, fuhr in das Fell und warf sich in die See. Ehe die Frau in die See sprang, soll sie vor sich her gesagt haben:

»Ich will und will auch wieder nicht, –
Sieben Kinder hab ich auf dem Meeresboden,
Sieben Kinder hab ich auch hier oben.«

Es wird erzählt, dass der Bauer sich das sehr zu Herzen nahm. Wenn er später hinausruderte, um zu angeln, dann schwamm der Seehund oft um sein Boot herum, und es war, als liefen ihm Tränen aus den Augen. Von dieser Zeit an hatte er stets Erfolg bei seinem Fischfang, und das Glück suchte seinen Strand oft auf.

Häufig sah man, wenn die Kinder des Ehepaares an den Strand gingen, dass ein Seehund draußen in der See schwamm und sie begleitete, während sie auf dem Lande oder am Strande entlang gingen, und bunte Fische und hübsche Muscheln zu ihnen hinaufwarf. Nie aber kehrte ihre Mutter wieder aufs Land zurück.

DIE SENNERIN

m Nordland war einmal ein Pfarrer, der ein Mädchen zu sich genommen und großgezogen hatte. Weit ab von der Pfarre, hoch auf den Bergen, war die Sennwirtschaft, wo der Pfarrer im Sommer stets Schafe und Kühe, Hirten und eine Sennerin hatte.

Als seine Pflegetochter erwachsen war, wurde sie Sennerin, und diese Arbeit wie jede andere ging ihr von den Händen, denn sie war eine vortreffliche Wirtin, dazu schön von Angesicht und wohl erzogen. Es kamen viele reiche Freier und warben um sie, denn unter allen Mädchen jener Gegend war ihresgleichen nicht zu finden; sie aber wies jede Bewerbung zurück.

Einst sprach der Pfarrer darüber mit seiner Pflegetochter und redete ihr zu, sich zu verheiraten, wobei er sagte, er werde ja nicht immer für sie sorgen können, denn er sei ein alter

Mann. Sie aber lieh seinen Worten wenig Gehör, sondern meinte, ihr Sinn stehe gar nicht nach solchen Dingen, es gefalle ihr ganz gut so, wie es sei, und nicht jeder finde sein Glück im Ehestand. Und damit ließen sie für diesmal die Angelegenheit ruhen.

Als der Winter fortschritt, schien die Sennerin ihr frisches Aussehen und ihre Fröhlichkeit verloren zu haben; alle Leute bemerkten, dass sie mit der Zeit immer stiller wurde. Im Frühjahr endlich begann ihr Pflegevater wiederum eine Unterredung mit ihr und bat sie, ihm zu sagen, wie es mit ihrer Gesundheit stehe; sie sei gewiss krank und dürfe diesen Sommer nicht auf die Sennwirtschaft ziehen. Allein sie leugnete ganz entschieden, dass sie krank sei; ihr fehle nichts, sagte sie, und die Sennwirtschaft werde sie diesen Sommer so gut besorgen wie früher. Als der Pfarrer sah, dass er bei ihr nichts ausrichtete, ließ er ihr ihren Willen, trug aber den Sennern auf, sie nicht ein einziges Mal allein zu lassen, was sie ihm auch fest versprachen.

Man zog nun hinauf in die Berge, und die Sennerin stellte sich munter und vergnügt. So ging es eine Zeit lang, und nichts Außergewöhnliches trug sich zu. Die Leute gaben gut acht auf die Sennerin und ließen sie niemals allein. Da begab es sich eines Abends, dass dem Hirten alle Schafe und Kühe abhanden kamen, so dass alle die Hütte verließen und die Sennerin allein zurückblieb. Das Suchen ging langsam vonstatten, weil ringsum ein dichter Nebel lag, und so wurden die Herden erst gegen Morgen gefunden. Als die Suchenden zurückkehrten, war die Sennerin auf den Füßen und ungewöhnlich munter. Bald gewahrten auch die Leute, dass ihr Äußeres wieder ganz dasselbe geworden war wie früher, und sie konnten sich gar nicht erklären, woher diese plötzliche Veränderung kam.

Im Herbst zogen Menschen und Vieh von der Sennhütte wieder heimwärts. Da bemerkte auch der Pfarrer alsbald, dass das Aussehen des Mädchens jetzt viel gesünder war als im Winter zuvor. Er drang nun mit Fragen in die übrigen Senner, ob sie seinem Befehl entgegen gehandelt und alle die Sennerin verlassen hätten. Da erzählten sie ihm der Wahrheit gemäß, sie seien nur ein einziges Mal von ihr gegangen, um zu suchen, da das gesamte Melkvieh fort gewesen sei. Darüber wurde der Pfarrer sehr zornig, und er stieß allerlei Verwünschungen aus, weil sie seinem Befehl ungehorsam gewesen seien, aber das habe er geahnt, als das Mädchen im Frühjahr auf die Sennweide gezogen sei.

Im folgenden Winter kam ein Mann und freite um die Pflegetochter de Pfarrers, wurde jedoch kurz von ihr abgewiesen. Der Pfarrer aber sagte, sie solle nicht davon loskommen, diesen Mann zu heiraten, denn er habe den besten Leumund und sei von guter Herkunft. Er hatte im Frühling nach dem Tode seines Vaters die Wirtschaft übernommen, und seine Mutter lebte bei ihm. Diese Heirat kam also zustande, ob es dem Mädchen nun lieb oder leid war. Im Frühjahr wurde ihre Hochzeit gefeiert. Ehe sich aber das Mädchen in ihren Brautstaat kleidete, sagte sie zu ihrem Bräutigam: »Das bedinge ich mir von dir aus, da du mich gegen meinen Willen zum Weibe nimmst, dass du nie einem Wintergast Herberge gewährst, ohne es mir vorher zu sagen; du würdest es sonst zu bereuen haben.« Der Bauer gab ihr das geforderte Versprechen.

Das Festmahl ging vorüber, und sie zog mit ihrem Mann heim und stand dem Hauswesen vor; doch ohne Lust und Liebe, denn sie war niemals froh oder zeigte eine heitere Miene, obgleich ihr Mann alles tat, was er ihr an den Augen ablesen konnte, und sie keinen Finger in kaltes Wasser tauchen ließ. Jeden Sommer, wenn die anderen bei der Heuernte waren, blieb sie daheim und ihre Schwiegermutter bei ihr, um ihr die Zeit zu verkürzen und ihr beim Kochen zu helfen. Dazwischen saßen sie und spannen, und die Alte erzählte ihrer Schwiegertochter zur Kurzweil allerlei Geschichten.

Einmal, als die alte Frau eine Geschichte zu Ende erzählt hatte, sagte sie zu ihrer Schwiegertochter, nun solle sie doch einmal eine Geschichte zum besten geben. Die antwortete aber, sie wisse keine. Die Alte drang noch mehr in sie, und da versprach sie, die einzige Geschichte zu erzählen, die sie könne, und begann folgendermaßen:

»Auf einem Gehöft war einmal ein Mädchen, das war eine Sennerin. Nicht weit von der Sennhütte waren große Felsklippen, bei denen ging sie öfter vorüber. Ein Huldenmann war in den Felsen, fein und schön, und sie wurden bekannt miteinander und gewannen sich sehr lieb. Er war so gut und sanft zu dem Mädchen, dass er ihr keine Bitte abschlug und in allem nach ihrem Willen handelte.

So ging es eine Weile, und das Ende davon war, dass die Sennerin zu kränkeln anfing und ihr Hausherr mit Fragen in sie drang und eine Beschuldigung gegen sie aussprach, als sie im nächsten Sommer die Sennwirtschaft wieder beziehen sollte; sie aber wies den Verdacht zurück und zog hinauf zur Sennhütte wie früher. Der Hausherr aber befahl denen, die mit ihr waren, niemals alle von ihr zu gehen, und das versprachen sie ihm hoch und teuer.

Nichts destoweniger gingen alle einmal von ihr fort, um nach der Herde zu suchen, und unterdessen gebar sie ein Kind. Da kam jener Mann zu ihr, mit dem sie Umgang gepflogen hatte, der stand ihr bei und badete das Kind und wickelte es. Bevor er jedoch mit dem Knäblein von dannen ging, gab er ihr aus einem Glas zu trinken, und das war der süßeste Trank, den ich jemals« … in diesem Augenblick glitt ihr der Knäuel aus der Hand, von dem sie gestrickt hatte, so dass sie sich bücken und ihn aufheben musste – »den sie jemals geschmeckt hatte, wollte ich sagen, und davon wurde sie zur selben Stunde gesund und frisch. Von da an sahen sie sich nie wieder, das Mädchen und der Huldenmann; sie aber wurde gezwungen, einen anderen Mann zu heiraten, und doch sehnte sie sich so sehr zurück nach ihrem früheren Geliebten, dass sie nun keinen frohen Tag mehr sah. Und hiermit schließt diese Geschichte.« Ihre Schwiegermutter dankte ihr für diese Erzählung und prägte sie ihrem Gedächtnis ein.

So verging nun wieder einige Zeit, ohne dass sich etwas ereignete; die Frau gab sich in der gewohnten Weise ihrem Kummer hin, war dabei aber immer gut zu ihrem Mann. In einem Sommer, als die Heuernte schon beinah vorüber war, kamen zwei Männer zu dem Bauern, von denen der eine größer, der andere noch im Knabenalter war. Beide hatten tief herabhängende Hüte auf, so dass man ihre Gesichtszüge nicht deutlich sehen konnte.

Der größere der Männer ergriff das Wort und bat den Bauern um Winterherberge. Der Bauer sagte, er nehme niemanden in sein Haus auf ohne Wissen seiner Frau, und er wollte erst gehen und mit ihr sprechen, bevor er ihnen Obdach gewähre. Der größere Mann bat ihn, doch nicht so unwürdig zu reden, ein solcher Häuptling wie er werde sich doch von seiner Frau nicht so beherrschen lassen, dass er nicht einmal eine solche Kleinigkeit allein tun dürfe, zwei Menschen einen einzigen Winter zu beköstigen. Da wurde es denn unter ihnen abgemacht, dass der Bauer ihnen Winterherberge gewährte, ohne seine Frau gefragt zu haben.

Am Abend kamen die Fremden zu dem Bauern ins Haus, und er ließ sie ein Zimmer vorn im Haus beziehen und bat sie, hierzubleiben. Dann ging er zu seiner Frau und sagte ihr, was geschehen war. Die Hausfrau wurde ungehalten darüber und meinte, dies sei ihre erste und wahrscheinlich auch letzte Bitte gewesen. Da er die Menschen allein bei sich aufgenommen habe, so solle er nun auch allein zusehen, was aus ihrem Winteraufenthalt entstehen werde; und dann sprachen sie nicht weiter davon. –

Es war nun alles ruhig, bis die Hausfrau und ihr Mann im Herbst zum Abendmahl gehen wollten.

Es war aber damals Sitte, wie noch jetzt in manchen Gegenden auf Island, dass diejenigen, die das Abendmahl nehmen wollten, vorher zu jedermann im Hause gingen, ihn küssten und ihn um Verzeihung für alles baten, womit sie ihn gekränkt haben mochten. Die Hausfrau hatte bis jetzt die Wintergäste gemieden und sich niemals vor ihnen sehen lassen, und so machte sie es auch diesmal und nahm keinen Abschied von ihnen.

Die Eheleute machten sich nun auf den Weg. Als sie aber aus dem Gehege des Grasfelds hinaus waren, sagte der Bauer zu seiner Frau: »Du hast doch selbstverständlich den Wintergästen Lebewohl gesagt.« Sie antwortete hierauf nein. Da bat er sie, doch nichts so Unerhörtes zu tun und fortzugehen, ohne von ihnen Abschied zu nehmen. Sie aber entgegnete: »Fast in allem zeigst du, dass du mich wenig achtest; erst nahmst du diese Leute auf, ohne mich zu fragen, und nun wieder willst du mich drängen, sie zu küssen. Aber ich werde dir trotzdem gehorchen, du jedoch wirst es zu büßen haben, denn es gilt hier mein Leben und wahrscheinlich auch das deine.«

Sie kehrte nun nach Hause zurück und blieb sehr lange drinnen. Endlich geht auch der Bauer hinein und begibt sich dorthin, wo er die Wintergäste vermutet, und findet sie in ihrem Gemach. Da sieht er den größeren der beiden mit der Hausfrau am Boden liegen, in zärtlicher Umarmung und tot; vor Gram war ihnen das Herz gebrochen. Der andere Wintergast aber stand weinend über sie gebeugt, als der Bauer eintrat, bald darauf aber verschwand er, und keiner weiß, was aus ihm geworden ist. Nun erkannten aber alle aus der Geschichte, welche die Hausfrau ihrer Schwiegermutter erzählt hatte, dass der größere der Fremdlinge jener Huldenmann gewesen war, den die Hausfrau bei der Sennhütte kennengelernt hatte, und der kleinere ihr beider Sohn war.

GULLBRA UND SKEGGI
ZU HVAMMUR

vammur in der Dalasysla, der ehemalige Herrensitz der Sturlungen, liegt in einem nicht sehr breiten Tal, und jenseits desselben erhebt sich, Hvammur gegenüber, ein Hof, der Akur heißt; sonst sind keine Gehöfte in dem Tal. Akur ist schon frühzeitig erbaut worden, obwohl es nur wie ein Vorwerk von Hvammur aussieht. Bereits in der Sturlungasaga wird es erwähnt, wo Sturla von seinem Traum erzählt, es sei ihm vorgekommen, als stehe er auf dem Bergabhang oberhalb Akur. Mit Gullbra, die zuerst auf Akut gewohnt haben soll, sind viele alte Benennungen in jenem Tal verknüpft, und man erzählt im Westen folgende Geschichte von ihr:

Audur die Grundreiche* nahm alles Land am Hvammsfjördur in Besitz und wohnte auf Hvammur. Sie umgab sich mit großer Pracht und hatte viele Reichtümer. Das Vieh weidete östlich am Fluss, die Äcker lagen auf der Westseite des Tals an den Bergen entlang. Diese Äcker waren sehr fruchtbar, es wurde aber stets darauf geachtet, dass man ein Stück, das anscheinend ebenso fruchtbar wie die übrigen war, unbesät ließ, und Audur verbot ihren Knechten streng, jemals den südlichen Teil der Äcker zu bestellen; auch durften sie das Vieh dort nie weiden lassen, und wenn dies dennoch einmal geschah, so durften diese Tiere bei der nächsten Melkzeit nicht benutzt werden.

Einst, als Audur die Grundreiche schon sehr alt geworden war, geschah es, dass eine Frau nach Hvammur kam; sie war jung und schön von Angesicht und nannte sich Gullbra; keiner wusste, wo sie herkam, noch aus welchem Geschlecht sie stammte. Sie traf nicht die Herrin selbst, sondern nur den Verwalter. Den fragte sie, weshalb die Äcker südlich vom Fluss nicht bestellt seien, und er teilte ihr Audurs Verbot mit. Da

---

* eine aus Norwegen eingewanderte Christin

lachte sie laut und sagte, sie wünsche das Land zu kaufen. »Ich will lieber eine Scholle von diesem Acker als das ganze Land von Hvammur, denn eine Ahnung sagt mir, dass hier die Sitte eingeführt und das Haus erbaut werden wird, die mir am meisten verhasst sind; gib mir nur gleich das Besitzrecht auf diesen Boden, ohne Audur erst zu fragen«, sagte sie. Sie reichte ihm einen großen Beutel voll Gold, und da er Gefallen am Gold fand und Audur ihm die Verwaltung des Eigentums ganz übergeben hatte, nahm er das Gold und gab der Fremden das Besitzrecht.

Als Audur von diesem Handel erfuhr, jagte sie ihren Verwalter fort und sagte, von diesem Gold werde er keinen Segen haben, denn sie ahne, dass diese Gullbra in geheimen Künsten erfahren und ein unheimlicher Gast sei, und nun habe sich das erfüllt, was sie für dieses Land südlich vom Fluss vorausgesehen; »aber auf dem Hvammslande wird soviel Glück ruhen«, sagte sie, »dass kein Schaden entstehen wird.« Da griff der Verwalter nach dem Beutel und wollte ihn Audur geben, um sie milder zu stimmen. Als er ihn aber öffnete, wälzte sich ein großer Haufen übelriechender Würmer heraus, und da wurde der Mann wahnsinnig und starb kurze Zeit darauf. Er wurde mit dem Beutel oben auf dem Berg begraben in dem Land, das Gullbra gekauft hatte, und jene Stelle heißt seitdem die Würmergrube.

Audur machte den Kauf nicht rückgängig, aber sämtliche Äcker südlich vom Fluss ließ sie außer Benutzung stellen von der See bis zu einer Felsenschlucht drinnen im Tal; dort ließ sie auf dem Bergrand drei Kreuze aufstellen, woher der Ort den Namen Krossgil (Kreuzschlucht) bekommen hat; sie sagte, bei ihren Lebzeiten werde Gullbras Zauberkunst über diese Kreuze keine Macht gewinnen. In der Tat ließ Gullbra sie niemals anrühren und hütete sich, ihr Vieh dort in der Nähe grasen zu lassen.

Gullbra errichtete ein stattliches Gehöft auf ihrem Eigentum und nannte es Akur; später erhielt es den Namen Hof-Akur*,

* Hof = ein heidnischer Opfertempel

denn sie erbaute einen heidnischen Tempel, feierte große Opferfeste und verübte viel Zauberei. Aber stets, wenn sie ihre Künste trieb und dabei unversehens nach Hvammur blickte, misslang ihre Zauberei; wie sie sagte, sah sie dann immer einen großen Lichtschein auf einer Stelle des Grasfeldes zu Hvammur, und dieser Glanz war ihr unerträglich; und darüber vergaß sie dann ihre Künste. Ein ähnliches Licht strahlte ihr von Audurs Kreuzen auf dem Festland entgegen, doch meinte sie, dies werde ihr nicht soviel Schaden tun wie der Lichtschein auf dem Grasfeld. Niemals kamen Audur und Gullbra zusammen, auch erlaubten sie ihrem Gesinde nicht, einander über den Fluss hinüber zu besuchen, und niemals vereinigten sich ihre Viehherden.

Audur war eine Christin, doch hatte sie keine Kirche auf ihrem Besitztum. Ihre Gebete verrichtete sie auf Krossholar (Kreuzhügel), weil man von dort den Opfertempel zu Akur nicht sehen konnte. Bevor Audur starb, bestimmte sie, dass sie nicht in ungeweihter Erde liegen wolle, doch fürchte sie den Übermut der Heiden, und deshalb bitte sie, man möge sie an der Flutgrenze begraben. Die Stelle, wo sie liegt, heißt nun Audarsteinn und dient noch heutigentags als allgemeine Strandmarke im Hvammsfjördur; man nimmt nämlich an, dass bei der Springflut die See gerade halb gefallen oder gestiegen ist, sobald sie sich an Audurs Stein bricht.

Gullbra wohnte nach Audurs Tod nur noch kurze Zeit auf Hvammur, denn obwohl ihre Macht zunahm, wobei das Heidentum wieder allgemein wurde und die Bewohner von Hvammur anfingen, auf Krossholar heidnische Gottesdienste und Opfer zu feiern, so konnte sie sich doch nicht wohl fühlen, wo Audurs Grabstätte an der Flutgrenze unterhalb ihrer Ländereien und deren Kreuze oberhalb bei der Schlucht am Bergesrand waren. Da saß sie inmitten zweier schlimmer Übel. Deshalb überließ sie den Bewohnern von Hvammur die Ländereien von Akur und nahm dafür den inneren Teil des Tales in Besitz. Dort ist es sehr düster, und die Sonne kommt im Sommer nicht sehr hoch, den größten Teil des Winters aber sieht man sie an der Südseite des Tales gar nicht. Sie wählte sich zum Wohnsitz das innere Ende des Tales, wo es am engsten und düstersten ist, der Ort heißt davon Gullbraarvjalli (Gullbras Bergabsatz). Sie traute sich jedoch nicht, dorthin das Tal entlang zu ziehen, an Audurs Kreuzen vorbei, ohne sich mit, ihrer ganzen Zauberkraft ausgerüstet zu haben.

Sie ging in ihren Opfertempel und verweilte lange darin mit allerlei seltsamen Gebräuchen, und als sie heraustrat, ließ sie sich die Augen verbinden, nahm aus dem Tempel eine Kiste voll Gold und einen großen Ring mit sich, der an der Tempeltür gesessen hatte, ließ ihn an dem Deckel des Kastens befestigen und setzte sich dann aufs Pferd; die Kiste nahm sie vor sich und hielt sie am Ring fest, die Knechte aber führten ihr Ross am Zügel. Sie erteilte ihnen die Weisung, dass sie sich nicht ein einziges Mal zu den Kreuzen am Berg umblicken sollten. Aber der ihr Pferd durch die Kreuzschlucht führte, sah unversehens nach der Bergseite empor, hielt ein wenig im Gehen inne, und da die Schlucht schwer zu durchschreiten war und Gullbra das Pferd heftig antrieb, sank es in die Knie. Dadurch fiel der Kasten vorn hinunter, und Gullbra hielt nur den Ring in der Hand. Sie erschrak hierüber so, dass sie sich die Binde von den Augen riss, um zusehen, was aus der Kiste geworden sei, aber in demselben Augenblick strahlten ihr die Kreuze vom Bergrand entgegen. Da schrie sie laut auf und sagte, es steche ihr ein unerträglicher Lichtschein in die Augen; sie gebot den Leuten, ihr die Kiste zu reichen und so schnell wie möglich zuzureiten. Den Ring aber, den sie in der Hand hielt, schleuderte sie weit von sich und meinte, es werde sie noch lange gereuen, dass sie ihn mitgenommen habe; »auch sehe ich jetzt hinterher ein«, sagte sie, »dass dieser Ring zu etwas bestimmt ist, was meinem Sinn am meisten zuwider ist.«

Gullbra setzte nun ihren Weg fort. Als sie die Schlucht ein Stückchen hinter sich hatte, bekam sie heftige Schmerzen in den Augen, und als sie auf Gullbraarvjalli anlangte, hatte sie die Sehkraft verloren. Eine Weile wohnte sie dort, blind und unglücklich, bis sie in eine schwere Krankheit verfiel. Da rief sie ihre Knechte zu sich und trug ihnen auf, sie zu einer Schlucht zu bringen und sie dort zu versenken. Dort wolle sie liegen, sagte sie, wo man nie die Sonne sehe noch Glockenklang höre. In diese Schlucht stürzt nach Norden zu ein Wasserfall ab, unter dem eine Höhle in den Felsen hineingeht; die Schlucht. ist grausig tief und ein wilder Wirbel unter dem Wasserfall. Gullbra ging in die Höhle und legte sich dort auf ihr Gold. Als sie nun ein Gespenst (Wiedergänger) im Wasserfall geworden war, verwüstete sie das Gehöft zu Gullbraarvjalli; sobald es zu dunkeln begann, waren dort auf dem Hügel und am Bergabhang weder Mensch noch Tier ihres Lebens sicher, und die Schafhirten haben seitdem stets geglaubt, dass es dort spuke.

Nachdem aber zu Hvammur eine Kirche erbaut war, ging das Gespenst nicht mehr um. Der Ort, an den Gullbra sich hinbringen ließ, heißt jetzt Gullbrarfoss (Gullbras Wasserfall). Der Ring von der Tür des Tempels zu Akur ist noch vorhanden; er befindet sich jetzt an der Kirchentür zu Hvammur. Es ist ein großer Ring aus Bronze mit stark abgenutztem Griff. Unter der Krampe ist eine sehr alte Bronzeplatte, auf der in erhabener Arbeit das Bild zweier gewappneter Männer zu sehen ist, mit dem Helm auf dem Kopf, dem Schwert an der Seite und in kurzen Panzern. Der eine rennt dem andern einen Spieß in die Brust, so dass er auf dem Rücken wieder herauskommt.

In der Kristnisaga und an anderen Stellen wird erzählt, der Priester Thangbrandur sei, als er die Westfjorde bereiste, auch nach Hvammur gekommen. Seine Worte wurden dort übel aufgenommen, die Hausfrau kam nicht heraus, sondern war drinnen und opferte; ihr Sohn Skeggi aber trieb unterdessen Spott mit Thangbrandur und dessen Begleitern.

Dieser Skeggi soll lange zu Hvammur gewohnt und den heidnischen Glauben sehr unterstützt haben; er war selbst zauberkundig und ein arger Heide wie seine Mutter. Doch besaß er nicht soviel Zauberkraft, dass er Gullbras gespenstischem Treiben gewachsen war. Oft tötete sie ihm Hirten und Vieh, wenn sie nach Gullbraarvjalli kam. Darüber war Skeggi sehr ungehalten, um so mehr als sein Sinn fortwährend danach stand, sich Gullbras Kiste aus dem Wasserfall zu verschaffen. Er sagte ganz richtig, bei ihm sei sie besser aufgehoben als bei ihr, dem toten Gespenst.

Eines schönen Tages rüstete er sich und machte sich auf den Weg, um zu Gullbras Wasserfall zu gehen. Lang war die Wanderung das Tal aufwärts, und es dunkelte schon, als er ankam. Zwei Knechte waren mit ihm und sollten die Seile halten. Skeggi ließ sich in den Wasserfall hinab, und nicht lange währte es, da hörten die Knechte lauten Lärm, Poltern und Geschrei; es klang, als ob unter dem Wasserfall ein harter Kampf stattfinde. Da wurde ihnen sehr bange, und sie waren nah daran fortzulaufen; da aber gab ihnen Skeggi ein Zeichen, die Seile heraufzuziehen. In dem Augenblick aber, als Gullbras Kiste bis an den Rand der Schlucht emporgezogen war, sahen sie sich um; und da war es ihnen, als stehe das ganze Tal von Hvammur an aufwärts in lichter Lohe, die von einem Berg bis zum andern reichte. Darüber entsetzten sie sich dermaßen, dass sie die Seile losließen und die Flucht ergriffen, so dass die Kiste wieder in den Abgrund stürzte.

Als sie von dem Bergabsatz herabgekommen waren, sahen sie keinerlei Veränderung noch irgendetwas Ungewöhnliches, doch machten sie nicht eher Halt, als bis sie daheim angelangt waren. Skeggi kam lange Zeit darauf ganz erschöpft, blau und blutend nach Hause. Er trug auf dem Arm einen großen Kessel voll Gold, den hatte er aus Gullbras Kiste gefüllt und sich dann an der Handleine aus der Schlucht emporgezogen. Der Kampf zwischen ihm und Gullbra war lang und hart gewesen, und es war Skeggi nicht gelungen, ihrem Spuk ein Ende zu machen, denn nie war sie schlimmer gewesen als nach diesem Tag. Sie brachte dem Skeggi einen Hirten nach dem andern um, und zuletzt war keiner mehr zum Schafhüten zu bekommen, weil sie alle getötet wurden.

Von Skeggi ist zu erzählen, dass er nie wieder derselbe wurde, seit er in den Wasserfall gegangen war; er war sowohl davon wie durch die Morde an seinen Hirten so erschüttert, dass er sich zu Bett legte. Als es aber soweit gekommen war, dass niemand mehr die Schafe hüten wollte, stand Skeggi eines Tages vom Lager auf und ging zu seiner Herde. Der Tag und die Nacht vergingen, ohne dass Skeggi heimkehrte; jedoch spät am nächsten Tag kam er mehr tot als lebendig zurück, denn keiner hatte gewagt, ihn zu suchen. Da trug er Gullbras Kasten auf dem Rücken. Er sagte, von nun an werde durch ihr Umgehen kein Schade mehr geschehen, aber er selbst werde ihr wohl bald nachfolgen müssen. Da legte er sich nieder und stand nicht mehr auf.

Bevor er starb, bestimmte er, für das Gold, das im Kessel sei, solle Bauholz gekauft und zu Hvammur eine Kirche errichtet werden. Er erzählte nun, das erste Mal, als er in den Wasserfall gegangen sei und mit Gullbra gerungen habe, da habe er seinen Freund Thor angerufen, doch der habe ihn im Stich gelassen; das zweite Mal aber, als er in noch größerer Not gewesen, habe er das Gelübde getan, zu einem Kirchenbau in Hvammur Gold zu spenden, wenn er aus Gullbras Krallen gerettet werde. Da sei ein heftiges Feuer in ihren Augen erschienen, und ehe er sich dessen versehen, sei sie da unten in der Schlucht zu Stein geworden. Dort in Gullbras Wasserfall kann man das Gespenst heutigen Tages noch sehen.

Trotz alledem wollte Skeggi den Christenglauben nicht annehmen noch sich bei der Kirche zu Hvammur begraben lassen; er verlangte vielmehr, man solle ihm auf der nördlichen Seite des Grasfeldes einen Hügel errichten. Das wurde ausgeführt und Gullbras Kiste ihm unter das Haupt gelegt. Dort liegt nun ein großer Stein, der Skeggjasteinn (Skeggis Stein) genannt wird. Das Tal, dem er zugewendet ist, heißt Skeggjadalur, und darin südlich ist Gullbraarvjalli.

GILITRUTT

inst wohnte ein junger Bauer ostwärts am Fuße der
Eyafjöll*. Er war ein sehr eifriger arbeitsamer Mann.
In seiner Gegend waren gute Weideplätze, und der
Bauer hielt viele Schafe. Er hatte sich eben verheiratet, als diese Geschichte sich zutrug; seine Frau war jung, aber
unbrauchbar und träge. Sie tat am liebsten nichts und kümmerte sich wenig um die Wirtschaft. Dem Bauern gefiel das gar
nicht, aber er konnte es nicht ändern.

Einmal im Herbst übergab er ihr eine Masse Wolle und bat,
sie während des Winters zu Zeug zu verarbeiten, wozu seine
Frau sich nicht sehr bereit zeigte. Der Winter schritt voran, ohne dass sie sich mit der Wolle zu tun machte, obwohl ihr Mann
sie oft daran erinnerte.

Da kommt eines Tages ein ziemlich altes ungeschlachtes
Weib zu der Frau und bittet sie um Almosen.

»Kannst du zum Entgelt eine Arbeit für mich tun?«, fragt die
Frau.

»Warum nicht«, sagt das Weib, »aber was verlangst du denn,
was ich tun soll?«

»Wolle zu Zeug weben«, versetzt die Frau.

»Nun, so gib sie her«, meint das alte Weib.

Die Frau nimmt da einen ungeheuer großen Sack voll Wolle und reicht ihn der Alten. Die nimmt den Sack in Empfang,
wirft ihn sich über den Rücken und sagt: »Ich werde mit dem
Zeug am ersten Sommertag wiederkommen.«

»Was willst du als Arbeitslohn haben?«, fragt die Frau.

»Ich verlange nicht viel«, erwiderte die Alte, »du sollst mir
meinen Namen sagen und darfst dabei dreimal raten, dann sind
wir quitt.«

Die Frau sagte ja dazu, und das Weib ging fort.

* Fjöll, plur. von fjall = Berg

Der Winter ging hin, und oft fragte der Bauer seine Frau, wo die Wolle sei. Sie sagte, das gehe ihn nichts an, er solle sie am ersten Sommertag bekommen. Der Mann sagte darauf nichts weiter, und so kam der letzte Wintermonat heran. Da fing die Frau an, über den Namen des alten Weibes nachzudenken und wusste nun nicht, wie sie dahinterkommen sollte. Darüber wurde sie sehr bekümmert und schwermütig. Der Bauer bemerkte ihr verändertes Wesen und bat sie, ihm zu sagen, was ihr fehle. Nun erzählte sie ihm die ganze Geschichte. Da erschrak der Bauer und sagte, daran habe sie übel getan; denn das müsse ein Trollweib sein, das sich ihrer bemächtigen wolle.

Nun war der Bauer einst ein Stück den Berg hinaufgegangen und kam zu einem großen Steinhügel. Er sann gerade über seine Widerwärtigkeiten nach und war ganz in Gedanken. Da hörte er Schläge am Hügel, er ging dem Schall nach und kam an einen Spalt. Hier sah er eine riesengroße Frau am Webstuhl sitzen; sie hatte das Gewebe zwischen den Füßen und schlug es eifrig.

Dabei sagte sie vor sich hin: »Hei, hei und ho, ho! Die Hausfrau weiß nicht, wie ich heiße; hei, hei und ho, ho! Gilitrutt heiß ich, ho, ho! Gilitrutt heiß ich, hei, hei und ho, ho!«

So redete sie in einem fort und schlug mit großem Eifer das Gewebe.

Der Bauer wurde sehr froh darüber, denn er war überzeugt, dass dies das Weib war, das seine Frau im Herbst besucht hatte. Er ging nach Hause und schrieb sich den Namen »Gilitrutt« auf seinen Zettel. Seiner Frau sagte er aber nichts davon, und so kam der letzte Wintertag heran. Da war die Hausfrau sehr betrübt und kleidete sich an dem Tag gar nicht an. Der Bauer trat zu ihr und sagte, ob sie jetzt den Namen ihrer Arbeiterin kenne. Sie antwortete »nein« darauf und sagte, nun werde sie sich wohl zu Tode bangen müssen. Der Bauer sagte, das habe sie nun gerade nicht nötig, reichte ihr das Blatt mit dem Namen darauf und erzählte ihr die ganze Geschichte. Sie nahm den Zettel, aber sie zitterte vor Furcht, denn sie befürchtete, der Name könne unrichtig sein. Sie bat ihren Mann, doch bei ihr zu bleiben, wenn das Weib komme; er aber sagte: »Nein, du hast allein geschaltet, als du ihr die Wolle gabst, nun ist es auch am besten, dass du allein den Lohn bezahlst.« Und damit verließ er sie.

Nun kam der erste Sommertag, die Frau lag allein in ihrem Bett, und kein anderer Mensch war im Hause; da vernimmt sie ein lautes Getöse und unterirdische Schritte, und das alte Weib kommt und ist heut gar nicht so freundlich. Sie wirft den großen Ballen Zeug auf den Boden und sagt: »Wie heiß' ich nun, wie heiß' ich nun?«

Die Frau ist vor Angst mehr tot als lebendig und sagt: »Signy?«

»So heiß', so heiß' ich; nun rate noch einmal, Hausfrau!«, sagt das Weib.

»Afa«, erwidert jene.

Die Alte sagt: »So heiße ich, so heiße ich, nun rate noch einmal, Hausfrau!«

»Du heißest doch nicht etwa Gilitrutt?«, sagt da die Frau.

Darüber erschrak das Weib dermaßen, dass sie mit einem gewaltigen Krach platt auf den Boden fiel. Dann stand sie wieder auf, ging fort und wurde nie wieder gesehen. Die Frau war nun über alle Beschreibung froh darüber, dass sie von diesem Ungeheuer so leichten Kaufes losgekommen war und änderte sich gänzlich. Sie wurde arbeitsam und wirtschaftlich und verarbeitete ihre Wolle von da an immer selbst.

in Mann mit Namen Gudmundur wohnte zu Sil-
frunarstadir im Skagafjördur. Er besaß große Vieh-
herden und stand in gutem Ansehen. Obgleich er
verheiratet war, hatte er doch keine Kinder.

Nun trug es sich zu Silfrunarstadir zu, dass sein Hirt an einem
Weihnachtsabend nicht nach Hause kam. Die Schafställe standen am Berg entlang an derselben Stelle, wo sie noch jetzt stehen, und der Hirt hütete das Vieh den Tag über, ging dennoch
abends immer nach Hause. Man suchte nun nach ihm, doch
war er nirgends zu finden.

Im nächsten Frühjahr dingte sich der Bauer Gudmundur einen Hirten, der Grimur hieß. Der war ein großer und starker
Mensch, der aussah, als könne er mit jedem fertig werden. Dennoch bat der Bauer ihn, sich in acht zu nehmen, und am Heiligabend gebot er ihm, die Schafe zeitig wieder hereinzutreiben
und vor dem Dunkelwerden wieder nach Hause zu kommen.
Allein Grimur kehrte am Abend nicht heim, und als man ihn am
andern Tag suchte, fand man ihn nicht. Darüber waren die Leute sehr bestürzt und hegten allerlei Vermutungen. Gudmundur
war über diese Ereignisse sehr bekümmert, und außerdem fand
sich nun niemand mehr, der Schafhirt bei ihm werden wollte.

Zu jener Zeit lebte in Sjavarborg eine arme Witwe. Sie hatte viele Kinder, und ihr ältester Sohn, der vierzehn Jahre alt
war, hieß Sigidur. Diesen Burschen fragte der Bauer Gudmundur, ob er kein Hirt werden wolle, und er bot der Mutter viel
Geld, wenn sie ihm den Knaben verdinge. Sigidur war gern bereit, auf den Vorschlag einzugehen, um das Los seiner Mutter
zu verbessern, die Mutter dagegen wollte lange nicht nachgeben; zuletzt aber zog Sigidur doch mit dem Bauern Gudmundur. Er hütete den Sommer hindurch die Schafe, und alles ging
vortrefflich. Der Bauer schenkte ihm einen Hammel und ein
Schaf samt dem Lamm, worüber der Knabe sich ungemein

freute. Gudmundur liebte Sigidur sehr, und am Heiligabend bat er ihn, sich recht in acht zu nehmen und vor Einbruch der Nacht nach Hause zu kommen.

Sigidur hütete nun den Tag über die Herde und trieb sie gegen Abend den Ställen zu. Da hört er droben in den Bergen schwere Schritte und sieht ein ganz fürchterliches und unheimliches Riesenweib daherkommen.

»Sei gegrüßt, mein Sigidur«, sagt die Riesin, »dich will ich heut abend in meinen Sack stecken.«

»Das lass doch lieber bleiben«, sagt Sigidur, »ich bin so klein und mager, dass nicht viel an mir dran ist; aber hier habe ich einen Hammel und ein Lamm, die will ich dir in den Topf geben.«

Er gibt ihr den Hammel und das Lamm, das legt sie beides auf ihre Schultern und schreitet den Berg hinan. Sigidur kehrt am Abend heim, und der Bauer empfängt ihn freudig und fragt ihn, ob ihm nichts widerfahren sei. Nein, sagt Sigidur, ihm sei nichts zugestoßen.

Nun war der Bauer sehr froh darüber, dass diese schrecklichen Dinge sich zum Besseren gewendet hatten.

Nach Neujahr ging er mal zu den Schafställen und besichtigte das Vieh; da vermisste er den Hammel und das Lamm, die Sigidur gehört hatten, und er fragte ihn, wie das komme. Sigidur antwortete, der Fuchs habe das Lamm zerrissen, und der Hammel sei vom Felsen gestürzt; und er glaube, dass er mit seinen Schafen überhaupt kein Glück haben werde. Da schenkte ihm der Bauer wieder ein Schaf und zwei Hammel und bat ihn, auch weiter bei ihm zu bleiben. Sigidur willigte ein, und es vergingen nun Winter und Sommer bis zum nächsten Christfest.

Da bat der Bauer den Sigidur aufs Eindringlichste, doch nur ja auf seiner Hut zu sein, denn er liebte ihn wie seinen Sohn, sagte er. Sigidur meinte, es sei nichts zu befürchten, er solle nur ohne Sorge sein. Am Heiligabend treibt Sigidur die Herde zu den Ställen, da kommt die Riesin daher und sagt, nun solle es nicht länger aufgeschoben bleiben, dass er in den Kochtopf komme.

Sigidur sprach: »Ich bin da, wenn du willst, allein du siehst, dass an mir nicht so viel dran ist wie an einem Hammel; nun aber will ich dir zu Weihnachten zwei Hammel und zwei Schafe schenken, bist du damit nicht zufrieden?«

»Lass einmal sehen«, sagte die Riesenfrau.

Da brachte Sigidur die Tiere herbei, und die Riesin hakte sie mit den Hörnern zusammen und ging fort in die Berge.

Sigidur kam am Abend nach Hause und sagte, er habe nichts Sonderliches erlebt. Der Bauer hatte ihn so lieb, dass er ihm im Sommer vier Hammel schenkte und ihn für einen neuen Zeitraum dingte. Am nächsten Weihnachtsabend treibt Sigidur die Schafe herein, und da kommt wieder die Riesenfrau und will ihn mitnehmen. Da bietet er ihr die vier Hammel an, die ihm gehören, und die nimmt sie und hängt sie sich über den Rücken. Da langt sie auch nach Sigidur, packt ihn unter dem Arm und läuft mit ihm in die Berge hinauf zu einer Höhle im Felsrücken; dort legt sie ihre Bürde nieder und befiehlt Sigidur, die Hammel zu schlachten und die Felle zu scheren.

Als Sigidur damit fertig ist, fragt er, was er nun für Arbeit tun solle; da reicht sie ihm eine Axt und heißt ihn, sie zu schärfen, so dass sie gut schneide, denn damit wolle sie ihn töten. Sigidur tut, wie ihm befohlen, und gibt ihr die Axt dann wieder. Nun befiehlt sie ihm seinen Hals zu entblößen; auch das tut er, ohne zu erschrecken. Allein das Riesenweib legt die Axt beiseite und sagt, sie habe nicht die Absicht, ihn umzubringen.

»Du wirst ein langes Leben haben«, spricht sie, »und das Glück wird dir stets hold sein; ich habe es so gefügt, dass du zu Silfrunarstadir Hirt wurdest, damit ich mit dir zusammenkam. Und nun will ich dir den Weg zeigen, der dich zu deinem Glück führen wird. Im Frühjahr sollst du den Bauern verlassen und nach As im Hjaltadur ziehen; dort wohnt ein guter Schmied, bei dem sollst du das Handwerk lernen; wenn du aber ausgelernt hast, sollst du mit Kramwaren und allerlei Tand nach Miklabaer in Oslandshlid ziehen. Der Probst dort hat drei

Töchter, und die jüngste von ihnen, Margret mit Namen, ist von allen Mädchen in Island das begehrenswerteste. Die älteren Schwestern lieben Putz und Tand und werden das zu besitzen wünschen, woraus Margret sich nichts macht. Da sollst du diese, wenn du wieder von dannen ziehst, bitten, dich bis an die Tür zu geleiten, und dort angelangt, sollst du verlangen, dass sie bis an den Rand des Grasfeldes mitkomme. Das wird sie tun, und da sollst du ihr diese drei Dinge geben, die ich dir hier überreiche, ein Tuch, einen Gürtel und einen Ring, dadurch wirst du ihre Liebe gewinnen. Sobald du aber einmal von mir träumst, sollst du hierher in meine Höhle kommen, denn da werde ich gestorben sein. Dann sollst du mir, wie es in alter Zeit Sitte war, einen Hügel errichten und alles, was wertvoll ist, aus meiner Höhle mitnehmen.« Nachdem sie so gesprochen hatte, schied Sigidur von ihr und machte sich auf den Heimweg.

Der Bauer war über sein Ausbleiben schon sehr unglücklich, empfing ihn nun frohen Mutes und fragte, ob er nichts Merkwürdiges gesehen habe. Sigidur verneinte dies und sagte, er könne ihm dafür bürgen, dass ihm von nun an kein Hirt mehr verlorengehen werde.

Im Frühjahr kündigte er dem Bauern den Dienst auf und zog nach As im Hjaltadur, wo er das Schmiedehandwerk ergriff. Hierin war er sehr geschickt, so dass er schon nach Ablauf von zwei Jahren ausgelernt hatte. Den Bauern Gudmundur schätzte er sehr, und er besuchte ihn oft.

Nun reiste er einstmals zu dem Handelsort Hofsos, kaufte dort Tand und allerlei seltene Dinge und zog damit nach Miklabaer. Dort hält er Kramwaren und schöne Tücher feil. Wie das die älteren Schwestern hören, bitten sie ihn, er möge außer ihnen niemandem seine Sachen zeigen und ihnen erlauben, sich davon auszusuchen. Das verspricht Sigidur und zeigt ihnen die Waren; sie kaufen nun vieles von ihm, Margret aber schaut zu und begehrt nichts für sich. Als Sigidur nun Abschied nimmt, bittet er Margret, ihn an die Tür zu geleiten; sie tut es, und wie

sie dort sind, bittet er sie, bis an den Rand des Grasfeldes mit-
zugehen. Da meint sie aber, sie wisse gar nicht, was das zu bedeuten habe, dass er als ein fremder Mann so etwas von ihr verlange, was sich doch gar nicht schicke. Sigidur bittet sie nun
noch dringender, und da kam sie mit ihm. Da gab ihr Sigidur
die drei Geschenke, wobei er sie bat, dieselben wohlgemut zu
tragen, und er steckte ihr den Ring an die Hand.

»Freiwillig würde ich diese Sachen nicht genommen haben«,
sagte Margret, »und ich fühle schon, dass sie die Eigenschaft haben, dass ich sie nicht wieder von mir lassen kann, und so wird
es wohl sein sollen.« Darauf trennten sie sich, und Sigidur kehrt
nach As zurück.

Mit Margret, der Tochter des Probstes, ging durch diese Geschenke eine solche Veränderung vor, dass sie meinte, sie könne keinen anderen Mann heiraten oder lieben als Sigidur, ja, es
war ihr, als vermöge sie ohne ihn nicht zu leben; sie wurde so
davon beunruhigt, dass sie es endlich ihrem Vater sagte. Der
versuchte es auf jede Weise, sie von solcher Narrheit abzubrin-
gen, und er sagte, so lange er lebe, solle sie sich das aus dem Sinn
schlagen. Da saß Margret still und bekümmert und schlief und
aß nicht mehr. Ihr Vater sah zuletzt ein, dass es so nicht länger
gehen dürfe, und da ritt er denn nach As im Hjaltadur und ver-
abredete mit Sigidur, dass er als Schmied zu ihm ziehen solle.
Dort wohnte Sigidur eine Zeit lang, aber bald kam es zwischen
ihm und Margret soweit, dass sie einander ewige Treue gelob-
ten und dass ihr Vater seine Einwilligung gab.

Bald danach erschien die Riesenfrau Sigidur im Traum, und
er wusste, dass sie nun gestorben war. Da bat er den Probst, mit
ihm hinauf nach Silfrunarstadir zu reiten und bei dem Bauern
Gudmundur zu übernachten. Als aber der Bauer Gudmundur
hörte, dass Sigidur mit der Tochter des Probstes verlobt war, of-
fenbarte er ihm einen Beschluss, den er längst im Sinne gehabt:
dass er Sigidur alle seine Reichtümer vermachen wollte; er bat
ihn, die Wirtschaft und alle Besitztümer im nächsten Frühjahr

zu übernehmen. Sigidur dankte dem Bauern herzlich, und der Probst freute sich, seine Tochter in so gute Verhältnisse kommen zu sehen.

Tags darauf bat Sigidur den Probst und den Bauern Gudmundur, mit ihm hinauf in die Berge zugehen. Er führte sie zu einer Höhlenmündung oben in der Felswand und sagte, sie sollen ohne Furcht hineingehen. Da erblickten sie die Riesenfrau, die tot am Boden lag und sehr grausig anzusehen war. Nun erzählte ihnen Sigidur die ganze Geschichte und bat sie, ihm zu helfen, dass er die Riesin bestatte. Sie scharrten sie im Gestein außen vor der Höhle ein, dann gingen sie weiter hinein und fanden dort allerlei Besitztümer, genug, um zehn Pferde damit zu beladen; das schaffte Sigidur alles heim nach Silfrunarstadir. Er war von nun an bis zu seinem Tod ein hochangesehener und glücklicher Mann. Auf dem Weg am Fluss Nordurau hinauf soll man den Höhleneingang und den Grabhügel von Steinen noch sehen können.

DER HEXENRITT

s war einmal ein Pfarrer, ein vortrefflicher und sehr tüchtiger Mann. Als sich diese Geschichte zutrug, war er noch nicht lange verheiratet und hatte eine junge hübsche Frau, die er sehr liebte; sie zeichnete sich aber auch in jeder Hinsicht vor allen anderen Frauen in jener Gegend vorteilhaft aus. Ein Makel aber haftete an ihrem Lebenswandel: dass sie in jeder Christnacht verschwand, und niemand wusste, was dann aus ihr geworden war. Der Pfarrer drang deshalb häufig mit Fragen in sie, allein sie sagte, ihn gehe das nichts an.

Einst verdingte sich bei dem Pfarrer ein armer Wanderbursche; er war unansehnlich von Gestalt und Wuchs, doch er war sehr klug. So ging es auf Weihnachten zu, ohne dass sich etwas Besonderes zutrug.

Am Heiligabend ist der Bursche draußen im Pferdestall damit beschäftigt, die Leibpferde des Pfarrers zu kämmen und zu verpflegen. Da schlüpft auf einmal die Frau des Pfarrers herein und beginnt mit dem Burschen ein Gespräch über allerlei Dinge, und ehe er sich's versieht, zieht sie unter ihrer Schürze ein Gebiss mit Zaumzeug* hervor und legt es dem Burschen an. Das übt eine solche Zauberkraft aus, dass der Bursche die Pfarrersfrau ruhig seinen Rücken besteigen lässt und wie der Wind mit ihr davon läuft.

Es geht über Berg und Tal, über Felsen und Geröll, nichts hemmt den Ritt; dem Burschen ist beinah, als wate er durch dicken Rauch. Zuletzt kommen sie an ein kleines Haus. Dort steigt sie ab und bindet ihn an einen Pflock in der Hauswand. Da geht die Pfarrersfrau zur Tür des Hauses und klopft an. Es kommt ein Mann heraus, empfängt sie sehr freundlich und nimmt sie mit sich hinein.

Sobald sie aber darin verschwunden sind, löst der Bursche den Zügel vom Pflock, befreit sich mit einiger Mühe von dem Gebiss und steckt es zu sich. Dann kriecht er auf das Dach des Hauses und späht durch einen Ritz, um zu sehen, was drinnen los ist.

Da sieht er zwölf Frauen an einem Tisch sitzen und als den dreizehnten jenen Mann, der herausgekommen war. Er erkennt auch seine Hausmutter unter ihnen. Er nimmt wahr, dass diese Frauen dem Mann große Ehrfurcht erweisen und im Begriff

* Das Zaumzeug zum Hexenritt wird folgendermaßen hergestellt: Man gräbt einen kürzlich begrabenen Menschen aus und zieht ihm die Rückenhaut ab, daraus macht man den Zaum. Das Kopfgeschirr bereitet man aus der Kopfhaut des Toten, das Mundstück aus dem Zungenbein und die Stange aus dem Hüftknochen. Ein Zauber wird darüber gesprochen, und das Zaumzeug ist fertig. Man kann es nun Mensch oder Tier, Stock oder Stein anlegen und sich dann daraufsetzen, so geht der Ritt blitzschnell vor sich, wohin man will.

sind, ihm allerlei von ihren Kniffen und Schlichen zu erzählen. Unter anderem berichtet da die Pfarrersfrau, sie sei auf einem lebendigen Menschen hergeritten, was der Hausherr sehr erstaunlich findet, denn er sagt, das sei der schwierigste Hexenritt, einen lebendigen Menschen reiten zu können. Er meint, sie werde an Zauberkünsten alle anderen übertreffen, »denn ich weiß niemanden, der das bisher gekonnt hätte, außer mir selber.« Nun bitten ihn all die anderen Frauen fußfällig, sie doch auch diese Kunst zu lehren. Da legt er ein Buch auf den Tisch, mit Blättern von grauer Farbe und mit feuriger Schrift geschrieben. Diese Schrift sandte helle Strahlen durch das Haus, das von keinem anderen Licht erleuchtet wurde.

Der Hausherr beginnt nun, die Frauen aus diesem Buch zu unterweisen und ihnen den Inhalt desselben auszulegen, der Bursche aber prägt sich alles, was er vorträgt, genau ein.

Endlich naht der Morgen, und da sagen die Frauen, es sei nun Zeit, sich auf den Weg zu machen. Nun wird der Unterricht beendet, jede der Frauen aber zieht ein Glas aus der Tasche und reicht es dem Hausherrn. Der Bursche sieht, dass etwas Rotes darin ist, was der Hausherr trinkt, worauf er den Frauen die Gläser zurückgibt. Dann verabschieden sie sich sehr höflich von ihm und verlassen das Haus.

Nun sieht der Bursche, dass von den Frauen eine jede ihr Zaumzeug und ihr Reitpferd hat; die eine hat einen Pferdefuß, die andere eine Kinnlade, die dritte ein Schulterblatt usw. Jede nimmt nun ihren Gaul und reitet fort.

Von der Pfarrersfrau aber ist zu erzählen, dass sie ihr Reitpferd nirgends findet; sie läuft wie besessen um das ganze Haus herum, und wie sie sichs aber am wenigsten versieht, springt der Bursche vom Dach herunter und legt ihr das Gebiss an.

Dann sitzt er auf und macht sich auf den Heimweg. Er hatte in dieser Nacht soviel gelernt, dass er die Pfarrersfrau ganz richtig lenken konnte, und von ihrem Ritt ist weiter nichts zu sagen als dass sie wieder in demselben Pferdestall anlangten, von dem sie ausgeritten waren. Hier steigt der Bursche ab und bindet die Pfarrersfrau im Stall an. Dann geht er heim und erzählt, wo er gewesen und wo die Pfarrersfrau jetzt hingekommen ist und wie sich das alles zugetragen hat. Darüber verwundern sich nun alle Leute, und am wenigsten wollte der Pfarrer die Geschichte glauben.

Nun wird die Pfarrersfrau herbeigeholt und verhört, und da gesteht sie zuletzt ein, dass sie und elf andere Pfarrersfrauen einige Jahre lang die schwarze Schule besucht hätten, wo der Teufel selber sie in Zauberkünsten unterwiesen habe und dass nur ein Jahr noch von ihrer Lehrzeit übrig gewesen sei. Als Lehrgeld habe er sich Blut von ihnen ausbedungen, und dies sei das Rote gewesen, was der Bursche in den Gläsern gesehen habe. Der Pfarrersfrau wurde darauf für ihre Missetat eine wohlverdiente Züchtigung erteilt.

DER SENDLING

s war einmal ein junger Pfarrer namens Bigfus zu Stadur in Adalvik. Er lebte in Feindschaft mit zwei Brüdern im Kirchspiel, die sehr gewalttätige Menschen waren und sich auf mancherlei verstanden. Dem Pfarrer geschah oft Unrecht von diesen Brüdern, und es kam zuletzt soweit, dass er es zu Stadur nicht länger aushielt und sich um die Pfarre zu Einholt in der Landschaft Myrar in der Austur-Staptafellssysla bewarb, die er auch bekam.

Bevor er jedoch den Westen verließ, hatte er jenen Brüdern einen Streich gespielt, für den sie ihm Rache schuldig zu sein glaubten.

Da erweckten sie einige Zeit darauf ein Gespenst und schickten es dem Pfarrer, um ihn zu töten. Man sagt, dieses Gespenst sei ein mittelgroßer Mann gewesen in lederner Kleidung. Das

Gespenst kam am Fastelabend in der Dämmerung nach Tvisker im Dräfahreppur; dort schliefen alle außer dem Bauern, der Einar hieß und als ein wahrheitsliebender verständiger Mann bekannt war.

Einar hörte in der Dämmerung, dass die Tür des Gemaches, in dem er war, von selber aufsprang. Da ging er hinaus, sah aber niemanden; er schloss daher die Tür wieder und legte sich hin. Wie er aber eine kleine Weile gelegen hat, hört er wiederum, dass die Tür aufgeht, und alles geht wieder wie zuvor. Und zum dritten Mal wird die Tür geöffnet, und es tritt ein Mann in Lederkleidern herein, der niemanden grüßt.

Der Bauer fragt ihn, wo er herkomme, worauf jener sagt, er sei aus den Westfjorden.

Nun fragt ihn der Bauer nach Neuigkeiten. Da sagt er, Einar habe draußen auf der Weide ein totes Schaf.

Da fängt der Bauer an, etwas zu merken, wie er hört, dass der Westfirdinger seine Schafmarke kennt, und fragt ihn, wie er wissen könne, dass jenes Schaf ihm gehöre.

Da schweigt der andere.

Nun fragt ihn der Bauer nach einem Schlüssel, der vor zwanzig Jahren verlorengegangen ist, und hierüber, sowie über einige andere Dinge, die der Bauer ihn fragt, gibt der Fremde richtigen Bescheid.

Während sie so miteinander sprachen, hatte sich das Gespenst dem Bauern immer mehr genähert, so dass es ihm schien, es stehe nun dicht vor ihm und sogar über ihm; da nimmt er seinen ganzen Mut zusammen und spricht:

»Fahre hinaus!« Da fährt das Gespenst hinaus, wenn auch sehr zögernd, und der ganze Türrahmen blieb ihm auf den Schultern hängen und fand sich am andern Tag in lauter Splittern draußen auf dem Grasfeld.

Das Gespenst setzte nun seinen Weg fort, bis es nach Einholt kam. Nun hatte der Pfarrer eine Amme, die vieles konnte; und eines Abends lässt dieses alte Weib den Pfarrer in ihrem Bett schlafen und legt sich selber in das seine. Am Morgen, als man aufsteht, sehen die Leute, dass die Tücher des Bettes, in dem die Alte während der Nacht geschlafen hat, ganz zerfetzt und zerrissen sind; sie selbst aber liegt neben dem Bett, mehr tot als lebendig und so entkräftet, dass sie kaum von ihrem Kampf mit dem Gespenst erzählen konnte. Doch sagte sie, jene Brüder würden dem Pfarrer schwerlich noch mehr Sendlinge schicken.

ZAUBER-BRANDUR

randur wohnte zu Thykkvaskogur (oder Storaskogur) und hieß nach seinem Vater Egilson – andere sagen Einarson. Er war als der zauberkundigste Mann bekannt. Man sagt, er und Kolbeinn Grimson auf Lon hätten viele Streitigkeiten miteinander gehabt; sie lebten nämlich zu derselben Zeit, und zwar lebte Kolbeinn zur Zeit des Bischofs Brynjolfur Eveinsson zu Skalholt.*

Brandur soll ein altes Weib aufgeweckt haben, das Haukadals Haldora genannt wurde; man sagt, sie sei, als er sie aus dem Grab heraufbeschwor, so fürchterlich stark gewesen**, dass er ihr habe den einen Schenkel zerbrechen müssen, danach soll man sie stets haben hinken und sich langsam fortbewegen sehen.

Dem Kolbeinn soll Brandur viele Gespenster geschickt haben, von denen Haldora das letzte gewesen, woher die Redensart kommen soll: »Haukadals-Haldora humpelt hinterdrein«; dies soll aus einer Weise stammen, die Kolbeinn gedich-

* Brynjolfur Eveinsson, 1605–1675, bekannt als Auffinder und Sammler der Handschriften der älteren Edda.
** Der Beschwörer, der einen Toten aufweckt, um ihn als Sendling zu gebrauchen, muss mit ihm ringen und ihn sich unterwerfen. Je älter der Verstorbene war, desto stärker ist sein Gespenst und desto gefährlicher das Unternehmen.

tet und in der er die Namen der Gespenster aufgezählt hat, die er alle durch seine Dichtergabe unschädlich gemacht hat. Ein Mann hieß Bjarni Eveinsson und wohnte zu Batu im Haukadalur; das Gehöft Storifkogur in Nahlid hat Ländereien südlich am See, Batu aber im Norden. Bjarni forderte nun Brandur auf, die Fischerei auf dem See mit ihm gemeinsam zu betreiben. Sie waren gute Freunde, und man sagt, Bjarni habe viel von Brandur gelernt. In jenem See hat es stets viel Fische gegeben. Bald aber begann Bjarni zu vermuten, dass Brandur allerlei Kniffe anwende, und er glaubte, ihn dabei zu ertappen, dass er Hexenkünste gebrauche, denn wie groß die Menge der im Zugnetz befindlichen Forellen ihm auch zu sein schien, wurden es doch immer ganz wenige, wenn es ans Teilen ging; und wenn es auch Hunderte gewesen waren, die sie ans Land gebracht hatten, so war es doch immer, als würde fast der ganze Fang nach Skogar hin entrückt.

Bjarni wollte darüber mit Brandur keinen Streit beginnen und half sich dadurch, dass er im nördlichen Winkel des Sees Legenetze zum Fischen benutzte, die er mit einem Bootshaken legte; viele, die dort im See fischten, machten ihm dies nach. Seitdem wollte er nicht wieder mit Brandur gemeinschaftlich fischen, obgleich der es von ihm verlangte. Nun merkte Brandur, dass er im nördlichen Teil des Sees fischte und beschloss, ihm einen Streich zu spielen.

Eines Abends begab sich Brandur zu dem Pfarrort Kvennabrekka und brachte dort lange Zeit damit zu, einen Toten aufzuwecken. Es gelang ihm, das Gespenst heraufzubeschwören; das war außergewöhnlich stark. Nun trug er dem Gespenst auf, in die Netze des Bjarni zu fahren und sie so zu beschweren, dass Bjarni beim Emporziehen müde werde; da solle er ganz unversehens über Bjarnis Kopf springen, das werde wohl ausreichen.

Nun ist zu erzählen, dass Bjarni an den See ging, um nach seinen Netzen zu sehen; da waren sie gewaltig schwer, besonders aber das eine; Bjarni begann zu argwöhnen, dass dies nicht mit rechten Dingen zugehe und suchte sich dadurch zu helfen, dass er das, was das Netz beschwerte, hinwegbannte. Gleich darauf sah er auf einer Kiesbank am See bei der Schlucht, die Nekagil heißt, ein Gespenst.

Der Sendling hatte sich nicht an Bjarni herangewagt. Bjarni beschwor ihn zu sich, und da kam er sehr widerwillig herbei. Bjarni fragte ihn nach seinem Vorhaben und wer ihn gesandt habe, und da musste er alles der Wahrheit gemäß erzählen.

Bjarni sagte nun, das Gespenst solle keinen Frieden finden, weder in der Erde noch auf derselben, bevor es den Brandur oder einen, der ihm am liebsten sei, getötet habe. Das Gespenst antwortete, es gehe über seine Kräfte, Brandur im Haus anzugreifen. Da verlangte Bjarni, es solle an das Fenster gehen, so dass es in der Wohnstube ganz dunkel werde.

Nun ist zu berichten, dass an jenem Tag Brandur daheim in Skogar war und eine sonderliche Unruhe verspürte. Ihm war, als müsse ihm in der Angelegenheit mit Bjarni nicht alles nach Wunsch gegangen sein. Den ersten Teil des Tages war er drinnen und befahl auch allen Hausgenossen, drinnen zu bleiben und gar nicht hinauszugehen. Als nun der Tag vorschritt, wurde es vor dem Fenster auf einmal so dunkel, dass man in der Wohnstube keine Hand vor Augen sehen konnte. Da ging Brandur endlich hinaus und wurde sogleich von dem Gespenst angegriffen; er kam nicht wieder ins Haus, sondern zog sich in den Pferdestall zurück und verteidigte sich von dort aus.

Brandur hatte einen Pflegesohn, der Bergur hieß, und liebte diesen Knaben sehr. Der war gerade draußen und spielte auf der Heide bei Skogkot. Nachdem nun das Gespenst Brandur schwer verwundet hatte, so dass er flüchten musste, begab es sich dorthin, wo der Knabe war, und tötete ihn; blau und blutig wurde er nachher gefunden.

Darüber war Brandur entsetzlich unglücklich. Er nahm nun den Bergur, trug ihn in den Pferdestall, verlieh ihm gespenstische Kraft und trug ihm auf, hinzugehen und Bjarni zu töten, wenn dies möglich sei, oder wenigstens alle seine Kühe umzubringen. Da machte sich Bergur auf den Weg.

Nun ist von Bjarni zu erzählen, dass er unruhig wurde und eine Schläfrigkeit über ihn kam, als habe er einen Angriff zu gewärtigen. Er ging ins Freie, aber die Unruhe blieb. Dann ging er hinab an den See, um nachzusehen, ob etwa nicht alles in Ordnung sei. Als er aber hinunter ans Ufer kam, schaute er heimwärts zu dem Gehöft; der Stall war hinter dem Haus, und da sah Bjarni, wie ein Bursche hineinschlüpfte.

Bjarni lief nach Hause und sah nun, dass es Bergur war, der ihm soeben schon eine Kuh getötet hatte. Mehr hatte er noch nicht vollführen können, als Bjarni hinzukam. Bjarni schickte den Bergur nun an Brandur zurück.

Da begab er sich nach Skogar und richtete seine Angriffe gegen Brandur, und zwar so schlimm, dass der nie sein Heimwesen verlassen durfte, denn da tötete er ihm Leute und Vieh. Seitdem folgte das Gespenst dem Brandur. Man sagt, Brandur habe Bergurs Leiche in den See Haukadalsvatn gebracht, und sowohl Brandur als Bjarni seien nach ihrem Tod in jenen See gefahren. Dort sollen sie oft den Bergur zwischen sich hin und her geworfen haben und davon selbst beim grimmigsten Frost das Eis auf dem See geborsten sein. Man sagt, Brandur habe früher in Laxardalur gewohnt und zusammen mit seinem eigenen auch das zu Storaskogur gehörige Land bewirtschaftet. Später, als er nach Storaskogur gezogen war, hatte er wieder jenes nebenher in Benutzung.

Einmal geschah es, dass Brandurs Hirt durch einen Ritz in ein Zimmer hineinblickte, in dem sich Brandur befand. Da sah er, wie der aus einer Kiste einen großen Leinwandballen nahm, ihn auseinanderwickelte und aus ihm einen stark behaarten Männerkopf zum Vorschein brachte. Den setzte er sich aufs Knie, kämmte ihn sorgfältig und sprach darüber seine Beschwörungsformeln, die der Jüngling aber nicht behalten konnte. Da wurde der Kopf zu einem ganzen Mann. Brandur trug dem auf, mit einem Gast zu kämpfen, der sich dem Hofe näherte. Weiter hörte der Bursche nichts, doch glaubte er zu erraten, dass Brandurs Sendling gesiegt haben müsse, denn er kam wieder herein, worauf Brandur ihn auf die frühere Weise verwahrte.

Brandurs Kommen zeigte sich überall auf eine grässliche Art zuvor an. Man erzählt, auf einem westwärts gelegenen Hof sei eine Magd in den Stall hinausgegangen; da sah sie in einem leeren Stand einen menschlichen Schädel mit Unterkiefer, der heftig kaute. Das Mädchen entsetzte sich sehr und lief in die Wohnstube. Der Bauer lag schon im Bett; da hörte man einen lauten Schlag gegen die Tür. Der Bauer befahl der Magd, an die Tür zu gehen und zu sehen, wer da sei; sie sagte jedoch, sie getraue sich nicht. Nun hörten sie noch einen furchtbar starken Schlag und zugleich ein lautes Gepolter. Der Bauer ging nun selbst hinaus, und da waren im Hausgang alle Bretter, die an der Decke festgesessen hatten, herabgestürzt. Weiterer Schaden geschah diesmal nicht, früh am andern Morgen aber kam Brandur.

Brandur war reich und hielt viele Knechte. Einmal waren sie mit Brandurs Hirten, einem Jüngling, dabei, das Grasfeld zu mähen. Da kam Brandur zu ihnen und forderte sie zum Ringkampf heraus, keiner aber wollte sich mit ihm einlassen. Endlich zwang er den Hirten, mit ihm zu ringen. Als sie eine Weile gerungen hatten, fiel Brandur und war sogleich tot, und damit war sein Schicksal besiegelt. Seine Leiche wurde heimgetragen.

Damals war es Sitte, die Leichen in Grabtücher einzunähen, und dabei sollte man den Faden stets abbeißen, aber nicht abreißen. Eine der Mägde ging nun daran, die Leiche einzunähen, als sie jedoch den ersten Faden abbeißen wollte, fiel sie tot nieder. Da wollte eine andere Magd die angefangene Arbeit fortsetzen, es ging aber wieder auf die nämliche Weise. Nun war keine mehr dahin zu bringen, das Übrige fertigzunähen, außer Brandurs Tochter, einem heiratsfähigen Mädchen namens Gudrun. Die nähte die Leiche fertig ein und sagte dann: »Was wird man mir nun wohl anhaben können?«

Da sagte die Leiche: »Du hast noch nicht den Faden aus der Nadel abgebissen.«

Da sagte sie: »Dann will ich abreißen, aber nicht abbeißen, Verfluchter«, und steckte ihm alsdann die Nadel in die Fußsohlen. Es geschah ihr kein Unglück durch Brandurs Wiedergehen, und sie galt stets als eine tüchtige Frau. In einer Warte nah bei Skogur wurden viele Menschenschädel gefunden, und die Leute sagen, Brandur habe sie zu Hexenkünsten bestimmt gehabt.

DIE HEUERNTE

s war einmal ein Bauer auf einem Gehöft, der war reich an Vieh und ein sehr arbeitsamer Mann. Er hatte weiter keine Kinder als eine Tochter, die schon heiratsfähig war, als diese Geschichte sich zutrug. Sie war schön und wohlgeraten und so tüchtig, dass alle Leute darüber staunten, wieviel sie leisten konnte. Es war allgemein bekannt, dass sie gelobt hatte, keinen andern Mann zu heiraten als einen solchen, der so schnell mähen könne, dass sie beim Zusammenrechen nicht mit ihm Schritt halten könne.

Einst, als man soeben begonnen hatte, das Grasfeld zu mähen, kam ein Landstreicher zu dem Bauern und bot sich ihm als Tagelöhner an. Dem Bauern gefiel der Mensch nicht sehr, doch ließ er sich überreden, ihn vorläufig für einen oder zwei Tage zum Versuch zunehmen.

Die Leute gehen nun zu Bett, denn es war schon spät, als der Mann kam, und dem wird ein Nachtlager bei der Stiegenöffnung angewiesen. Sie schlafen die Nacht hindurch, und am Morgen stehen alle auf, um zu mähen. Die neunte Stunde kommt heran, der Fremde aber wacht noch nicht auf. Unter der Bodenstube nah dem Bett, in dem er schlief, war die Tür zur Vorratskammer. Als das Melken beendet ist, wirft die Hausfrau diese Tür so laut ins Schloss, dass davon der Fremde erwacht. Er steht nun auf und beginnt, sich anzukleiden, bringt aber schrecklich lange damit zu, und gegen Mittag kommt er heraus und bekreuzt sich, nimmt ganz unbeholfen einen Sensenschaft zur Hand und fragt den Bauern, wo er anfangen solle. Er erhält eine Stelle.auf dem Grasfeld angewiesen, und die Mäher unterlassen nicht, sich über ihn lustig zu machen. Nun beginnt er zu mähen. Die Leute merken aber bald, dass sein Fleck sich rasch vergrößert, was alle wunder nimmt, denn es war bekannt, dass der Boden gerade an dieser Stelle große Schwierigkeiten bot.

Bald nach Mittag fängt die Bauerntochter bei dem neuen Tagelöhner zu rechen an, doch geht es nur langsam bei der Masse des gemähten Grases. Da zieht sie ihre Oberkleider aus und strengt sich an, was sie nur kann, vermag aber doch nicht, mit ihm Schritt zu halten. Um drei Uhr läuft sie heim, holt eine volle Grützschüssel und bringt sie dem Tagelöhner, indem sie acht Löffel neben der Schüssel auf das gemähte Land wirft.

Da spricht der Tagelöhner: »Soll einer schlecken?«

Die Bauerntochter antwortet: »Pfui über dich, um einen warst du mir also über.«

Man erfuhr nachher, der Tagelöhner habe bei der Arbeit acht Teufel zu seinem Beistand gehabt, die Bauerntochter aber nur sieben, und jenen achten hatte sie nicht bemerkt. Dann zog der Tagelöhner seine alten Lumpen aus und war darunter schön gekleidet und ein sehr stattlicher Mann. Er freite nun um die Bauerntochter und bekam sie; nach dem Tode ihres Vaters wirtschafteten sie auf diesem Hof, und so endet diese Saga.

WIE DIE INSEL DRANGEY
GEWEIHT WIRD

ie Insel Drangey liegt ungefähr in der Mitte des Skagafjördur, doch ist sie dem Westland näher als dem Ostland. Sie hat ihren Namen daher, dass zwei hohe steile Felskuppen (Drangar) sich neben ihr erheben, eine im Süden und eine im Norden; letztere soll vor etwa 171 Jahren zum größten Teil eingestürzt sein. Beide sind von der Hauptinsel durch enge Sunde getrennt. Die Insel selbst ist wie die Klippen eine steile Felsmasse; gleich einer Wand erhebt sie sich bis zu 100 Klaftern aus der See, nur an einigen Stellen, namentlich an der Westseite, breitet sich unten ein flacher Uferrand, der zur Ebbezeit trocken liegt. Nirgends kann die Insel ohne Leiter oder Seile erstiegen werden, wie aus der Grettissaga bekannt ist und wie man sich auch wegen der Höhe des Felsens leicht denken kann. Oben ist die Insel ungeheuer grasreich und von solcher Ausdehnung, dass sie für ebenso groß gilt wie das Grasfeld zu Holar im Hjaltadalur, das 96 Tagewerke betragen soll.

Das Gras auf der Insel wird aber zu nichts anderm benutzt, als dass die Besitzer derselben im Herbst Schafe hinaufbringen, die dann den ganzen Winter hindurch, wenn er nicht zu hart ist, dort oben weiden; ein Vorsprung im Südosten der Insel ist danach benannt und heißt Lambahöfdi (Lämmervorgebirg). Niemand hat, seitdem Grettir dort hauste, dauernd auf Drangey gelebt, auch ist die Insel nicht gut bewohnbar, weil kein anderes Brennholz dort vorhanden ist als das, was die See antreibt. Nichtsdestoweniger gewährt die Insel einigen Ertrag und ist deshalb im Frühjahr stark besucht; da begeben sich die Leute zum Vogelfang dorthin, der dort auf dem Felsen und um die Insel herum unerschöpflich ist, und ebenso zum Fischfang.

Bevor Grettir nach Drangey kam, war die Insel Gemeingut, nachdem er aber getötet war (ungefähr 1030), kam sie an den

Bischofsstuhl zu Holar im Hjaltadalur, und nun hatten die Bischöfe von Holar hauptsächlich darüber zu gebieten und machten sich den Ertrag an Vögeln und Fischen zunutze. Der Vogelfang war aber in jenen Tagen nicht ohne Schwierigkeiten, denn Drangey sieht, wie schon gesagt, von allen Seiten aus wie ein steil aus der See aufsteigender Felsen.

Früher, als hierzulande noch verwegene und gewandte Vogelfänger waren, ließen sie sich häufig vom Felsen herab, ohne sich recht vorzusehen, auch war der Fang damals viel bedeutender als jetzt, und oft kamen Unglücksfälle und schreckliche Menschenverluste vor; die Leute gerieten aus den Seilen und Schlingen heraus, zerschmetterten beim Herabstürzen und zerschellten am Gestein, dass kein Knochen ganz blieb. Nun überzeugte man sich aber bald, dass diejenigen, die gute Seile besaßen, ebensooft verunglückten, wie andere, die schlechtere Stricke hatten, und das konnte nicht mit rechten Dingen zugehen; wenn man die Taue emporzog, so waren sie quer durchgeschnitten, als hätte man sie mit einer Axt zerhauen oder mit einem anderen scharfen Eisen durchschnitten, und man meinte sogar, Schläge im Felsen gehört zu haben, bevor einer aus dem Seil stürzte oder wenn es auseinanderging. Deshalb kam man allgemein zu der Ansicht, der Felsen müsse von solchen Wesen bewohnt sein, die sich ihren Fang nicht durch die Leute vom Festland entreißen lassen wollten und der Meinung waren, die Ausbeute der Insel komme ihnen mit mindestens so gutem Recht zu wie Fremden.

Diesen Menschenverlusten war lange Zeit nicht abzuhelfen, und es kam soweit, dass die Leute nachließen, so zahlreich zu der Insel zu fahren wie früher, weil ihnen jetzt soviel Unglück widerfuhr.

So ging es, bis Gudmundur Arason, genannt der Gute, Bischof zu Holar wurde. Der Bischof Gudmundur war, wie aus seiner Geschichte bekannt ist, sehr wirksam durch seine Leichengesänge und Weihen, mit denen er lange Zeit seine Ländereien vor Schaden bewahrte und böse Geister bannte. Bischof Gudmundur war sehr gut gegen Arme und nahm viele in sein Haus auf, wenn er daheim war; er brachte auch manchen mit nach Hause, wenn er durch das Land ritt. Dadurch entstand im Frühling oft Mangel in seinem Hause, und er musste Lebensmittel herbeischaffen, von wo er sie bekommen konnte. Oft schickte er seine Leute im Frühjahr nach Drangey, um Fische und Vögel zu fangen, und da zeigte es sich bald, dass die bösen Geister, die auf der Insel waren, gegen die Bischofsleute ebenso feindlich waren wie gegen andere, so dass viele Menschenleben verlorengingen.

Dem Bischof wurde nun gesagt, welche Verluste an Leuten er auf der Insel erleide, und da beschloss er, mit seiner Geistlichkeit und mit geweihtem Wasser zu der Insel zu ziehen. In der Uppgönguvik (Aufgangsbucht) ist ein Steinabsatz, der so aussieht, als ob er eingebaut wäre; er heißt Gvendar-altari (Altar des Gvendur = Gudmundur). Man erzählt, der Bischof habe, als er die Schiffsplanken verließ, eine Messe gesungen und diesen Absatz als Altar benutzt, andere aber sagen, er habe dort nur sein Gebet verrichtet; die Sitte besteht auch noch heute, dass niemand Drangey erklimmt oder verlässt, ohne an diesem steinernen Absatz seine Gebete zu sprechen. Damit fertig, begab er sich ans Werk und weihte die Insel; etwas nördlich von Häringsylaup im südwestlichen Teil der Insel fing er an, dort, wo jetzt unten am Ufer die Schafherden sind, und er setzte die Weihe fort, indem er rechter Hand oder der Sonne entgegen weiterging, hinauf und hinab, und dort, wo er keinen Uferrand zum Gehen fand, auf der See entlang; dann ließ er sich auch vom Felsen herab und umkreiste auf diese Weise die ganze Insel mit heiligen Sprüchen und Gesängen und Weihwasser, und alle seine Geistlichen mit ihm.

Es wird berichtet, dass er nirgendwo bösen Geistern begegnete, bis er wieder westlich vom nördlichen Winkel der Insel und nach Uppgönguvik kam. Auch hier ließ er sich vom Felsen herab, und als er so tief heruntergekommen war, wie es ihm passend schien, begann er die Weihe und das Lesen.

Wie er aber eine kleine Weile gelesen hat, kommt aus dem Felsen eine fürchterlich große, graue und zottige Hand mit einem roten Ärmel hervor, die hält ein großes scharfes Messer, das sie auf das Seil zückt, in dem der Bischof schwebt; zwei Stränge des Seiles schneidet sie auseinander, aber zum Glück für den Bischof konnte das Messer den dritten Strang nicht durchschneiden, weil er ganz besonders kräftig geweiht war. Dabei hört der Bischof eine Stimme aus dem Berg sagen: »Weihe nun nicht weiter, Bischof Gvendur; irgendwo müssen die Bösen doch bleiben.«

Da ließ der Bischof das Seil und sich selber hinaufziehen und sagte, er wolle das, was vom Felsen noch übrig sei, von hier bis Byrgisvikur, nicht weihen, er glaube aber, dass alles das, was nun geweiht sei, weder seinen eigenen Leuten noch anderen mehr Unglück bringen werde, und dies hat sich auch seitdem erfüllt. Das Stück vom Berg, das der Bischof Gudmundur ungeweiht gelassen hat, ist noch heute ungeweiht und heißt seitdem der Heidenberg; die Leute sagen, dort seien die meisten Vögel auf der ganzen Insel Drangey, jener Glaube ist noch so lebendig, dass kaum einer sich vom Heidenberg hinablässt.

Schon frühzeitig ahnten die Geister des Landes, dass Bischof Gudmundur ihnen viel zu schaffen machen würde. Als Bischof Brandur Sämundsson starb (1201), stand ein Trollweib nördlich auf dem Fljotahorn; sie rief einem anderen Trollweib, das auf Strandhall stand, mit freudiger Stimme zu und so laut, dass man es durch alle Bezirke hören konnte, die dazwischen liegen: »Nun ist der Bischof von Holar tot!«

Aber das Trollweib auf Strandhall erwiderte: »Dafür kommt nun einer, der nicht besser ist, und das ist Gvendur!«

KÖNIG ODDUR UND
DER WINTERGAST

inst lebte ein alter König, der weder Frau noch Kinder besaß. Seinem Volke machte das großen Kummer, denn man wusste nicht, wer nach ihm die Regierung übernehmen sollte.

Eines Tages nun wurde der alte König von einem fremden König namens Oddur mit einem großen Heere überfallen, und es kam zu einer Schlacht, in welcher der alte König getötet wurde. König Oddur nahm darauf sein Reich in Besitz, und da er gerecht und milde regierte, gewann das Volk auch ihn bald lieb.

Im ersten Herbst seiner Regierung geschah es, dass ein Mann zu ihm kam, der ihn um Aufnahme für den Winter bat. Der König ging auf seinen Wunsch unter der Bedingung ein, dass er bis zum ersten Sommertage ihm etwas über ihn, den König, sagen könne, was sonst niemand von den Untertanen wisse. Könne er das nicht, so müsse er sterben. Der Mann ging auf diese Bedingung ein. Als jedoch am ersten Sommertage König Oddur seinen Gast fragte, erklärte dieser, über den König nicht mehr zu wissen als alle übrigen. Darauf ließ Oddur, so schwer es ihm auch schien, den Mann sofort töten. So geschah es nun jedes Jahr sechs Jahre hintereinander. Und jedes Mal wurde der Wintergast auf Befehl des Königs am ersten Sommertage hingerichtet.

Im siebenten Jahre nun kam wieder ein Fremder und ersuchte um Aufnahme für den Winter. Wie er die Bedingung hörte, bat er sich aus, während seines Aufenthaltes im gleichen Zimmer mit dem Könige schlafen zu dürfen. Das wurde ihm auch zugestanden, und immer beobachtete er den König Tag und Nacht, ohne irgendetwas Auffälliges zu entdecken.

So kam denn die Weihnachtsnacht heran. Wie gewöhnlich stellte der Gast sich schlafend, um ungestört den König beobach-

ten zu können. Als dieser glaubte, dass sein Gefährte fest eingeschlafen sei, schlich er sich zum Zimmer hinaus. Flugs zog sich
auch der Wintergast die Kleider an und folgte ihm, und da sah
er nun, wie der König zu einem Sumpf eilte, sich hineinstürzte
und untertauchte. Der Fremde folgte, ohne sich zu besinnen,
seinem Beispiel. Fast zu gleicher Zeit mit dem König gelangte er
auf den Boden des Sumpfes in ein schönes, blühendes Gefilde,
wo eine große Volksmenge ein lustiges Treiben abhielt. Sowie
die Leute König Oddur erblickten, eilten sie ihm alle ehrerbietig zu seiner Begrüßung entgegen. Der prächtigste von allen, au-
genscheinlich der König der unteren Welt, umarmte und küsste
sogar Oddur lange und innig mit besonderer Zärtlichkeit. Nun
wanderten alle dem Schlosse zu, in dem König Oddur mit dem
fremden König für eine Weile verschwand. Wie er zurückkehrte, war er in prächtige Frauenkleider gehüllt und wandelte nun
mit dem Herrscher des Reichs und dessen Hofstaat wie eine Königin zur Kirche. Auf den Gottesdienst folgte im Schloss ein
Festmahl, bei welchem König Oddur im Hochsitz neben dem
fremden Könige Platz genommen hatte. Aber er schien in dem
festlichen Kreis trübe gestimmt. Auf Befragen erzählte er, dass er
auch dieses Jahr wieder einen Wintergast angenommen habe.
Dieser achte freilich sehr auf sein Tun und Treiben, aber wenn
auch dieser am ersten Sommertag nicht erkenne, dass Oddur eine Frau sei, und er ihn dann töten müsse, dann sei auch die letzte Frist verstrichen, dann dürfe er nimmer zum Gatten in die
Unterwelt zurückkehren.

Alles dieses sah und hörte der Wintergast unbemerkt an. Und
als Oddur sich anschickte fortzugehen, eilte der Wintergast vor
ihm ins Schloss zurück und lag bei der Heimkehr des Königs
wieder scheinbar im tiefsten Schlafe.

In den nächsten Monaten wurde König Oddur so niedergeschlagen und trübe gestimmt, dass ihn nichts mehr zu erfreuen
vermochte, und sogar die Regierung des Landes ihm gleichgül-
tig war. Er überließ alles dem Wintergast. Das Volk und die

Edelleute waren mit dessen Leitung auch so zufrieden, dass sie beschlossen, ihn zu schützen, falls König Oddur ihn wie die anderen töten lassen wolle.

So kam der erste Sommertag herbei. König Oddur richtete nun wie gewöhnlich die Frage an den Wintergast, ob er etwas über ihn wisse, das den übrigen verborgen sei. Nicht viel, meinte dieser, aber es wolle ihm nur scheinen, als wenn ihm eine andere Art von Kleidung besser stünde als die, welcher er auf der Oberwelt zu tragen pflege. Sowie Oddur dies hörte, umarmte er seinen Gast und dankte ihm innig für diese Rede, denn er war erlöst. Dann berief er eine Volksversammlung und übertrug hier dem Wintergast die Regierung, da er selbst beabsichtigte, für immer seine alte Heimat aufzusuchen.

THORSTEIN MIT DEM GOLDHAAR

 in Bauernjunge namens Thorstein ist so faul, dass er weder arbeiten noch essen will. Seine Eltern stecken ihn schließlich in eine Holzbütte und füttern ihn. Wie sie ihn nach einiger Zeit wieder herausnehmen, ist Thorstein schimmelig geworden. Nun geht der Junge in sich und beschließt sich zu bessern.

Er läuft von den Eltern fort und geht immer weiter, bis er endlich an eine Höhle gelangt. Hier findet er auf dem Feuer einen Topf und einige ungebackene Kuchen. Diese backt er, setzt den Topf beiseite, reinigt die ganze Höhle und versteckt sich hierauf. Am Abend kommt eine Riesin. Wie sie daheim alles so wohlgeordnet findet, verspricht sie dem, der die Arbeit getan habe, eine freundliche Aufnahme. Nun tritt Thorstein hervor. Er bleibt lange Zeit bei der Riesin und verrichtet ihr alle Hausarbeit. Diese vertraut ihm schließlich so sehr, dass sie ihm alle

Schlüssel mit Ausnahme eines einzigen überlässt. Eines Tages findet Thorstein diesen Schlüssel unerwartet im Bett der Riesin. Er öffnet mit ihm ein kleines Haus und sieht hier ein braunes Pferd, ein gold geschmücktes Schwert und einen Eisenkessel. In diesem Kessel ist Goldsand. Wie Thorstein einen Finger hineinsteckt, wird dieser ganz golden. Nun taucht Thorstein sein Haar hinein, so dass es wie das schönste Gold schimmert. Als er wieder aus dem Hause gehen will, sagt das Pferd zu ihm: »Komm du morgen wieder zu mir, nimm Kessel und Schwert mit dir und besteige mich dann. Darauf will ich dir weiter sagen, was du zu tun hast.«

Am Abend bindet sich Thorstein ein Tuch um den Kopf und einen Verband um den Finger. Er sagt der Riesin, er habe sich gerade den Kopf gewaschen und den Finger habe er am Feuer verbrannt. Am anderen Tage folgt er dem Rat des Pferdes. Wie er in den Wald reitet, sieht er sich von der Riesin verfolgt. Auf den Rat des Pferdes wirft er den Kessel hinunter, und dieser wird sogleich zum großen Scheiterhaufen. Doch die Riesin hat ihn bald überschritten. Nun soll Thorstein das Schwert hinwerfen, aber so, dass es zerbricht. Das erste Mal glückt es ihm nicht. Er springt nun schnell vom Pferde und wirft es zum zweiten Male so heftig zu Boden, dass es zersplittert. Nun wird daraus ein hoher steiler Fels. Wie die Riesin hinüberklettern will, verliert sie auf halber Höhe das Gleichgewicht, stürzt hinunter und bricht sich das Genick. Thorstein reitet nun weiter, bis er an ein Königreich gelangt.

Hier muss er auf den Rat des Pferdes diesem eine Grube graben und es dort hineinlassen, selbst aber an den Hof gehen, um zu sehen, was es dort gibt. Der König ist schwer krank. Nichts kann ihm helfen als eine Adlerlunge, ein Rabenherz und Fuchsmilch. Das Pferd verschafft ihm am ersten Tage die Adlerlunge. Wie er mit ihr zum König gehen will, begegnen ihm drei Höflinge, die vergeblich nach diesem Heilmittel gesucht haben. Auf ihre Bitte hin überlässt ihnen Thorstein die

Lunge unter der Bedingung, dass sie ohne Handschuhe zum König gehen. Sie tun das auch, bekommen aber statt Dank Scheltworte wegen dieser Unziemlichkeit. Am zweiten Tage überlässt Thorstein diesen drei Höflingen das Rabenherz, das das Pferd ihm verschafft hatte. Sie müssen aber jetzt ohne Hosen den König aufsuchen. Wie die drei so ankommen, nimmt man ihnen das Herz ab, wirft sie selbst aber zur Türe hinaus. Am dritten Tage kommt Thorstein mit der Fuchsmilch, und sie gibt er den Höflingen nur unter der Bedingung, dass sie sich gegenseitig das Diebeszeichen auf die Stirne brennen. Wie sie, um sich nicht zu verraten, vor dem König den Hut nicht abnehmen, wird er so böse, dass sie endlich notgedrungen das Haupt entblößen müssen. Nun sieht er das Diebeszeichen auf ihrer Stirn und lässt sie sogleich hängen, da er sicher ist, dass sie einem anderen Lunge, Herz und Milch gestohlen haben. Er lässt bekannt machen, dass derjenige, der sein Leben gerettet habe, seine Tochter zur Frau und zu seinen Lebzeiten das halbe Reich bekommen, nachher aber König werden solle, Thorstein gibt sich jetzt zu erkennen. Wie er königlich geschmückt in die Halle tritt, bewundern alle seine leuchtenden Goldhaare. Auf die Bitte des Pferdes schlägt Thorstein ihm den Kopf ab. Da steht ein wunderschöner Königssohn vor ihm. Dieser erzählt, die Riesin habe ihn gestohlen, um ihn zu heiraten. Da er sich aber geweigert habe, sei er in ein Pferd verwandelt worden und habe nur erlöst werden können, wenn ein Mann ihm das Haupt abschlüge.

RÓSALD UND GEIRALD

in armer Ritter hatte viele Kinder, so dass es ihm schwer wurde, ihnen allen eine gute Erziehung zu geben. Der älteste Sohn hieß Rósald, ein tüchtiger, tapferer Bursche. Ihn schickten die Eltern einmal mit einem Auftrag in eine andere Stadt. Hier begegnete er einem Jüngling namens Geirald, Sohn eines reichen Mannes, der sich im Bewusstsein seiner Reichtümer schon recht aufzuspielen wusste. Geirald hatte in seiner Kindheit alles von seinem Vater bekommen, worauf er nur Lust hatte, so stolz war dieser auf seinen Sohn. Glücklicherweise war Gerald aber auch ein kluger und empfindsamer Bursche, der nicht wie andere reiche Söhnchen sein Geld zum Fenster hinauswarf. Nun hatte er es sich in den Kopf gesetzt, in fremde Länder zu reisen, um diese zu erkunden. Geirald wollte den jungen Rósald durchaus überreden, mit ihm in fremde Länder auf Abenteuer auszuziehen. Er wolle schon für das nötige Geld zur Reise sorgen – dafür müsse ihm Rósald nur versprechen, ihn bei jeder Gelegenheit als den Tüchtigeren und Stärkeren gelten zu lassen. Rósald wollte gerne das verlockende Angebot annehmen, vorausgesetzt, dass seine Eltern – und vor allem seine Mutter – ihm zur Reise die Erlaubnis geben wollten. Und die Eltern waren bei seiner Rückkehr mit dem Plan auch durchaus einverstanden. Die Mutter legte ihrem Sohn noch besonders ans Herz, die von Geirald gestellte Bedingung aufs Treueste zu erfüllen und ihn nie zu verraten oder im Stich zu lassen. Dann gab sie ihm als Abschiedsgeschenk ein gutes Schwert und einen Diener zur Begleitung und ließ ihn von dannen ziehen.

Wie nun die Jünglinge auf einen einsamen Felsenpfad kamen, sahen sie zwölf Räuber nicht weit von ihrem Wege. Nun erinnerten sie sich, dass man sie vorher schon vor diesen Leuten gewarnt hatte. Es waren dies die wildesten Räuber, die man sich denken kann. Jeder von ihnen nannte sich Haukur, nur mit

dem unterscheidenden Zusatz der Blaue, Graue usw. Der Anführer heißt Haukur hái (d. h. der Hohe). Als Geirald die un-
geschlachten Gesellen erblickte, wollte er schon sogleich fliehen. Doch Rósald wollte diese prächtige Gelegenheit, seine
Kraft zu erproben, nicht unbenutzt vorübergehen lassen. Auf
seinen Rat hin sammelten sie sich Steine und wählten sich oben
in dem Felsen einen günstigen Kampfplatz aus. Nun ging der
Kampf los und Rósald tötete durch Steinwürfe einen Teil der
Räuber. Dann aber gingen ihm die Steine aus, und so stürzte er
sich mit seinem Schwert kühn hervor. Der Räuberhauptmann
stellte sich ihm gleich zum Zweikampf entgegen. Da das
Schwert Rósalds an ihm wirkungslos abglitt, so warf er es zur
Seite und rang mit ihm, bis er ihn endlich zu Fall brachte. Nun
nahm er dem Räuber dessen Schwert ab, und mit diesem vermochte er ihm dann auch den Kopf abzuschlagen. Vom Finger
der Leiche zog er noch schnell einen prächtigen Goldring, dann
wandte er sich zu seinem Herrn Geirald, um dem zu helfen.
Denn Geirald, dessen Diener im Kampfe schon gefallen waren,
war mittlerweile in die größte Not geraten. Rósald tötete nun
auch noch die übrigen Räuber. Nachdem der Sieg errungen
war, war aber Geirald sehr stolz auf seine eigenen Heldentaten,
wie ihm dünkte, und rühmte seine Leistungen, während Rósald dem ganzen Kampfe nicht viel Wert beimaß.

Nun zogen die beiden weiter, bis sie in ein Königreich ge-
langten. Sie baten hier um Aufnahme für den Winter. Der König wollte sie nur unter der Bedingung annehmen, dass sie im
Laufe des Winters einen Beweis ihrer Tapferkeit gaben. Er habe zwar schon von ihrem Heldenkampf gegen die Räuber gehört, aber er wollte noch mehr Heldentaten von ihnen sehen.
Die beiden waren mit der Bedingung auch einverstanden. Nun
sagte ihnen der König, dass draußen nordöstlich vom Schloss
ein Riese wohne, der einen zwanzig Ellen langen Eisenstab besitze und mit diesem alle Leute mit einem einzigen Hieb er-
schlage, selbst wenn ihm fünfzig Ritter entgegengeschickt wür-

den. Als die beiden in ihrer Wohnung allein waren, schlug Geirald vor zu fliehen, denn was könnten sie zwei allein schon ausrichten gegen ein solches Ungeheuer, das sogar mit fünfzig Rittern zugleich fertig würde. Rósald meinte jedoch, er würde nie fliehen, ehe er nicht seine Kraft erprobt hätte.

Sie kauften nun eine Menge Eisen, brachten dies zu einem Schmied und ließen daraus eine große Keule schmieden, die an ihrem dicken Ende voll scharfer Spitzen steckte. Dann gingen sie mit ihr eines Morgens früh hinaus vor die Höhle des Riesen, ehe dieser aufgestanden war. Wie er zur Höhle hinauskam, schlug ihn Rósald mit der Keule so heftig, dass die scharfen Spitzen in seine Stirn eindrangen. Der Riese taumelte, und diesen Augenblick benutzte der Jüngling, um ihm den Kopf abzuhauen. Nun sagte Geirald wieder mit großem Stolz: »Einen großen Sieg haben wir errungen, dass wir solchen Riesen zu Boden fällten!«

Rósald trug nun das gewaltige Haupt bis zum Schlosstor, dann übergab er es Geirald, der es ächzend und keuchend vor den König schleppte. Dieser war sehr erfreut über diese Heldentat, denn schon lange genug hatte der Riese das Land verwüstet. Er ließ ein großes Freudenfest veranstalten, um den Sieger würdig zu ehren. Mit einer prächtig geschmückten Schar edler Jungfrauen trat beim Festmahl ein wunderschönes Mädchen in den Saal. Alle erhoben sich bei ihrem Anblick ehrerbietig, und auch Geirald und Rósald folgten dem Beispiel der übrigen. Sie schaute einen kurzen Augenblick prüfend auf die beiden Fremden, lächelte dann ein wenig und ging hierauf zum König, neben dem sie auf dem Hochsitz Platz nahm. Geirald beschloss sogleich, um diese Königstochter zu werben, und brachte sein Anliegen beim König vor. Doch dieser sagte, dass er darüber nicht entscheiden könne. Dieses Mädchen sei nicht seine Tochter, sondern seine Enkelin. Sie sei eigentlich die Königin seines Reiches. Aber sie wolle die Regierung nicht übernehmen, obwohl sie in jeder Beziehung dazu gut geeignet wäre. Nur so viel Selbständigkeit und Freiheit habe sie sich vorbehalten, nie gegen ihren Willen verheiratet zu werden. Der König berichtete nun der Königstochter von der Werbung des fremden Ritters. Sie erklärte, nichts gegen ihn einwenden zu können, nur solle er sich am anderen Tage erst einmal mit ihrem Pagen im Kampfe messen.

Als die Jünglinge nun allein waren, sprach Geirald die Befürchtung aus, dass dieser sogenannte Page gewiss ein selten tüchtiger Ritter sei. Auf seinen flehentlichen Wunsch wechselte also Rósald mit ihm die Kleider und zog am anderen Morgen für ihn in den Kampf. Er warf den Ritter, der von zartem Wuchs zu sein schien, aus dem Sattel und ritt dann heim. Nun ging aber Geirald zum König und verlangte die Hand der Prinzessin, er habe doch den Pagen eigenhändig besiegt. Doch diese erklärte, noch nicht zufrieden zu sein. Sie selbst habe dem Zweikampf nicht zuschauen können, sondern nur ihr Pflegevater.

Nun sollten Geirald und Rósald zusammen im Turniere sich messen, und sie wolle dann von der Schlossmauer das Kampfspiel verfolgen. Sie lege aber jetzt schon das feierliche Gelübde ab, dass sie nur den Mann heiraten wolle, der den Räuberhauptmann Haukur hái, den Riesen und den Pagen besiegt habe. Das Turnier zwischen den beiden blieb unentschieden, da Rósald sich möglichst zurückhielt, um seines Herrn Schwäche nicht zu verraten. Er wollte nicht gegen seinen Herrn den Sieg davontragen. Geirald fühlte sich nun als eigentlicher Sieger und verlangte die Hand der Jungfrau. Doch noch immer war diese nicht ganz von der Tüchtigkeit ihres Bewerbers überzeugt. Er solle nun – und das sei der letzte Beweis seiner Tapferkeit – mit Rósald zusammen gegen zwei Ritter ihres Pflegevaters kämpfen. Würde er dann Sieger bleiben, so wolle sie ihn sicher heiraten. Nun konnte Rósald seinem Herrn nicht mehr helfen. Am folgenden Morgen trat Geiralds Feigheit beim Kampfspiel zu Tage, sein Betrug wurde entdeckt, und mit Schimpf und Schande wurde er vom Hofe gejagt. Rósald hingegen wurde hoch geehrt und bekam die Hand der Prinzessin. Diese erzählte ihm nun, dass sie gleich beim ersten Anblick den Goldring des Räuberhauptmanns an seinem Finger gesehen und daraus geschlossen habe, dass er eigentlich der Sieger sei. Am anderen Tage habe sie sich mit ihm als Page im Kampfe gemessen und habe wieder an seiner Hand den gleichen Ring entdeckt. Nun habe sie sich so lange bemüht, bis sie endlich den Betrüger entlarvt hätte. Rósald wurde nun König und ließ seine Eltern und Geschwister zu sich ziehen.

Nach Jahren vielen Jahren nun geschah es, dass ein armer Bettler an das Tor des Palastes pochte und um etwas Geld bat: Es war Geirald, der zurückgekommen war, weil er alles Hab und Gut verloren hatte. Und er erhielt von König Rósald einen Bauernhof zum Geschenk.

DER KÖNIGSSOHN
UND DER TOD

s war einmal ein mächtiger König, dem es an nichts fehlte: Er hatte Güter aller Art, auserlesene Berater, viel weltliche Ehre besaß er und unermesslichen Reichtum an Gold und Edelsteinen. Er setzte seinen Stolz darein, in seiner Halle hochgelehrte und weise Männer um sich zu haben. Hierin und in vielen anderen Dingen suchte er seinen Ruhm, denn sein Hochmut war groß. Nun begab es sich, dass ihm die Königin einen Sohn gebar, und groß war die Freude darüber im ganzen Land. Das Königskind wuchs von allem Reichtum umgeben auf, es war hold, freundlich, tüchtig, männlichen Sinnes und ohne Falsch und Fehl.

Als das Kind aber so alt geworden war, dass man an seine Unterweisung denken musste, da geschah es eines Tages – der König saß gerade an seiner Tafel –, dass der weiseste Meister, der in der Halle war, aufstand und vor den Thron trat. »Herr«, sagte er, »ihr habt einen jungen Sohn, den alle eure Freunde mit Wohlgefallen anschauen, denn wir glauben, dass er uns von Gott gegeben ist, Euch auf Euren Thron zu folgen mit reicher Ehre, wie es ihm gebührt. Deshalb erbiete ich mich, ihn in aller Weisheit zu unterweisen, die ich aus Büchern und auch aus der eigenen Erfahrung geschöpft habe, auf dass sein Name um so berühmter sei, als er weiser sein wird als alle anderen Leute.« Der König aber schwieg, und es erwies sich, dass er die Rede nicht so freundlich aufgenommen hatte, wie mancher erwartet hatte; er nahm vielmehr eine zornige Miene an und sprach: »Mein Lieber, was kannst du denn schon meinem Sohn beibringen? Deine Weisheit gilt nicht mehr als die Possen fahrender Leute und das Spiel der Kinder. Mein Sohn soll nicht zu deinen Füßen sitzen, sondern er soll entweder gar keinen Lehrmeister haben oder aber einen, der ihn in unbekannter Weisheit unterrichten kann, von welcher ihr noch nie etwas gehört habt.« Dagegen konnte der weise Mann nicht an, und er setzte sich zurück an seinen Platz.

Nach einigen Tagen, als der König wieder bei Tische saß, klopfte jemand leise an die Tür und bat um Einlass; und als die Wächter nachsahen, stand draußen ein Mann, der vor den König geführt werden wollte. Als der König seine Erlaubnis gegeben hatte, ging der Fremde hinein und trat vor den Thron. Auf dem Kopf trug er einen weißen Filzhut, so dass man sein Antlitz nicht genau sehen konnte; auch rückte er zum Gruße vor dem König nur ein wenig an der Krempe und sprach alsdann: »Heil Euch, Herr! An meinem Auftreten seht Ihr, dass ich zu den Weisen gerechnet werden kann. Und da mir ein Wort von Euch über den Unterricht Eures Sohnes zu Ohren gekommen ist, das Euren weisen Ratgebern etwas hochfahrend erschien, so suchte ich Euch auf in der Absicht, Eurem Sohn meine Weisheit zur Verfügung zu stellen. Ich hoffe, dass das, was ich ihm beibringen kann, keinem lebenden Menschen bekannt ist. Da ich aber schon alt und schrullig bin, mag ich nicht mehr dem

Lärm der Welt ausgesetzt sein. Deshalb lasst für uns beide zwei Meilen von der Stadt im Wald ein Haus errichten und soviel Lebensmittel dort hinschaffen, dass wir ein ganzes Jahr davon zehren können. Dort nämlich will ich von niemandem gestört werden.« Über diese Rede war der König sehr froh, und so schnell es die Zeit erlaubte, ließ er alles so herrichten, wie der Alte es verlangt hatte.

Als der Meister und sein Schüler das Haus bezogen hatten, da setzte sich der weise Mann auf einen hohen Sitz, wie es ihm zukam, der Königssohn aber ihm zu Füßen, so demütig wie ein Kind geringen Standes. So saßen sie schweigend den ersten Tag, den zweiten, den dritten, und kein Wort wurde laut. Um es kurz zu machen, das ganze Jahr hindurch diente der Königssohn dem Meister früh und spät und saß alle Tage schweigend zu seinen Füßen. Und als sich das Jahr zu Ende neigte, da sprach der Meister zu seinem Schüler: »Morgen, mein Sohn, wird man uns abholen und vor den König, deinen Vater, führen. Er wird dich nach deinem Unterricht fragen, und wenn du willst, kannst du antworten, dass du von deiner Lehre nichts sagen darfst, du aber weißt, dass eine solche Lehre noch nie von eines Menschen Ohr vernommen wurde. Dein Vater wird dich ferner fragen, ob du noch länger bei mir bleiben willst. Dazu gebe ich dir keinen Rat.«

Und so geschah es auch: Am nächsten Tag wurden beide ins Schloss berufen und vor den König geführt. Und als nun dieser seinen Sohn fragte, ob er noch länger bei seinem Lehrmeister bleiben wolle, antwortete dieser mit aller Freundlichkeit, dass er gerne weiter des Meisters Lehren hören wolle. Die beiden erhielten wieder Lebensmittel für ein ganzes Jahr und zogen in das Haus im Wald. Und das zweite Jahr verlief von Anfang bis Ende genau wie das erste. Noch einmal entschloss sich der Königssohn, ein weiteres Jahr in der Einsamkeit des Hauses mit seinem Lehrmeister zu verharren. Das dritte Jahr verfloss in gleichem Schweigen und in der gleichen Langeweile.

Als auch dieses zu Ende war, und sie darauf warteten, am nächsten Morgen abgeholt zu werden, sprach der Meister so: »Mein lieber Sohn, für dein Schweigen, deine Geduld und deine Treue sollst du deinen gerechten Lohn empfangen, auf dass die Standhaftigkeit, die du während dreier Jahre bewiesen hast, nie vergessen werde, sondern für immer in den Büchern aufgezeichnet bleibt. Du bist wahrhaftig der Lehre würdig, die vor dir noch nie einem Weisen zuteil geworden ist. Wisse nun, wer ich bin. Ich bin kein Mensch, wie es dir vorgekommen ist, sondern der Tod. Und wenn wir uns bald trennen werden, wird deine Weisheit in allen Ländern berühmt werden, und kein Mann wird so angesehen sein wie du; denn dich werden alle Menschen zu sehen verlangen, obwohl mancher, der es sich wünscht, es nicht erreichen wird. Nun, mein Sohn, gib acht auf das, was ich dir in wenigen Worten sagen werde, obwohl ich lange geschwiegen habe, denn es wird dir Nutzen bringen:

Wenn ein Mensch in der Stadt krank wird, so gehe zu ihm hinein, auch wenn du nicht gerufen bist, denn er wird der einzige sein, der dich nicht inständig bittet, ihn zu besuchen. Bei jedem Kranken, zu dem du kommst, wirst du mich sitzen sehen, aber beachte, wo ich sitze. Sitze ich zu Füßen des Kranken, so sollst du sagen, wie es auch eintreffen wird, dass dieser Mensch eine lange, aber nicht schwere Krankheit habe und bald wieder gesund werde. Sitze ich ihm zur Seite, so ist die Krankheit kürzer und viel schwerer, und doch wird ihr Genesung folgen. Sitze ich aber zu Häupten, so ist der Tod gewiss, mag auch die Qual länger oder kürzer währen. Das also wird dich berühmt machen, dass du jedem Menschen voraussagen kannst, was bevorsteht. Auf diese Weise kann sich jeder danach einrichten und die richtigen Anordnungen treffen.

Aber noch eins will ich dich lehren: Wenn deine Freunde erkranken oder angesehene Leute, die du erfreuen oder deren Freundschaft du erwerben willst, oder willst du Geld und Ehre von ihnen erlangen, so nimm den Vogel Karadius. Wenn du siehst, dass ich nicht am Kopfende sitze, dann trage den Vogel zu dem Kranken und halte ihn ihm vors Gesicht, denn dieser Vogel hat die Eigenschaft, dass er die Krankheit des Menschen aufsaugt und in seinem Körper aufnimmt. Darauf lasse den Vogel los. Er kennt seine Natur und fliegt mit der Krankheit hoch in die Luft und der Sonne so nahe wie möglich. Dann aber bläst er die Krankheit von sich; die Sonne aber nimmt sie auf und zerstört sie durch ihre Hitze, der Vogel dagegen ist gesund. Zu Ende geht nun meine Lehre, lieber Sohn, und auch unsere erste Begegnung, aber ein zweites Mal werden wir uns treffen, und dann wird dir dieses Wiedersehen keine Freude bereiten.« So schloss das Gespräch.

Der Tag erschien, an welchem beide vor den König berufen wurden. Der Königssohn stellte seinem Lehrmeister vor dem ganzen Gefolge ein löbliches Zeugnis aus, und der König dankte dem weisen Alten mit Geschenken und Ehrerbietungen. Doch der schlug alles aus und bat um Erlaubnis, Abschied nehmen zu dürfen.

Die Weisheit des Königssohnes wurde zwar zunächst nicht so hoch angeschlagen, aber nach einiger Zeit wuchs sie derart an Ansehen, dass das übereinstimmende Urteil aller dahin lautete, seinesgleichen sei noch nie geboren worden. Und bald waren gleichsam alle Länder in Bewegung, ihn aufzusuchen und seine Weisheit in Anspruch zu nehmen, denn alles, was er voraussagte, traf bei ihm aufs Wort ein. Er machte weite Reisen zu vornehmen Leuten, um ihre Krankheiten zu untersuchen. Da aber starb sein Vater. Und als er nun selber den Thron bestiegen hatte, besuchte er seine Freunde, besonders diejenigen, die zu seinem Gefolge gehörten, wenn sie krank wurden; desgleichen tat er mit den Großen und Mächtigen des Landes, weil diese seiner Ansicht nach für das Wohl und Wehe des Reiches von Nutzen waren. Aber obgleich er solch eine wundervolle Gabe empfangen hatte, wurde er nicht hochmütig, sondern blieb demütig, freundlich und liebenswürdig gegenüber seinen Untertanen, wie es sich für einen rechten König geziemt, so dass jedes Kind ihm von Herzen hold war. So vergingen denn seine Tage in Ruhm und Glück, und er selber erfreute sich einer trefflichen Gesundheit. Sein Reich gedieh und war voll des Friedens, bis er hundert Jahre alt war, noch ein rüstiger und kräftiger Mann.

Da aber überfiel ihn eine heftige Krankheit, die seinen Freunden großen Kummer verursachte. Sie nahm ihn so mit, dass schon nach kurzer Zeit wenig Aussicht auf Rettung war. Und eines Tages, als er in diesem Zustande dalag, kam eine Ohnmacht über ihn, und als diese vorüber war, schlug er die Augen auf und sah etwas, was ihm nicht angenehm war: Sein alter Lehrmeister war erschienen mit dem breiten Filzhut und saß dicht neben seinem Haupt. Der König merkte sogleich, dass der Tod vor der Tür war, und sprach: »Meister, warum kommst du sobald hierher?« Sein Meister, der Tod, aber entgegnete ihm darauf: »Es muss einmal so sein, mein Sohn.« – »Nicht hätte ich das damals gedacht«, sagte da der König, »als ich schweigend drei Jahre lang zu deinen Füßen saß, dass du so gegen mich verfahren würdest. Fortreißen willst du mich nun aus der Fülle des Glücks und der königlichen Ehren, da ich noch so rüstig bin und noch zum Herrschen tauglich.« – »Wohl ist es wahr, mein Sohn«, erwiderte da der Meister, »dass du viel erdulden musstest, doch dafür hast du aber auch viel bekommen. Und jetzt wirst du gleichwohl mit mir gehen müssen.«

Als der König sah, dass er auf keinen Aufschub mehr hoffen konnte, sprach er: »Soviel Zeit wirst du mir doch noch gewähren, dass ich ein Vaterunser beten kann, bevor wir gehen.« Damit war der Meister einverstanden, und der König betete bis zu der Stelle ›Und vergib uns unsere Schuld‹, dann hielt er inne und schwieg. Der Meister wartete lange, aber der König blieb stumm. »Warum betest du nicht weiter, mein Sohn?«, fragte er da. »Deswegen bete ich nicht, mein Meister, weil ich nicht will. Du hast hier nichts mehr zu schaffen, denn für diesmal werden wir uns trennen müssen. Du hast mir ein Vaterunser gewährt, und den letzten Teil will ich nicht eher beten, als bis ich solange gelebt habe, wie ich möchte, und dann will ich freiwillig mein Gebet beenden, ohne von dir gerufen und gedrängt zu sein.«

»Durch eine List hast du mich getäuscht, mein Sohn«, erwiderte da der Meister, »und daher wirst du für diesmal deinen Willen behaupten.«

Da ging der Tod hinweg, der König aber fühlte sich von Tag zu Tag besser, so dass es allen ein Wunder schien, wie rasch er genas.

Er lebte noch ein zweites Jahrhundert in Amt und Ehren, dann aber war er vom Alter so gebeugt, so zusammengefallen und gelähmt, dass es ihm eine Last schien, noch länger zu leben. So berief er denn all die Großen des Landes zu sich. Der Königsthron wurde aufgestellt, und der Herrscher von seinen Mannen dorthin geführt. Er traf nun Bestimmungen für das ganze Reich, die Königswürde und die Stände und gab seinem Volk guten Rat und ermahnte es väterlich, Gott zu fürchten und die Rechte des Landes nach den alten Satzungen guter Fürsten zu wahren. Dann legte er sich bei hellem Tage zu Bett und gebot seinen Geistlichen, ihn auf die letzte Stunde vorzubereiten.

Und so geschah es. Darauf erzählte er seinen Vertrauten alles, was sich zwischen ihm und seinem Meister zugetragen hatte, und sprach: »Nun komm, Meister, und höre, wie ich mein Gebet beende, das du mir einst gewährtest, denn jetzt bin ich bereit.« Der Meister erschien auf der Stelle. Da begann der König: »Vergib uns unsere Schuld«, und in dem Augenblick, da er das Amen sprach, schied er aus dem Leben. Und obwohl er sehr alt war, wurde er überall sehr beweint.

ROLF KRAKI UND
SEINE MANNEN

ell durch alle Zeiten strahlt das Gedächtnis König Rolfs. Mögen andere ihn durch Tatenruhm übertreffen – keiner wurde von seinen Mannen so geliebt wie er. Er war ihnen ein milder Herr, freigiebig streute seine Hand Gaben aus, und niemals hatte es einer nötig, ihn zweimal zu bitten. Seinem gütigen Herzen und seiner offenen Hand verdankte er Dänemarks Thron. Denn er galt, da er dem blutschänderischen Bund König Helgis mit seiner Tochter Yrsa entsprossen war, nicht als vollbürtig, und so ward nach dem Tode ihrer Väter der Sohn Rodgars, Rörik, König, während Rolf auf Wikingerfahrt ging. Rörik war unkriegerisch und geizig, ungleich den Vätern des Schildungengeschlechts, deren Tugenden – Tapferkeit und Freigiebigkeit – in dem hochherzigen Rolf verdoppelt glänzten. Aber was Rörik an Gold sparte, verlor er an Männern. Seine Gefolgsleute verließen ihn und gingen zu Rolf; an seiner Seite stritten sie gegen Rörik, der Krone und Leben verlor. Nun saß Rolf auf dem Königsstuhl in Leidra, und die tapfersten Helden strömten ihm zu. Zunächst dem Hochsitz saßen seine zwölf Berserker, und die obersten Plätze auf ihrer Bank hielten Bjarki und Hjalti, die Bärenstarken.

Bjarki war schon ein bewährter Held, als er sich zu König Rolf aufmachte; nur ihm, dem edelsten Könige, wollte er dienen. Als er in die Halle trat, weilten nur wenige Männer darin, denn die Berserker waren auf einer Kriegsfahrt abwesend. In der Ecke fand er einen zitternden Menschen, der sich hinter einem Berg abgenagten Gebeins verbarg und ihm klagte, dass die Mannen allabendlich mit Knochen nach ihm würfen. Bjarki zog ihn hervor, wusch ihn und setzte ihn neben sich. Da begannen die Mannen nach ihnen beiden zu werfen, und Bjarki duldete es eine Weile schweigend; als aber ein ganz großes Schenkelbein geflogen kam, fing er es in der Luft und schleuderte es auf den Werfer zurück, dass der mit gespaltenem Haupt tot zu Boden sank. Jetzt trat Rolf in den Saal und forderte Rechenschaft; da er fand, dass der Getötete selbst schuld war, tadelte er seine Mannen hart wegen ihres Übermuts, Bjarki aber legte er als Buße auf, die Stelle des Getöteten einzunehmen. Das tat Bjarki gern, bat aber, Hött – so hieß sein Schützling – neben sich setzen zu dürfen. »Mit ihm werde ich nicht viel Ehre einlegen«, antwortete Rolf, »aber das Essen will ich an ihm nicht sparen.« So durfte Hött bleiben unter Bjarkis Schutz.

Um die Julzeit aber kam allnächtlich ein riesiger Gespensterbär ins Land und trieb sein Wesen um die Halle; er galt als unüberwindlich, und der König wollte seine Mannen nicht verlieren; darum hatte er ihnen verboten, zur Nachtzeit vor die Tür des Saales zu gehen. Bjarki achtete des Verbots nicht, er ging hinaus und zwang den zitternden Hött, mitzukommen. Nur mit dem Schwert bewaffnet, trat er dem Ungeheuer entgegen und erschlug es; dann musste Hött, obwohl er sich sträubte, von dem Blut des Tiers trinken und ein Stück von seinem Herzen essen: Dadurch gewann er starke Kraft und wilden Mut.

Am nächsten Tag kamen die Berserker zurück, eisengrau und furchtbar traten sie in den Saal und musterten die Mannen, die während ihrer Abwesenheit neu zum Hofe gekommen waren. Ihr Anführer stand still vor Bjarki, denn der schien ihm ein erlesener Kämpe, und fragte ihn nach Berserkerart herausfordernd: »Glaubst du, dass du so tapfer bist wie ich?« – »Du sollst sofort spüren, ob ich vor dir bange bin!«, rief Bjarki, packte ihn in seiner vollen Rüstung, hob ihn hoch und schmetterte ihn auf den Boden, dass er mit gebrochenem Bein liegenblieb. Dasselbe Spiel trieb sein Genosse mit dem zweiten Berserker. Da entstand ein wildes Getümmel in der Halle, und der König sprang herab vom Hochsitz, den Streit zu schlichten. »Nun saht ihr«, sprach er zu den Berserkern, »dass dem Starken immer ein Stärkerer lebt! Verbot ich euch nicht, Streit anzufangen in der Halle? Seid wild gegen meine Feinde, aber nicht gegen meine Freunde!« Mit gerechtem Tadel und gütigem Zuspruch kühlte er die erhitzten Köpfe, und die Mannen im Saal riefen seinen Worten Beifall, so dass Versöhnung und Friede ward. Rolf aber führte Bjarki an den ersten Platz zu seiner Rechten, und neben ihn setzte er den Genossen, der fernerhin nicht mehr Hött hieß, sondern Hjalti, der Hochgesinnte. Beide standen bei Rolf in höchsten Ehren, ja, dem Bjarki, der von fürstlichem Geschlecht war, gab er später seine Schwester Rut zur Frau. So gewann sich Rolf zwei starke Helden, die ihm treu waren bis in den Tod.

Und einen dritten band er durch seine Güte so fest an sich, dass die Treue dauerte noch über den Tod hinaus. Eines Tages kam ein kecker Bauernjunge in den Saal, der hieß Wögg. Vor den König tretend, schaute er ihn neugierig und aufmerksam an, und in seinem Gesicht stand Enttäuschung, denn er hatte wohl einen Riesen zu finden gedacht, während Rolf nur mittleren Wuchses und schmächtig von Gestalt war. »Nun, was hast du auf dem Herzen, Junge, dass du mich so anstarrst?«, fragte der König und Wögg antwortete: »Zu Hause hörte ich sagen, König Rolf sei der größte Mann in den Nordlanden – und nun sitzt hier im Hochsitz eine kleine Kracke* und heißt König.« Rolf lachte und sprach: »Du gabst mir einen schönen Namen, den will ich behalten! Fortan werde ich mich Rolf Kraki nennen. Aber wer den Namen gibt, muss auch ein Geschenk geben. Was schenkst du mir?« – »Ich habe nichts«, antwortete der Knabe. Da sprach der König: »So soll der schenken, der etwas hat!« – streifte einen Goldring vom Arm und reichte ihn dem Knaben. Der steckte den Ring an und hob den geschmückten rechten Arm hoch empor, den anderen aber hielt er auf den Rücken. »Was willst du damit sagen, dass du den linken Arm verbirgst?«, fragte der König, und Wögg ant-

---

* Kracke, niederdeutsch: altes Pferd

wortete: »Er schämt sich vor dem andern, weil er so nackt ist!« Rolf lachte zum zweiten Mal und gab ihm noch einen zweiten Ring, damit sich auch der linke Arm sehen lassen könne. Da rief Wögg: »Heil dir vor allen Königen für deine Gabe!« Der stellte den Fuß auf die Bank, wie bei Gelübden üblich, und sprach feierlich: »Hier leiste ich dir den Eid: Den Mann, der dich einst tötet, werde ich mit meiner Hand erschlagen!« Zum dritten Male lachte der König und sprach: »Kleines Geschenk macht große Freundschaft.« Und das ist seitdem zum Sprichwort geworden.

Durch die Treue seiner Mannen erlangte König Rolf großen Ruhm. Sie scheuten weder Eisen noch Feuer und machten ihren Herrn so gefürchtet, dass endlich niemand mehr ihn anzugreifen wagte. So folgten nach vielen Heerzügen und Kriegen Jahre des Friedens, bis der Tag kam, an dem die Mannen ihrem König die letzte und größte Treue zeigen konnten. Rolf hatte eine Halbschwester, die zauberkundige Skuld; Sein Vater Hegi hatte sie, nachdem er von Yrsa getrennt worden war, mit einer schönen Albenfrau gezeugt, und Rolf hatte sie vermählt mit König Herward von Schonen, der ihm zinspflichtig war. Skuld war wilden, hochfahrenden Sinns, sie ertrug es nicht, dass ihr Gatte einem andern untertan sein sollte, und reizte ihn unaufhörlich gegen den Bruder auf. Herward scheute die Macht Rolfs und sprach: »Wir sind nicht stark genug, gegen ihn den Schild zu erheben.« Aber Skuld entgegnete: »Höre meinen Plan! Du sollst meinen Bruder bitten, dass er dir drei Jahre lang den Zins stundet, und ihm versprechen, dann alles auf einmal zu bezahlen. Bis dahin werden wir Zeit und Gold genug haben, ein Heer von starken Kämpfern zu werben.« Das schien ihrem Manne gut. Da Rolf hochherzig die Bitte gewährte, rüsteten Herward und Skuld in aller Heimlichkeit eine gewaltige Macht.

Nach drei Jahren segelten sie mit einer großen Flotte nach Leidra, und Rolf freute sich, da er sie kommen sah, des reichen

Tributs, den sie zu bringen schienen, denn die Schiffe lagen schwer beladen tief im Wasser; aber im Inneren waren zahllose eisengewappnete Kämpfer verborgen. In Leidra herrschte Jubel und Trubel, denn es war Julfest; da ward tüchtig getrunken. König Rolf war nur darauf bedacht, seine Getreuen mit schönen Waffen und Ringen zu beschenken und achtete auf nichts weiter. So konnten, als er und seine Mannen sich im Schlafsaal gebettet hatten, Herward und Skuld ihr Heer unbemerkt an Land setzen.

Im Morgengrauen kehrte Hjalti, der seine Geliebte besucht hatte, in die Burg zurück; da sah er ringsum alles in Bewegung; Krieger ordneten sich und steckten Fahnen auf: Kampf stand bevor. Er lief in die Halle und rief: »Der Hahn krähte, ein harter Tag beginnt uns zu dämmern – wach auf, König! wach auf, Bjarki! Auf, Ihr Freunde, greift zu den Schwertern, nehmt den Schild zur Hand! Heute müssen wir sterben oder die Treulosen töten!« Der König und die Krieger sprangen, da Hjaltis Stimme durch den Saal dröhnte, von den Lagern und wappneten sich rasch. Auch Bjarki hörte den Ruf, aber ihn banden Schlafrunen, die Skuld gegen ihn geworfen hatte. Halb wach wälzte er sich und rief seinen Diener; er wähnte, Gäste seien gekommen, und gebot murmelnd, Feuer anzufachen – dann sank er in den zauberischen Schlaf zurück. Ohne ihn stürmten Rolf und seine Mannen vor die Burg gegen die heranschreitenden Feinde.

Nun klangen die Schwerter gegen Schilde und Brünnen, über allen Schlachtlärm hinweg hörte man Rolfs Schwert, das laut sang, wenn es einem Feind bis auf den Knochen schnitt. Aber die Übermacht der Feinde bedrängte sie hart, Brünnen zerkrachten und Schwerter zerbrachen, dem König war der Schild von einem Kampfbeil zerklafft. Zum zweitenmal schrie Hjalti nach Bjarki, aber er hörte es nicht, so tief umfing ihn der Zauberschlaf. Da fiel König Rolf, ein Lächeln auf dem Munde, und Hjalti rief »Keiner soll leben nach des Königs Tode!« Mit kühnen Worten feuerte er seine Gefährten an, zwischen die

Schwertschläge hinein sang er seines Königs Ruhm. Aber die Feinde drückten immer härter gegen sie, um sie in die Burg zurückzuwerfen und darin zu verbrennen.

Da schrie Hjalti zum dritten Male nach Bjarki, und nun wich der Schlaf von dem Helden, er fuhr empor und hörte, wie Hjalti ihn schalt. »Schilt mich nicht«, rief er » ich komme! Heut will ich Rolf lohnen, was er für mich tat!« Ohne Panzer und Schild, das breite Schwert in der Faust schwingend, fuhr er unter die Feinde und wütete unter ihnen wie ein wilder Bär, einer nach dem andern sank vor ihm in den Tod, aber ringsum fielen auch die Mannen Rolfs. Bjarki sah sich allein stehen inmitten der Leichen, die er gehäuft hatte, und rief: »Hjalti, lebst du noch?« – »Noch stehe ich fest!«, rief der Freund zurück. So hörten sie einer vom andern, dass er noch lebe, denn sehen konnten sie sich nicht vor den Leichenhügeln. Langsam mähten sie sich den Weg zueinander, Hiebe fielen wie Hagel auf sie, sie bluteten aus vielen Wunden.

Endlich standen sie doch beieinander, dicht bei dem toten König, und ringsum wichen die Feinde zurück. »Heut abend sind wir in Walhall!« rief Hjalti dem Gefährten zu, »jetzt sühntest du endlich dein Säumen!« – »Nun schilt mich nicht mehr«, erwiderte Bjarki, »durch meine Brust schnitt ein Feindesschwert wie durch Wasser!« Und er rief seine Gattin Rut, die kam aus der Burg gegangen zu dem sterbenden Helden. »Sahst du Odin?«, fragte er sie; »ich gewahre wohl, dass er gegen uns war.« Rut kniete neben ihm und sprach: »Hebe deinen Blick, zeichne dein Auge mit der Siegrune und sieh mir durch den gebogenen Arm, dann wirst du Walvater sehen!« Bjarki tat's und erblickte Odin auf bäumendem Ross mit glänzendem Schilde. Da rief er mit wildem Grimme: »Könnte ich ihn packen, den bösen, treulosen Gott, Schande sollte er haben von dieser Schlacht, mit meinen Händen wollte ich den Heimtückischen erwürgen!« Brechenden Auges sahen die Helden die Adler und Raben herbeifliegen, die Beute suchten auf dem Leichenfeld.

Dann sanken sie nieder, Bjarki König Rolf zu Häupten und Hjalti ihm zu Füßen: So lohnten sie ihm seine Liebe.

Nach dem Fall der Helden feierte Herward ein großes Fest. Er aß und trank mit großem Behagen und rühmte sich seines Sieges. »Aber eins muss ich doch bewundern«, sprach er, »dass aus der ganzen Gefolgschaft Rolfs nicht ein einziger floh oder sich ergab, sondern dass alle fielen; sie haben ihrem Herrn wahrhaftig in Treue gedient. Wäre nur einer noch am Leben, ich sähe ihn gern unter meinen Mannen.« – »Einen haben wir«, sprachen da seine Leute, und sie führten Wögg herbei. Er war der einzige Überlebende, denn er war verwundet, von vielen zugleich zu Boden gerissen und überwältigt worden. Herward freute sich des Mannes, der kühn und unerschrocken vor ihm stand, und fragte ihn: »Willst du in meine Dienste treten?« Darauf antwortete Wögg: »Ja.« – »So schwöre mit Treue!«, sprach Herward und reichte ihm über den Tisch hin sein bloßes Schwert, dass er den Eid darauf leiste. Aber Wögg sagte: »Anders war Rolfs Brauch als der deine, König! Er bot uns nicht die Spitze des Schwerts zum Schwur, sondern den Griff!« Da wollte es Herward Rolf gleichtun, fasste sein Schwert an der Spitze und hielt Wögg den Griff hin: Den packte Wögg mit starker Faust und stieß das Schwert durch die Brust des Königs. So erfüllte er das Gelübde, das er als Knabe abgelegt hatte. Den heranstürzenden Mannen Herwards bot er lachend die Brust, und als er unter ihren Streichen sank, rief er frohlockend: »So wohl tat meinem Herzen Herwards Tod, dass ich den eignen Tod nicht mehr spüre!«

GRETTIR UND DIE
TROLLRIESIN

in Priester hieß Stein, der wohnte auf Eyjardalsa im
Bardartal. Südlich davon auf dem Hofe Sandhaug
wohnte Thorstein der Weiße. Steinwör hieß seine
Frau, die war jung und fröhlich. Ihre Kinder waren
damals noch jung. Es schien den Leuten dort Spuk- und Troll-
unwesen zu sein. Zwei Winter, bevor der starke Grettir nach
dem Nordlande kam, ging die Hausfrau Steinwör von Sandhaug
wie gewöhnlich zur Weihnachtszeit nach Eyardalsa, und der
Bauer blieb daheim. Die Leute legten sich am Abend schlafen,
aber in der Nacht hörten sie ein großes Gekrache in der Schlafkammer und beim Bett des Bauern. Keiner wagte aufzustehen
und nachzusehen, denn sie waren nur gering an Zahl. Als die
Hausfrau am Morgen heimkam, war der Bauer verschwunden
und keiner wusste, was aus ihm geworden war. So verstrichen
die beiden nächsten Halbjahre, und im Winter wollte die Hausfrau wieder zur Messe fahren. Sie bat ihren Knecht, daheim zu
bleiben. Er tat es nicht gern, aber er gehorchte doch. Alles geschah so wie das vorige Mal, und der Knecht war verschwunden.
Da schien den Leuten eine seltsame Sache. Dann fand man ein
paar Blutspuren an der Außentür. Da glaubten die Leute zu wissen, dass jene beiden von Unholden geholt worden wären. Davon sprach man weit herum in der Gegend, und so hörte auch
Grettir davon. Und da es ihm mit Spuk und Wiedergängern immer gut geglückt war, so fuhr er nach dem Bardartal und kam
zum Heiligen Abend nach Sandhaug. Er gab sich nicht zu erkennen und nannte sich Gest. Die Hausfrau sah, dass er außerordentlich groß von Wuchs war, und das Hofvolk hatte mächtig Angst
vor ihm. Die Hausfrau sagte, Essen könne er haben, »aber du tust
es auf deine eigene Verantwortung!«

Er sagte, so solle es sein. »Ich werde hier bleiben«, sagte er,
»geh du nur zur Messe, wenn du willst.« Sie antwortete: »Du

scheinst mir kein Feigling zu sein, wenn du das wagst.« – »Mein Leben muss Abwechslung haben«, sagte er. »Übel dünkt es mich, daheim zu bleiben«, sagte sie »aber ich komme nicht über den Fluss.« – »Dann will ich dir helfen«, sagte Grettir.

Dann machte sie sich fertig zur Messe und ihre Tochter, die noch ganz klein war. Starkes Tauwetter war draußen, das Eis geborsten und Eisgang auf dem Flusse. Da sprach die Hausfrau: »Es können weder Menschen noch Pferde hinüber.« Nun wird erzählt, dass Grettir Mutter und Kind auf dem Arme hindurchtrug, wie hoch das Eis in dem geschwollenen Flusse auch ging, und dass alle, die es hörten, sich darüber verwunderten. Die Hausfrau blieb die Nacht auf dem Pfarrhof, Grettir aber kehrte nach Sandhaug zurück. Es wurde Abend und er verlangte zu essen. Als er gegessen hatte, bat er die Leute tiefer in die Stube hineinzurücken. Dann nahm er die Tische und losen Scheite und machte quer durch die Stube eine große Wand, so dass keiner vom Gesinde herüber konnte. Es wagte auch keiner zu widersprechen oder nur im Geringsten zu murren. Die Stubentür war an der Seitenwand am Hintergiebel des Hauses, eine Bank stand gleich daneben. Dort legte er sich nieder, aber zog sich nicht aus. Licht brannte in der Stube der Tür gegenüber. So lag er in die Nacht hinein.

Um Mitternacht hörte er draußen ein starkes Dröhnen. Dann trat in die Stube ein riesiges Trollsweib. Sie hatte einen Trog in der einen Hand, in der anderen ein Messer, reichlich groß. Sie sah sich um, als sie hereintrat, sah, wo Grettir lag und lief auf ihn los, aber er schnell in die Höhe, und sie packten sich grimmig und rangen lange miteinander in der Stube. Sie war stärker, aber er schlüpfte immer behände unten durch. Alles, was ihnen im Weg war, zerbrachen sie, selbst die Bretterverkleidung der Stubenwand. Sie zog ihn durch die Tür nach dem Flur, dort stemmte er sich mächtig entgegen. Sie wollte ihn heraus aus dem Hause zerren, aber das gelang ihr nicht eher, ehe sie nicht den ganzen Türrahmen zerrissen hatten, dann trug sie ihn auf den Schultern hinaus. Sie schleppte ihn zum Flusse hinab und immer weiter zur Wasserfallschlucht. Da war Gest außerordentlich müde, aber eines von beiden musste er tun, sich entweder wehren, oder sie würde ihn in die Schlucht hinabstürzen, Die ganze Nacht rangen sie. Niemals, glaubte er, habe er seine Kräfte mehr anstrengen müssen. So fest hielt sie ihn an sich gedrückt, dass er seine Hände zu nichts anderem gebrauchen konnte, als sie mitten um ihren Leib zu spannen. Und als sie an die Wasserschlucht gekommen waren, da schüttelte er die Riesin, dass sie taumelte. Dabei bekam er den rechten Arm frei. Er griff schnell nach dem Schwerte, mit dem er umgürtet war, schwang es und hieb der Trollin in die Achsel, so dass sie den rechten Arm verlor, und so kam er frei. Sie aber stürzte sich in die Schlucht und dann in den Wasserfall. Gest war steif und müde und blieb dort lange auf der Klippe liegen. Bei Tagesgrauen ging er heim und legte sich zu Bett. Er war ganz und gar geschwollen und blau. Als die Hausfrau von der Messe kam, schien ihr ihre Wirtschaft übel zugerichtet. Sie ging zu Gest und fragte ihn, wie es denn käme, dass alles so zerbrochen und zerhauen sei. Da erzählte er ihr die ganze Geschichte. Ihr erschien das nicht unbeträchtlich, und sie fragte ihn, wer er wäre. Da sagte er ihr die Wahrheit und bat sie, den Priester zu holen, weil er ihn gern sprechen möchte. Das geschah auch und wie der Priester Stein nach Sandhaug kam, da erfuhr er schnell, dass Grettir gekommen war unter dem Namen Gest. Der Priester fragte, was er glaube, was aus den Männern geworden sei, die verschwunden wären. Grettir sagte, er glaube, dass sie in der Schlucht verschwunden seien. Der Priester sage, er könne die Sache nicht glauben, solange keine Beweise zu sehen seien. Grettir sagte, später würden sie das besser wissen. Da fuhr der Priester heim. Grettir lag viele Tage zu Bett, die Hausfrau pflegte ihn gut, und so verstrich die Weihnachtszeit. Das sind Grettirs eigene Worte, dass das Trollsweib sich in die Wasserschlucht stürzte, als sie die Wunde erhielt. Aber die Bardartals-

leute sagen, sie wurde während dem Ringen vom Tag überrascht, sei zersprungen, als er ihr die Hand abhieb, und stünde
da noch in Weibsgestalt auf dem Fels.

Nach Weihnachten ging Grettir eines Tages nach Eyardalsa.
Als er den Priester traf, sagte er: »Ich sehe, Priester«, sagte er,
»dass du wenig Zutrauen zu meinen Worten hast. Nun will ich,
dass du mit mir zum Flusse gehst und zusiehst, was du davon
halten sollst.« Der Priester tat so. Als sie an den Wasserfall kamen, sahen sie ein Höhle oben unter dem Berge. Es war eine
steil abfallende Felswand, so groß, dass man nirgends hinauf-
kommen konnte, beinahe zehn Klafter von oben bis zum Was-
serspiegel. Sie hatten ein Seil bei sich. Da sprach der Priester:
»Es scheint mir allzu gefährlich, da hernieder zusteigen.« Grettir
antwortete: »Möglich ist's immerhin; am besten für einen mutigen Mann. Ich möchte gern wissen, was in dem Wasserfall ist,
aber du sollst auf das Seil aufpassen.« Der Priester ließ sich's gefallen und trieb einen Pfahl in den Fels und machte ihn fest im
Geröll.

Nun ist von Grettir zu erzählen, dass er einen Stein in eine
Schlinge im Seil einließ und ihn hinunter ins Wasser warf.
»Welches Verfahren willst du nun anwenden?«, sagte der Priester. »Ich will nicht gebunden sein«, sagte Grettir, »wenn ich in
den Wasserfall komme, so rät's mir mein Herz.«

Dann machte er sich fertig für die Fahrt. Er war wenig be-
kleidet, umgürtete sich mit dem Schwerte und hatte sonst weiter keine Waffe. Dann sprang er von dem Uferfelsen nieder in
den Wasserfall. Der Priester sah noch seine Fußsohlen und
wusste dann nicht mehr, was aus ihm geworden war. Grettir
tauchte unter den Wasserfall, und das war nicht leicht, denn
der Wirbel war groß, und er musste bis auf den Grund tauchen,
bevor er hinauf hinter den Wasserfall kam. Dort war eine Anhöhe, auf die er hinauf gelangte. Dann kam eine große Höhle
hinter dem Wasserfall, vor der das Wasser vom Berge herab-
stürzte. Er ging da hinein in die Höhle, und es brannte ein gro-

ßes Feuer darin. Grettir sah, dass da ein Riese darin saß, schrecklich groß und fürchterlich anzusehen. Aber als Grettir auf ihn zu kam, sprang der Riese auf, griff einen Spieß und schlug nach dem Ankömmling, denn er konnte sowohl Hauen wie Stechen damit. Ein Holzschaft war daran; dergleichen nannten die Leute Schaftschwert. Grettir schlug mit dem Schwert nach ihm und traf den Schaft, dass er entzwei ging. Da wollte der Riese hinter sich nach dem Schwerte greifen, das in der Höhle lag. Indem schlug ihm Grettir vorn an der Brust fast die ganzen Brustknorpel und den Bauch ab, so dass die Eingeweide aus ihm herausstürzten hinab in den Fluss, und der Strom trieb sie oben dann weiter. Und wie der Priester beim Seil saß, sah er, dass etwelche Fasern oben ganz blutig vor dem Strom trieben. Da hielt er in der Gefahr nicht stand und glaubte zu wissen, dass Grettir tot wäre. Da lief er von der Seilhalte weg und ging heim. Es war Abend geworden und der Priester erzählte als gewiss, dass Grettir tot sei und sagte, es wäre recht schade um einen solchen Mann.

Nun ist wieder von Grettir zu erzählen. Er hieb schnell weiter mitten hinein, bis der Riese tot war. Dann ging er tiefer in die Höhle hinein. Er machte Licht und untersuchte die Höhle. Davon wird nichts gesagt, wieviel Geld er in der Höhle gefunden hat; aber die Leute glauben, dass es schon etwas war. Er hielt sich nun dort auf bis spät in die Nacht und fand die Knochen von zwei Menschen und tat sie in einen Sack. Dann verließ er die Höhle, schwamm nach dem Seil, zog daran und glaubte, der Priester würde noch da sein. Aber als er merkte, dass der Priester heimgegangen war, musste er sich mit den Händen emporziehen und kam so hinauf auf den Fels. Es wird dann noch erzählt, wie er den Sack mit den Knochen vor der Kirchentür niederlegte und wie er dem Priester sagte, dass er wenig sorgfältig auf das Seil geachtet habe. Es geschah aber in Zukunft kein Schaden mehr dort im Tale, und Grettir schien da eine große Landreinigung vorgenommen zu haben.

NACHWORT

Island wirkt seit Urgedenken auf Schritt und Tritt geheimnisvoll. Als der griechische Entdecker Pytheas im 4. Jahrhundert vor Christus am äußersten nördlichen Ende der Welt auf diese Insel stieß, die im »geronnenen Meer« (= Eismeer) lag, nannte er sie Thule und setzte mit der Beschreibung der rauen und schroffen Landschaft der Insel den Grundstein zu einer Mystifizierung Islands, die bis heute anhält. Es sollte aber noch über ein Jahrtausend dauern, bis das bis dahin geschichtslose Land in Besitz genommen und für einige Jahrhunderte zu einem kulturellen Glanzpunkt Europas wurde. Es waren seefahrende Wikinger, Germanen aus dem hohen Norden, die dieses Land im 9. Jahrhundert nach Christus zu einem der ihren erkoren.

Nach dem Schöpfungsmythos der Germanen entstand die Welt durch die Verbindung einer kalten Hölle, Niflheim, der Heimat der Eisriesen, mit Muspelheim, dem Reich der Feuerriesen. An der Stelle, an der beide sich trafen und aufeinanderstießen, taute das Eis durch das Feuer, und das war die Grundlage zur Entstehung der Welt. Island, diese Insel aus Feuer und Eis, schien ihnen geradezu wie in ihrer Urmythologie aus dem Ozean aufzutauchen. Die hohen Gletscher, die schneebedeckten Berge und die steinigen Geröllwüsten glichen Niflheim, und in den feuerspeienden Vulkanen und dem Lavagestein glaubten sie Muspelheim zu erkennen. Vor allem waren es norwegische Adelsbauern, die ihr Heimatland aus politischen Gründen verlassen mussten und sich auf der öden und unwirtlichen Insel niederließen. Bald vermischten sich diese mit irischen Kelten, die vorher ebenfalls auf der einsamen Insel siedelten, und es entwickelte sich im Laufe der Zeit eine einheitliche isländische Kultur. Die nordischen Seefahrer brachten ihren reichen Schatz an Mythen und Sagen aus ihrer skandinavischen Heimat mit, und all diese Erzählungen atmeten den Geist der germanischen Mythologie.

Höchste staatliche Instanz auf der Insel war das Allthing, das im Jahre 930 eingeführt wurde. Das Allthing war eine sich regelmäßig treffende gesetzgebende und Recht sprechende Versammlung aller freien Isländer, im Gegensatz zu den allenthalben im Mittelalter regierenden Monarchien war Island schon damals ein fast republikanischer Freistaat.

Um das Jahr 1000 wurde Island auf Beschluss des Allthings christianisiert; die heidnischen Elemente, der Glaube an die alten Götter und die germanische Weltsicht blieben aber neben dem neuen Glauben intakt, und so lebten Christentum und alter mythischer Glaube in einer Art liberalen Symbiose zusammen, ohne dass es zu nennenswerten Reibungen kam. Die gewaltlose Christianisierung brachte es auch mit sich, dass die alten sozialen Strukturen mit ihren Traditionen und Überlieferungen erhalten blieben. Gerade weil sich die norwegischen Siedler ihre alte Kultur in der neuen Heimat bewahren wollten, hat sich in Island eine Erzählkultur entwickelt, die in der altnordischen Sprache abgefasst war. Die altnordische Sprache und das jetzige Neuisländisch unterscheiden sich in ihrer Struktur kaum, und auch heute noch vermag nahezu jeder Isländer die alten Texte zu verstehen.

Neben den Liedern der Edda waren es vor allem die isländischen Sagas, die die mittelalterliche Literatur ganz Europas maßgeblich mitgeprägt haben. Diese Familiensagas, die man nicht mit dem deutschen Wort Sage verwechseln darf, sind längere Prosageschichten aus dem 13. und 14. Jahrhundert, die das Leben und Sterben ganzer Generationen seit der ersten Landnahme der Einwanderer schildern. Der Ort der Handlung kann neben Island auch die skandinavische Heimat sein. Einige Sagas basieren auf historischen Ereignissen, andere sind rein fiktive Geschichten, die auf Motive der altnordischen Mythologie zurückgehen. Ehe sie aufgeschrieben wurden, wurden sie lange mündlich von Generation zu Generation weitergegeben. Der typische Handlungsablauf einer Saga schildert, wie sich zwischen Familien aus einem friedlichen Zustand ein Konflikt um Besitz, Ehre, Stolz, Pflicht, Hass oder um das von den Göttern auferlegte unabwendbare Schicksal entwickelt. Dieser Konflikt führt über Generationen hinweg zu Mord, Totschlag und Rache, bis die Saga auf einmal in einem neuen Friedenszustand ihr Ende findet. In diesen Sagas finden sich auch viele Märchenmotive. Beispiele dafür sind die Saga um den riesenstarken Grettir oder die schicksalhafte Tragödie von Rolf Kraki und seinen Mannen.

Bis heute ist Island eng mit seiner Vergangenheit verbunden, und ein großer Teil des Landes hat sich seit der Zeit der Sagas wenig verändert. Die unberührte Landschaft, Nährboden für fantastische Wesen aller Art, ist voller Erinnerungen an die ersten Siedler, vor allem auch dank der geografischen Genauigkeit der Sagas.

Dass die Sagas nicht nur altnordisches germanisches Gut enthalten, verdanken sie der Tatsache, dass die nordischen Länder in der Wikingerzeit und im ganzen Mittelalter einen selbständigen Kulturraum bildeten, der in direktem Kontakt zur irischen, englischen, französischen und deutschen Literatur stand.

Doch Island war auch immer schon eine Heimstätte für Volksdichtung, für die Überlieferung uralter Sagen und Märchen. Schon seit der Landnahme durch die ersten Siedler setzte man sich wohl in den langen und düsteren Winternächten zusammen und erzählte sich von früher; man grub Erinnerungen an die alte Heimat aus, an die einstigen Gebräuche und Sitten, an die alten Götter, die immer noch neben dem neuen christlichen Gott wohnten. Auch keltisches Erzählgut ist dazugeflossen, da die ersten nordischen Siedler mit irischen Kelten – nicht immer friedlich – zusammengetroffen waren.

Noch bis etwa 1930 haben sich die Abendwachen zur Winterzeit (kvöldvaka) erhalten. Man traf sich im großen Wohn-

und Schlafraum, den die Isländer Badestube nennen, las sich vor und erzählte sich Sagen und Märchen aller Art, an deren Wahrheit viele Isländer denn auch nicht zweifelten.

Nach dem Vorbild der Brüder Grimm begannen zwei Isländer ab 1852 diese Volkserzählungen zu sammeln und aufzuzeichnen: Jón Arnason und Magnús Grímsson. Die Sammlung der beiden bildet bis heute die Grundlage für fast alle Themen und Motive, die sich in isländischen Märchen und Sagen finden.

Es ist schwer zu unterscheiden, welche Erzählstoffe aus dem Nordischen ererbt sind und von Generation zu Generation weitergegeben wurden und welche durch spätere mündliche Überlieferung aus anderen Ländern in Island Eingang gefunden haben.

Typisch nordisches Erbe findet sich in verschiedenen dämonischen Gestalten, welche fast genauso in den skandinavischen Märchen (Norwegen, Schweden, Dänemark) auftauchen: Die Elben (álfar, huldufólk) sind das verborgene Volk, das in Steinhügeln oder in Klippen wohnt. Es sind menschenähnliche Wesen, die manchmal sogar Christen sind und eigene Pfarrer haben. Gewöhnlich sind sie unsichtbar wie auch ihr Vieh, haben ein langes Leben, sind aber auch sterblich wie die Menschen. Oft besitzen sie übernatürliche Kräfte, wodurch sie den Menschen nützen, aber auch schaden können. Oft gibt es auch Liebschaften von Elbenmännern mit Menschenfrauen und von Elbenfrauen mit menschlichen Männern, wobei die Elben unbedingte Treue verlangen.

Zwerge (dvergar) sind auf Island wie auch in Skandinavien Kobolde und Hausgeister, die die menschlichen Bewohner oft arg plagen können, bösartig allerdings sind sie nie.

In Island wie auch auf den Shetland- und den Färöer-Inseln hausen auf Klippen und tief in der See auch Wassergeister. Es sind dies oft Seefrauen und Meermännchen, die wie Robben aussehen oder zur Hälfte Mensch, zur anderen Fisch sind. Zuweilen werden sie von Menschen mit dem Netz gefangen.

Riesen und Trolle jeder Schattierung (tröll, jötunn, flagd, risi, gýgur) werden in Island genauso geschildert wie in der altnordischen Mythologie und im skandinavischen Märchen. Es sind riesenhafte und grobschlächtige Kreaturen, die im Unterirdischen hausen und in der Regel dem Menschen feindlich gesinnt sind. An Wuchs und Stärke dem Menschen weit überlegen, sind sie wild, unbändig, aber auch dumm und gefräßig. Da viele Trolle blutgierige Menschenfresser sind, entführen sie oft Reisende. Als Wesen der Nacht hassen sie das Sonnenlicht. Trifft sie ein Strahl der Sonne, dann versteinern sie. Im Gegensatz zu den Elben sind sie dem Christentum gegenüber feindselig und versuchen dessen Ausbreitung auf jede Weise zu verhindern. Es gibt aber auch Liebschaften zwischen Menschen und Trollen. In den Stiefmuttermärchen gibt es zumeist ein Trollweib, das in menschliche Gestalt schlüpft und den verwitweten König heiratet, aber bald in ihrer Bosheit enttarnt und bestraft wird. Allerdings gibt es auch gutmütige und hilfsbereite Trolle, die sich den Menschen gegenüber dankbar erweisen.

In den Spuksagen sind es vor allem die Wiedergänger und Untoten (afturganga, draugar), die nächtens ihr Unwesen treiben. Es sind Tote, die aus verschiedenen Gründen keine Ruhe finden. Oft sind es Leute, die an den guten Dingen des Lebens und der Welt so hängen, dass sie sich von ihnen nicht lösen können, oder es sind solche, die sich an ihren verhassten Mitmenschen auch nach dem Tod noch rächen und ihnen schaden wollen. Wer einem Wiedergänger begegnet, dem droht der baldige Tod. Der Untote, dem übermenschliche Kräfte zugeschrieben werden, verfolgt unentwegt seine Opfer, geht umher und kann sich durch Erdreich und Fels bewegen, um anderswo zu erscheinen. Draugar können getötet werden, wenn man ihnen den Kopf abschlägt und zusammen mit dem übrigen Körper verbrennt. Eine besondere Form der Wiedergänger in Island sind die Erweckten. Das sind Menschen, die nach ihrem Tod von zauberkundigen Leuten aus dem Tode erweckt werden und ihnen dann zu Diensten sein müssen.

Häufig in Island sind auch die Sagen um Zauberer. Diesen Geschichten liegt der Glaube an übernatürliche Leistungen einzelner Menschen zugrunde. Darin werden bestimmte Männer und Frauen Zauberer bzw. Hexen – aufgrund von natürlichen Anlagen, durch erlangten Unterricht bei anderen Zauberern in einer Art Schule oder durch besondere Begünstigung seitens übernatürlicher Wesen.

Zwei Sonderformen aber gibt es, die typisch isländisch geprägt sind und die man sonst nirgends findet: Die Ächtersage und das Stiefmuttermärchen. Die Ächtersagen (útilegumanna sögur) spiegeln ein uraltes isländisches Rechtsprinzip wider. Dieses Recht, in dem es keine Todesstrafe und Exekution gab, kannte als schwerste Strafe die Friedlosigkeit oder Ächtung. Die Geächteten wurden von allem friedlichen Umgang und Verkehr ausgeschlossen und mussten sich tief im Innern des Landes in einem öden Gebiet aufhalten, wo sie ohne Kontakt mit der Bevölkerung leben mussten. Dort führten sie zusammen mit anderen Geächteten eine Art Räuberleben, das von einer großen Zivilisationsfeindlichkeit geprägt war. Sie waren der allgemeinen Verfolgung ausgesetzt, aber auch ihrerseits tückisch, sodass sie bisweilen Menschen raubten oder gar umbrachten. In den Märchen werden sie oft mit übernatürlichen Kräften ausgestattet und erlangen mehr und mehr dämonische Natur wie die Riesen und andere Unholde.

Stiefmütter gibt es in den klassischen Märchen viele. Aber in Island hat sich ein spezielles Stiefmuttermärchen (stjupmödrasögur) herauskristallisiert, das es nur dort gibt. Der Handlungsablauf geht mit Varianten folgendermaßen: Eine Königin ist verstorben und der König hält bald Ausschau nach einer neuen Gattin. Er schickt vertraute Höflinge aus, um für ihn eine neue Frau ausfindig zu machen. Nach vielen Abenteuern entdecken diese eine wunderschöne Frau, die die Werbung auch akzeptiert und mit ihnen an den Hof kommt. Der verwitwete König heiratet sie, doch dessen Kinder aus erster Ehe mögen die neue Stiefmutter nicht. Das erregt deren Zorn, denn sie ist in Wirklichkeit ein Trollweib, das nun versucht, die Kinder durch allen möglichen Zauber zu töten. Doch bald tritt auch für den König ihre wahre dämonische Natur zutage und sie wird bitter bestraft, meist mit dem Tod. Es kommt aber auch (seltener) vor, dass das Trollweib ein gutes Herz hat und den Menschen helfend zur Seite steht.

All diese Geschichten haben aber auch ein typisch isländisches Lokalkolorit, welches den Hintergrund für das fantastische Geschehen bildet. Da gibt es Ortsbezeichnungen, die auch heute noch als solche existieren; die Landschaft wird in all ihrer Grandiosität geschildert. Man erkennt Gletscher, Felsen, Lavafelder, Ödland, Fjorde und seeumtoste Eilande. Das raue Klima und die stete Verbundenheit mit dem oft feindlichen Meer spielen in das Geschehen mit hinein. Auch der tägliche Handel und Wandel wird erkennbar: Viehzucht, Fischfang, Kräutersammeln, Heuernte und Almwesen.

Daneben gibt es aber auch Zaubermärchen, deren Hintergrund völlig von Island losgelöst scheint und die wohl kaum ihren Ursprung in der alten fernen Heimat haben. Der Typus dieser Zaubermärchen ist aus allen europäischen Ländern bekannt und findet in der Sammlung der Brüder Grimm seinen bekanntesten Ausdruck. Häufige Motive sind etwa: magische Flucht, Zauberberg, Verwandlung in ein Tier, Erlösung aus einer Tiergestalt, Zauberwettkampf, magische Hilfe von Tieren. Diese Märchen spielen eher in einem romantischen Nirgendwo. Auch in vielen isländischen Märchen gibt es Könige mit schönen Schlössern, große Wälder, in denen man Jagden abhalten kann, und vieles, was man sonst aus den klassischen Zaubermärchen kennt. Nun gab es aber in Island nie einen König, kein Schloss ragt empor aus dem öden Lavagestein, eigentliche Wälder existieren ebenso wenig wie jagdbares großes Wild. Der Stoff derartiger Märchen ist größtenteils fremder Herkunft. Schon seit der ersten Landnahme im 9. Jahrhundert gab es irisch-keltische Erzählstoffe, die die in Island lebenden irischen Mönche wohl von ihrer grünen Heimatinsel mitgebracht hatten.

Andere Stoffe sind im Mittelalter durch den engen Kontakt des skandinavischen Kulturkreises mit den übrigen europäischen Hochkulturen nach Island gewandert. Viele Motive mögen auch durch die ausgeprägte Seefahrt nach Island gelangt sein. Wenn diesen Zaubermärchen auch das bodenständige isländische Kolorit fehlt, so fügen sie sich doch nahtlos in die alten nordischen Themen und Motive ein.

Nach der Blütezeit als eigenständiger Freistaat, der mit seiner Literatur das ganze Mittelalter mitgeprägt hatte, verlor die hinter dem Horizont abgelegene Insel jedoch zunehmend an Bedeutung. Im Jahre 1264 fiel Island wieder an Norwegen und kam mit Norwegen Ende des 14. Jahrhunderts unter dänische Herrschaft. Es blieb auch nach der Trennung Norwegens von Dänemark (1814) dänisch und wurde 1918 selbstständig als ein mit Dänemark in Personalunion verbundenes Königreich. Erst in den Wirren des Zweiten Weltkriegs bekam Island 1944 die volle staatliche Unabhängigkeit.

Auch heute noch sind auf Island Geister, Götter und Feen allgegenwärtig, wozu auch der düstere Landschaftscharakter wesentlich beiträgt. Das Land, das vielfach wie zu Urzeiten unberührt daliegt, ist eng mit seiner Vergangenheit verflochten, ohne dass es irgendwelche Abstriche an die Errungenschaften der Moderne zu machen braucht. Für die Hauptstadt Reykjavík gibt es ein Verzeichnis dort lebender Naturgeister, für einige an den Westfjorden abgelegene Ortschaften existieren Karten über die Wohnsitze der Elben und Zwerge und man kann auch auf den Spuren altgermanischer Götter wandeln und deren Sitz Asgard besuchen. Dahinter steckt gewiss eine Menge Humbug für Touristen. Aber trotz allem Komfort und hohem Lebensstandard steckt der uralte Mythos noch tief drinnen im Land, was vor allem in den rauen und beschwerlichen Wintern ersichtlich wird, wenn kein einziger Sonnenstrahl in die Städte und draußen in die Gehöfte dringt. Dann ist es wie früher bei den Abendwachen in der alten Badestube.

Erich Ackermann

LITERATUR IN AUSWAHL

Åge Avenstrup und Elisabeth Treitel: *Isländische Märchen und Volkssagen*, Berlin 1919

Heinz Barüske: *Island. Kunst- und Reiseführer mit Landeskunde*, Stuttgart 1991

Arthur Bonus: *Isländerbuch*, München 1921

Hugo Gering: *Islendzk Aeventyri. Isländische Legenden, Novellen und Märchen*, Halle 1882–1884

Wolf-Eckhard Gudemann (Red.): *Alle Länder unserer Erde*, Bd. 1, Gütersloh/München 2001

Barbara Gutmann: *Island – Land der Feen, Nymphen und Götter*, in: Eurasisches Magazin Nr. 7, 2003

John Gwyn: *Eirik the Red and other Icelandic Sagas*, Oxford 1961

Angus W. Hall: *Icelandic Fairy Tales*, London 1897

Walter Hansen: *Asgard. Eine Reise in die Götterwelt der Germanen*, Köln 2009

Thomas Krömmelbein: *Die altnordische Literatur*, in: Kindlers Neues Literatur Lexikon, Bd. 20, München 1992

Margarethe Lehmann-Filhés: *Isländische Volkssagen aus der Sammlung von Jón Árnason*, Berlin 1889

Konrad Maurer: *Isländische Volkssagen der Gegenwart*, Leipzig 1860

Hans und Ida Naumann: *Isländische Volksmärchen*, Jena 1923

Josef Calasanz Poestion: *Isländische Märchen*, Wien 1884

Adeline Rittershaus: *Die neuisländischen Volksmärchen*, Halle 1902

Rudolf Simek und Hermann Pálsson: *Lexikon der altnordischen Literatur*, Stuttgart 1987

Jón Svensson: *Zwischen Eis und Feuer. Ein Ritt durch Island*, Breslau um 1900

Erika Wischer (Hrsg.): *Propyläen-Geschichte der Literatur*, Bd. 2, Frankfurt/Berlin 1988

QUELLENVERZEICHNIS

Aus Josef Calasanz Poestion, *Isländische Märchen,* Wien 1884:
Königssohn Ring und sein Hund Snati-Snati, Fertram und
Isol, Die Kuh Bukolla, Hlini, der Königssohn, Ingibjörg, die
Königstochter, Jonides und Hildur, Das Pferd Gullfaxi und
das Schwert Gunnfjödur, Lineik und Laufey, Litill, Tritill
und die Vögel, Bangsimon und das Trollweib, Die Riesin im
Steinboot, Helga, das Aschenbrödel, Vilfridur Völufegri,
Finna, die Kluge, Hermod und Hadvör

Aus Åge Avenstrup und Elisabeth Treitel, *Isländische Märchen
und Volkssagen,* Berlin 1919:
Der Huldrekönig auf Selö, Die Alfkönigin, Der Ernteknecht, Da lachte das Seemännchen, Jon und die Riesin, Der
Bräutigam und das Gespenst, Der Küster von Mörkaa, Sigurd und das Gespenst, Der Südfahrer-Asmund, Der Mann
von Grimsö und der Bär, Das Seehundsfell

Aus Margarethe Lehmann-Filhés (Hg.), *Isländische Volkssagen
aus der Sammlung von Jón Árnason,* Berlin 1889:
Die Sennerin, Gullbra und Skeggi zu Hvammur, Gilitrutt,
Der Hirt zu Silfrunarstadir, Der Hexenritt, Der Sendling,
Zauber-Brandur, Die Heuernte, Wie die Insel Drangey ge-
weiht wird

Aus Adeline Rittershaus, *Die neuisländischen Volksmärchen,*
Halle 1902:
König Oddur und der Wintergast, Thorstein mit dem Gold-
haar, Rósald und Geirald

Aus Hugo Gering (Hg.), *Islendzk Aeventyri. Isländische Legenden, Novellen und Märchen,* Halle 1882–1884: Der Königssohn und der Tod

Aus Hans W. Fischer, *Götter und Helden*, Leipzig 1934:
Rolf Kraki und seine Mannen

Aus Hans und Ida Naumann, *Isländische Volksmärchen*, Jena
1923: Grettir und die Trollriesin